Hardy Krüger
WELTENBUMMLER

Hardy Krüger

WELTENBUMMLER

Glückliche Tage auf dem Blauen Planeten

Fotografiert von
Anita Krüger

Gustav Lübbe Verlag

Archivbilder:
S. 16 oben Bavaria, S. 19 Archiv für Kunst und Geschichte; S. 20 Herb Kawainuikane; S. 21 Tony Stone; S. 35 Bavaria; S. 38, S. 40 und S. 43 Archiv für Kunst und Geschichte; S. 53 Vordergrund Hajo Gassenmeier; S. 53 Hintergrund Bavaria; S. 90 Tony Stone; S. 96 Pictor International; S. 107 Werner Radasewsky; S. 123 Tony Stone; S. 138 unten, S. 141 oben, S. 156, S. 157 unten rechts und unten links, S. 200 Archiv für Kunst und Geschichte; S. 201, S. 211, S. 217, S. 220, S. 221 und S. 258 oben Lawrence Blair; S. 280, S. 281 und S. 283 Archiv für Kunst und Geschichte; S. 290 und S. 294 Archiv Gerstenberg; S. 316 oben und unten, S. 335 Okapia; chinesische Schriftzeichen Huang Suching

Alle Bildtexte Anita Krüger.

Buchgestaltung und Satz: KOMBO KommunikationsDesign GmbH, Köln
Gesetzt aus der ITC Berkeley Oldstyle der Linotype/Hell AG,
Eschborn/Ts.
Reproduktionen, Druck und Einband: H. Stürtz AG, Würzburg
Papier: 135 g/qm Zanders Mega matt

Printed in Germany
ISBN 3-7857-0844-0

1 3 5 6 4 2

INHALT

NACHTFLUG ZU DEN REGENBOGEN erzählt von den Selbstgesprächen eines Reisenden um drei Uhr früh. Der Reisende bin ich. Der Ort der Handlung ist eine Boeing 747. Der Zielflughafen ist Honolulu auf Hawaii. Im Sitz neben mir schläft eine Frau. Meine Frau. Sie ist die Fotografin dieses Buches.

Ich betrachte ein Selbstgespräch als einen Austausch von Gedanken mit der inneren Stimme. Falls die mal schweigt, denke ich mir einen Gesprächspartner herbei. Ich erinnere mich an einen Rentner, dem es ähnlich ging. Er saß auf einer Bank. Allein. In Hannover. Bei einem Park, der Eilenriede heißt. Der Mann gestikulierte wild. Ab und an faßte er sich an den Kopf. Ich habe mich zu ihm auf die Bank gesetzt und ihm gesagt, falls er einen zweiten Mann zum Reden suche, brauche er sich nicht weiter umzutun. Der Graukopf sah mich prüfend an.

»Reden?« Er hatte kluge Augen. »Wie steht es mit dem Zuhören bei Ihnen?« Eine Andeutung

von Lächeln lief um seinen Mund. »Könnten Sie das für mich tun? Zuhören? Die meisten Menschen haben es verlernt.« Und leise fügte er hinzu: »Bei mir zu Hause sowieso.«

Im Gegensatz zu dem Hannoveraner lasse ich mein herbeigedachtes Gegenüber

reden. Viel sogar. Ich unterbreche höchstens, wenn es eigenes zum gleichen Thema zu berichten gibt.

Auf dem Nachtflug zu den Regenbogen habe ich mir den Vater von Tom Sawyer und Huckleberry Finn herbeigedacht. Ich erzählte ihm von einem Film, den wir schon vor Jahren von den acht Inseln mit nach Hause brachten, und er erzählte mir, wie das hundertdreißig Jahre früher war, als er mit dem Motorsegler *Ajax* durch einen höllenhaften Sturm nach Honolulu fuhr. Zu meiner Überraschung habe ich von ihm dann hören müssen, daß der Tod des Captain Cook auf Hawaii selbstverschuldet war. Als Mark Twain später von der Einzigartigkeit der Regenbogen auf den Inseln sprach, von dem Grollen der Vulkane, von braunhäutigen Frauen unter Wasserfällen, habe ich begeistert zugestimmt und ihm von meinen eigenen Erlebnissen auf Hawaii erzählt.

Was ich über Mark Twain, Vulkane, Mädchen, Regenbogen und diesen Nachtflug aufgeschrieben habe, beginnt auf Seite 12.

生 **DAS GESPENST VON MACAO** lebt. Es heißt Manuel Teixeira. Während stürmischer Zeiten bin ich ihm am Chinameer begegnet. Für ein Gespenst halten ihn in der Ortschaft nur die Kinder. Die großen Leute sehen in ihm den Gottesmann. Ich für mein Teil habe in ihm eine wandelnde Enzyklopädie getroffen, in der Leben und Geschichte von Macao auf wunderbare Weise nachzulesen sind.

Bis zu der Begegnung mit Pater Teixeira hatte ich die kleine Fläche Land am Fuß des Riesenreiches der Chinesen für eine überseeische Besitzung Portugals gehalten. Doch Teixeira sieht das anders. Er sagt, die christliche Siedlung am Südchina-Meer sei zu allen Zeiten vom Reich der Mitte nur geduldet worden.

Meine erste Reise nach Macao fiel mit einem Monsun zusammen, der stark an Stürmen, doch ungewöhnlich schwach an Regen war. Als ich von Bord ging, sah ich bei der Zollbarriere einen Mann, an dem mir

alles weiß, fast blendend, schien. Die Soutane. Das schüttere Haar. Der lange Bart. Er gab das klassische Bild des Eremiten ab. Im Vorübergehen ist mir der Mann recht alt erschienen. In den Wochen, die dann kamen, konnte ich jedoch erleben, daß der Mann ein Kind geblieben war.

Ein sechsundsiebzig Jahre altes Kind.

Die Leute von Macao kennen ihn als Manuel Teixeira. Priester in der Gesellschaft Jesu. Sohn armer Bauern aus Portugal. Von den Eltern mit zwölf Jahren zum Missionar bestimmt. Von Jesuiten in Macao aufgezogen. Ein streitbarer Mann, den die Politiker der Portugiesen fürchten. Ein gläubiger Mann, der eigenen Gesetzen folgt. Und ein liebenswerter Kerl mit viel Humor.

Die Begegnung mit Teixeira und Macao ist später zu einem Film geworden, den der NDR am 11. April 1991 ausgestrahlt hat. Gestützt auf Notizen jener Jahre und viele bunte Bilder meiner Erinnerung habe ich im Winter 1995 die Erlebnisse von Macao aufgeschrieben. Als ich den Schlußpunkt unter die Geschichte setzte, habe ich gewußt: Der Jesuit von Macao hatte sich auf meinem Papier selbständig gemacht. Wie ihm das gelang, ist ab Seite 86 nachzulesen.

LOUISIANA LOVE STORY erzählt von der Unbeugsamkeit eines Richters in New Orleans. Von der Beharrlichkeit, mit der ein gestrenger Mann an seine große Liebe glaubt. Von der Zufriedenheit des Anthony J. Russo mit seiner Stadt, aus der er niemals fortgegangen ist. »New Orleans«, sagte er und sprach es N'Orlens aus, »hat mich seit meiner Kindheit reich beschenkt.« Er zählte die Geschenke an den Fingern ab: »Ein Elternhaus mit der Harmonie, wie sie uns Südstaatlern zu eigen ist. Lehrer, die sich in ihrer Gemächlichkeit von unseren warmen Sommern leiten ließen. Ein träger Strom mit Namen Mississippi, der die Legenden von Minnesota zu uns bringt, ebenso wie die von Iowa, Tennessee und den anderen Staaten. Das Krabbenfischen meiner Jugendjahre im Lake Pontchartrain war abenteuerlich. Loyola steht als Schule für Rechtswissenschaften dem berühmten Harvard in nichts nach. Die Sümpfe

halten Wild für uns bereit, und die Cajuns, wie wir die französischstämmigen Bewohner unserer Bayous nennen, nahmen uns Jugendliche mit auf die Jagd. Die Stadt ist voller schöner Kreolinnen, denn seit die Sklavenmädchen der Plantagen ihren Herren Kinder schenkten, ist Louisiana zu einem sich stets erneuernden *melting pot* geworden. Unser Hafen gibt den Leuten Arbeit, die Architektur der Stadt scheint mir einmalig und

die Kochkünste der Cajuns oder der Kreolen sind weltberühmt.«

Bei den Betrachtungen über sein Leben in N'Orlens, so oft er sie auch wiederholte und ergänzte, war das Wort Liebe nie gefallen. Dann, unverhofft und Jahre später, hörte ich das Wort von ihm zum ersten Mal. Und es fiel nicht nur das Wort Liebe an dem Tag. Als wäre es das lang aufgestaute Gewitter eines heißen Sommertages, so stürzte die Erzählung von dem lebenslangen Warten auf seine große Liebe über mich herein.

Den Tag, an dem der Richter von der Odyssee einer Jugendliebe sprach, habe ich aufgeschrieben und Tony Russo zum Geschenk gemacht. Ein paar Jahre später haben wir daraus für den NDR einen Film gedreht. Mein Verleger sagt nun, daß die Geschichte vom Richter und seiner großen Liebe unbedingt in dieses Buch gehört. Sie beginnt deshalb auf Seite 132.

TOTENTANZ IN TORAJALAND ist die Geschichte von einem, der sich aufmacht, seine Unbekümmertheit zu suchen, die ihn als jungen Narren nach Indonesien trug, weit hinein in jenen Archipel, auf dessen vierzehntausend Inseln an jedem Tag die Erde bebt. Wo das Bersten der Vulkane den jungen Abenteurer an das Inferno des Dante Alighieri denken ließ.

Der Mann ist Brite. In seinem Paß steht Lawrence Blair. Doktor Blair, genau gesagt. Wir sind uns auf der *Discoverer* begegnet, die von Java aus zu den anderen Inseln fuhr.

Dr. Blair hielt Vorlesungen an Bord. Zwischen den Inseln Sumba und Komodo hatte er einen Vortrag gehalten, den er »Die Rückkehr der Sternenkinder von Sulawesi zu den Plejaden« nannte. Am selben Abend saßen wir in der Bordbar bei einem Drink beisammen. Ich wollte mehr von seinen Sternenkindern hören, die im Hochland von Sulawesi leben. Lawrence Blair sprach mit großer Zuneigung von diesem Volk, das auf dem Siebengestirn geboren ist und dem Rückflug durch

das All in seinen feurigen Karossen voller Ungeduld entgegensieht. Sie nannten sich Toraja.

Als junger Mann hatte Dr. Blair für eine gewisse Zeit im Torajaland gelebt. Er war dabei, als die Leute

ihren toten König in eine Felsennische legten, wo seine Seele auf das Zeichen für die Rückkehr zu den Sternen warten muß. Die Rückkehr eines Königs, sagte der Wissenschaftler, sei eng verbunden mit seiner eigenen Rückkehr in ein fernes Land. In ein Land namens Vergangenheit.

Ich bin mitgefahren in die Vergangenheit des Lawrence Blair. Ein Schlauchboot der *Discoverer* hat uns in einer Bucht von Sulawesi abgesetzt. Im Hochland der Toraja ist aus unserer Fahrt ein Totentanz geworden.

Was es darüber zu berichten gab, habe ich zunächst in einem Film der Reihe *Weltenbummler* festgehalen, den der NDR am 6. Oktober 1992 ausstrahlen ließ. Die ursprünglichen Erlebnisse aber, meine Begegnung mit einer ungewöhnlichen Kultur, kehrten in den nächsten Jahren immer wieder ungefragt in meine Erinnerung zurück. Im letzten Winter habe ich die Geschichte schließlich aufgeschrieben. Sie geht weit über das hinaus, was ich in dreißig Film-Minuten erzählen konnte, und beginnt auf Seite 194.

BRIEF AUS DEN ROCKY MOUNTAINS stellt die Frage an die Leser dieses Buches, ob die Menschen dieser Welt sich nicht in ihren Wesenszügen ähneln, mögen sie nun in Europa heimisch sein, in Afrika, Asien oder den Amerikas. Ich habe den Brief unter einer hohen Gletscherwand geschrieben. In einer Hütte, die von den ersten Siedlern in nicht gewollter Einsamkeit gezimmert worden ist. Möglich, daß es eine Frau war, die das Wort Einsamkeit erdachte. Sie kam mit Mann und Kind und Hund und Planwagen in das weite Tal, das der Längengrad 51 Nord durchschneidet und unter den Gletschern mit der Breite 116 West zusammentrifft. Als die Frau sah, wie allein, fast verloren, ihr Mann vor den Wassern eines Sees stand, hat sie in dem Schweigen dieses Tales sich das Wort Einsamkeit erdacht.

Und jetzt sind wir in diese Einsamkeit gezogen. Luv brachte einen Koffer voller Fotos in die Hütte mit, und ich begann die Geschichten für unser drittes *Weltenbummler*-Buch zu schreiben. Wenn ich

zum Fenster aufsah, drehten sich dicke Flocken um das Haus. Frostige Winde kamen von Alaska her und froren alles ein, was vor der Hütte war. Die Bäume. Den See. Den Schnee. Und, ich glaube, auch das Schweigen. Jedoch blieben wir nicht

die ganze Zeit allein. Zwei gute Freunde kamen mit ihrem Hundeschlitten an. Gordon Tootootsis und Tom Jackson. Die beiden sind vom Stamm der Cree. Tom ist Schauspieler und singt Balladen. Gordon lebt mit seinen Pferden in Saskatchewan und hat mit *Legends Of The Fall* einen Erfolg gelandet, wie er einem Schauspieler in Hollywood nicht oft zuteil wird.

Die beiden blieben zwei gute Wochen lang. Wir sind auf unseren Ski gewandert, haben in Eislöchern gefischt, und wenn die Schatten der Gletscher länger wurden, drehten sich unsere Gespräche um die Ähnlichkeit von Menschen, die in ihren Wurzeln grundverschieden sind.

Als Tom und Gordon mit ihrem Hundeschlitten wieder auf dem Heimweg waren, machte ich mich an das Konzept für einen *Weltenbummler*-Film. Doch vorher habe ich Ihnen, liebenswerte Leser, noch diesen Brief geschrieben. Er kommt aus einem langen »Winter unserer Zufriedenheit«. Sie finden ihn ab Seite 260 gegen Ende dieses Buches.

NACHTFLUG
ZU DEN
REGENBOGEN

Es gibt Liebende, die sich nicht trennen lassen. Nicht einmal von einem Gott.

Vier Uhr früh. Und die Gedanken wandern. Noch zwei Stunden zu den Inseln hin. In der Pantry klappern sie mit dem Geschirr. Ein paar Leselampen malen helle Flecken in das Dunkel der Kabine. Über eine kleine Leinwand läuft ein Film. In verblaßten Farben. Mit zwei Frauen, deren Gesichter unscharf und verwaschen sind. Ab und an lacht ein Passagier. Das klingt befremdlich in der Stille. Weil ich nicht weiß, warum er lacht. Ich habe meine Kopfhörer nicht auf. Die Tür zum Cockpit steht weit offen. Licht von den Instrumenten malt das Hemd des Piloten grün und rot.

Luv hat ihren Sitz zurückgestellt. Sie liest. Mark Twain. Einen ziemlich unbekannten Twain. *Letters from Hawaii*. Ich bin ganz überraschend auf den kleinen Band mit seinen Briefen aus Hawaii gestoßen. Vor zwei Tagen. Beim faulen Stöbern. In San Francisco. In einem Bücherladen hinter dem Union Square.

Mark Twain schreibt in dem Buch, daß er auf einem Schiff mit Namen *Ajax* nach Hawaii gekommen ist. Das ist jetzt hundertdreißig Jahre her. In seinen Briefen nennt er die Inseln Sandwich Islands. Der Name stammt von Captain Cook. Ein gewisser Earl of Sandwich war seinerzeit der Erste Lord der Admiralität der Briten.

Mark Twain ging am 18. März 1866 von Bord. Im Hafen von Honolulu. Er war etwas über dreißig Jahre alt. Sein erstes Buch hatte er noch nicht geschrieben. Tom Sawyer und Huckleberry Finn waren in jenem Jahr nichts anderes als ungeschriebene Gestalten der Erinnerung an einen breiten Fluß. Der Mann mit dem hängenden Schnauzbart und flammend roten Haar hatte sich aufgemacht, einen einträglichen Beruf zu suchen. Seinen wahren Namen, Samuel Langhorne Clemens, hatte er in Mark Twain verwandelt. In Erinnerung an seine Zeit als Lotse auf dem Mississippi. Die zwei Worte Mark Twain bedeuten »Markier zwei Faden Wassertiefe!« Bei Nebel und bei Finsternis hatte er sie zum Rudergänger hinaufgerufen. Seine Briefe aus Hawaii waren für eine Zeitung in Kalifornien bestimmt, die sich

Sacramento Union nannte. Der Herausgeber übernahm die Kosten der Passage. Sein Einsatz hatte sich gelohnt: Die Auflage war prompt gestiegen. Sehr sogar.

Die *Ajax* fuhr noch unter Segeln, obgleich sie bereits dampfgetrieben war. Die Reise von San Francisco bis Honolulu ging durch schwere Stürme. Der Pazifik verhält sich nämlich anders als der Name sagt. Friedvoll ist er nur ganz selten. Friedvoll ist er, wenn es hoch kommt, vier Monate lang im Jahr. Nur den Sommer über. Mit den ersten Herbststürmen ändert sich das Meer. Bis zur Unkenntlichkeit. Es lehrt die Seeleute das Fürchten. Mit seiner Gewalt. Mit seinem Ungestüm. Mit Wellen, die sich unberechenbar in Wirbeln über Schiffe stürzen. Und auf die Häuser an den Ufern. Auch auf Brücken. Auf alles, was von Menschen stammt.

Insel Maui. Aus Kratern steigen nicht nur Wolken auf.

Die *Ajax* war damals zehn Tage lang vom Golden Gate bis Honolulu durch den Sturm gestampft. Heute nacht, in stiller Luft und zehntausend Meter über Meer, bringt uns der Mann im Cockpit auf der gleichen Strecke in knapp fünf Stunden hin.

Das Summen der vier Aggregate schläfert ein. Luv hält mir das Buch entgegen. Zeigt auf Seite 214 bei Mark Twain. Es ist die Seite, auf der er von den Regenbogen spricht. Luv lacht. Sie kennt meine Liebe zu den Regenbogen. Ich habe ihr erzählt, wie ich in sie hineingeflogen bin. Als junger Mann. Als blutjunger Pilot. Letztes Jahr habe ich sie ihr gezeigt, diese Regenbogen. Auf der Insel Maui. In einem erloschenen Vulkan, der Haleakala heißt. Der Name bedeutet Haus der Sonne. Von seinem Krater wirbeln Wolken auf, die wie Geisternebel sind. Aus den Wirbeln steigen Farben. An dem Tag hatte Luv ihre Kameras nicht dabei. Ich wollte, daß wir während dieser Reise endlich einmal Ferien machen. Der Plan war, keinen Plan zu haben. Als Luv auf dem Vulkan die Regenbogen sah, hat sie kein Wort gesagt. Der Vorwurf stand in ihren Augen.

Seite 16:
Neue Regenbogen jeden Tag. Steingewordene Feuer der Vergangenheit.

Ein unbekannter Mark Twain. Begleiter auf dem Nachtflug zu den Regenbogen.

Ich lehne mich aus Luvs Leselicht in die Dunkelheit bei meinem Sitz zurück und sage zu Mark Twain, daß der vermooste Kraterrand des Haleakala der Geburtsort aller Regenbogen ist. Der Mann lacht mich nicht aus. Ich habe nicht erwartet, daß er lacht. Ich streiche mit der Hand das Eselsohr auf seiner Seite 214 glatt. »Bald waren wir in Sichtweite jener Stelle...«, steht auf dem Blatt in meinen Händen, »... an jener Stelle, die jeder Schulbub auf der Welt aus dem Geschichtsbuch kennt – Kealakekua Bay – die Bucht, in der Captain Cook, der große Weltumsegler, vor bald hundert Jahren von den Eingeborenen getötet wurde. Die untergehende Sonne warf ihre feurigen Strahlen über die Bucht, ein sommerlicher Regenschauer ging hernieder, und über alles wölbten sich zwei majestätische Regenbogen. Zwei Gentlemen vor uns ritten mitten unter dem einen hindurch, und für einen Augenblick erstrahlten ihre Gewänder in königlichem Glanz. Warum hat Captain Cook nicht den Geschmack bewiesen, seine große Entdeckung ›Regenbogeninseln‹ zu nennen? Wohin man blickt, bietet sich einem dieses bezaubernde Schauspiel; Regenbogen sind hier so etwas Gewöhnliches wie es Nebel und Wind in San Francisco sind; man sieht sie jeden Tag und häufig auch bei Nacht, doch nicht diesen blauen silbrigen Bogen im Mondlicht, den wir bei uns in den Staaten vielleicht einmal in hundert Jahren sehen, sondern mit richtigen Streifen in wunderschön leuchtenden Farben, als wären es die Kinder von Sonne und Regen. Bei Tageslicht treiben in diesen Breiten zuweilen kleine Regenbogenstücke über den Himmel wie die Fenster von Kathedralen.«

Ich blättere weiter in dem Buch. Und finde zwischen den Sätzen des Samuel Langhorne Clemens Bilder, die mir vertraut sind. Lange schon. Ich war unter dem gleichen Wasserfall hindurchgelaufen, den er in einem Brief beschreibt. Für eine Audienz bei seinem Kamehameha V., dem letzten aller Könige der Insulaner, bin ich ein Jahrhundert lang zu spät gekommen, und die Stille auf seinen Wegen unter grünvermoosten Felsen war während meiner Reisen längst vom Autolärm zerstört; die Missionare aber, die er skizziert, schienen mir auf jede Weise unverändert. Ich habe sie am gleichen Strand und in der gleichen

Seite 18: Insel Oahu. Die Ostküste zieht viele Menschen an. Doch in den Bergen ist nur der Wind zu hören.

Mark Twain. Hardy stellt ihm viele Fragen.

Kirche angetroffen, und als ich mich neben ihre verhärmten Ehefrauen setzte, habe ich an die Frauen denken müssen, die ein Jahrhundert vor mir ihre schmale Kirchenbank mit einem rothaarigen Amerikaner teilen mußten.

Eine Stunde später in der Kabinendunkelheit, und ein paar Briefe später in dem Buch, sagt Mark Twain zu mir, wie das gewesen ist, als er die acht Inseln zum ersten Mal gesehen hat: *The loveliest fleet of islands*, sagt er, *that lies anchored in any ocean*. Ich drehe den Satz ein paar Mal hin und her. Das klingt nicht nach *Ajax*. Ich meine, das ist nicht, als hätte er die Sandwich Islands vom Deck der *Ajax* aus gesehen. Das ist wohl eher der Satz von einem Mann, der ein ganzes Jahrhundert überspringt und sich an einem hellen Sonnentag vertrauensvoll zu mir in meine enge Pilotenkanzel setzt und durch das Plexiglas auf Hawaii hinuntersieht. *Die lieblichste Flotte von Inseln*, sagt der Mann, *die je in einem Ozean geankert hat*. Ich nicke. Vom Cockpit aus gesprochen stimmt der Satz. Ich sehe dem Mann mit seinen roten Haaren zu und teile die Begeisterung. Und vermag nicht zu sagen, ob es seine Stimme ist, oder die von Luv, doch auf jeden Fall ist da eine Stimme, die mich fragt, wie ich meine Briefe aus Hawaii beginnen würde, sollte ich sie jemals schreiben. Auf welche Art? Mit welchem Bild? Ich antworte der Stimme, daß es die Geschichte einer großen Liebe ist, die ich an den Anfang setze. Weil es keinen anderen Anfang geben kann. Denn meine Erinnerung an Hawaii beginnt mit einer Frau. Mit einem Volk. Mit einem Meer. Und mit Vulkanen. Ich sage zu Mark Twain: »*Fünfundzwanzig Briefe werden es kaum sein, wohl aber eine Reihe von Geschichten, und an allen Anfang setze ich die Geschichte von der Entstehung einer neuen Welt.*«

DIE ERSTE GESCHICHTE. Sie beginnt mit einer Frau. Mit einem Gott. Einem weiblichen Gott. Ihr Name ist Pele. Sie hat Inseln aus dem Meer entstehen lassen. Das Meer trägt den Namen Stiller Ozean. Der Name der Inseln ist Hawaii.

Pele ist die Göttin der Vulkane. Aus der Tiefe des Meeres hat sie Feuer, Felsen und Lava zu den Wellen hoch geschleudert. Das Meer stürzte sich auf die Feuer und ließ die Vulkane brodeln. Eine kalte

Wolke waberte zum Himmel auf und legte sich über die neugeschaffene Insel hin. Dann stieg die Sonne aus dem Meer. Mit ihrer Wärme weckte sie den Wind. Der Wind zerrte spielerisch am Rand der Wolke. Als er dessen müde wurde, trieb er die Wolke weit aufs Meer hinaus. Im Licht der Sonne glitzernd, waren acht Inseln in dem Ozean zu sehen. Aufgebrachte Wellen schlugen auf steile Felsenklippen ein. Über den Felsen gab es grüne Hügel. Wasserfälle stürzten von den Hügeln aus ins Meer. Aus der Gischt ihrer Silberbänder stiegen Regenbogen auf. Der größte unter ihnen stand leuchtend über einem Lavastrom. Auf seinem Weg zum Meer, die Hügel abwärts, gab der Lavastrom seine glühend rote Farbe auf. Er wurde starr. Und schwarz. In Wellen ist er zu Stein erstarrt. Über dem schwarzen Stein erhoben sich die Vulkane der Pele. Den höchsten hatte sie zu ihrem Thron gemacht. Er war so hoch, daß Schnee auf seinen Flanken liegen blieb.

Lange Zeit blieb Pele auf ihrem verschneiten Feuerberg allein. Dann schoben sich kleine Segel über die dünne Linie zwischen weißverwaschener Luft und blauem Meer. Braune Menschen hatten

Seite 21:
Die roten Tränen der Pele fließen bis in unsere Zeit hinein.

Zeichnung eines unbekannten Maori:
Pele, Göttin der Vulkane.

den größten Ozean der Welt durchquert. Seefahrer, die nach den Sternen navigierten. Landsucher, die in doppelrümpfigen Kanus aus dem tiefen Süden kamen. Sie nannten sich Maori. Ihre Heimat war ein mysteriöses Inselland. Die Seelen ihrer Toten lebten dort. Das Seelenland hieß Hawaiki.

Die Seefahrer in den kleinen Booten hatten ihre Frauen mitgebracht. Ihre Kinder. Hunde. Schweine. Hühner. Pflanzen. Die Familien mußten Unmenschliches durchleben. Taifune. Hitze. Durst. Und, was schwerer zu ertragen war, Hoffnungslosigkeit. Doch dann sahen sie die Rauchsäulen der Vulkane weit entfernt am Horizont. Die Maori wußten um die Fruchtbarkeit von Land unter Vulkanen und folgten der Verheißung. Eine fremde Gottheit hatte den Weg aus ihrer Qual gewiesen. Diese Gottheit mußte eine Frau gewesen sein. Beim Heransegeln an die Inseln haben die Erschöpften das gespürt. Das Blinzeln in den Wasserfällen ließ an Frauen denken. Die Flanken der Berge lagen dahingestreckt wie die Schenkel einer Frau. Regenfeuchte Wiesen erzählten von den Fantasien einer Frau. Das Feuergrollen der Vulkane war Zorn und Zank und Aufstampfen der Frau. Es war ein Aufstampfen, das der Hilflosigkeit der Frau entsprang.

Die Seefahrer zogen ihre Boote auf den Strand. Die Felsen über ihnen waren unbewohnt. Auch in den Tälern fanden die Maori keine

Seite 22: Aus der Cessna aufgenommen: Ein Vulkan beginnt zu brodeln. Die Hitze steigt bis ins Cockpit hoch.

Die ersten Menschen, die den ungestümen Pazifik bezwangen, waren die Maori. Nach unmenschlichen Strapazen stießen sie, aus ihrer Heimat in der tiefsten Südsee kommend, auf acht unbewohnte Inseln. Sie gaben der größten den Namen Hawaii und siedelten sich unter den Vulkanen an.

Menschen. Es gab niemanden, den sie nach dem Namen der Göttin der Vulkane fragen konnten. Sie nannten sie Pele.

Auch für ihre neue Heimat fanden die Maori einen Namen. Sie hatten eine Insel betreten, die größer als die sieben anderen war. Ihre tief abstürzenden Wasserfälle ließen sie an Hawaiki, an die Insel ihrer toten Seelen, denken. Also nannten sie das grüne Land im Meer Hawaii. Den anderen Inseln gaben sie die Namen Maui, Kahoolawe, Lanai, Molokai, Oahu, Niihau und Kauai.

NACHT OHNE STERNE. Blick aus dem Kabinenfenster. Finsternis. Tiefdunkles Nichts. Luv schläft. Das Buch ist ihr entglitten. Ich hebe es vom Boden auf. Blättere durch seine Seiten. Warte auf die Stimme. Hoffe auf die nächste Frage, die aus den Briefen kommen muß. Die Stimme schweigt. In der Kabine bleibt es still. Auch die Monotonie der Aggregate bleibt.

Blick auf das Phosphorzifferblatt. Zeit umstellen. Rechnen. Neunzig Minuten bis zu den Hochhäusern von Waikiki. Grob geschätzt. Wenn der Wind von vorne kommt, an die zehn Minuten mehr. Also hundert. Und die Überlegung: Bei Wind aus Nordwest tauschst du mit diesem Samuel Langhorne Clemens nicht. Wo ist die Stelle in dem Buch? Sein Abenteuer im Nordwest? Blättern. Finden. Es ist der

Ort der Landung der Maori: das Waipeo-Tal. Seine Wasserfälle, der fruchtbare Boden und die Liebe der Maori zu Pele ließen aus Seefahrern Ackerbauern werden.

Seiten 25 bis 27: Unvergeßliches, schweigsames Hawaii.

zweite Brief. In dem erzählt er von dem Sturm. Wie der steif von vorne heult. Ein Erdbeben aus den Wellen macht. Wie der Nordwest die *Ajax* einen vollen Tag zurückwirft auf der langen Fahrt von San Francisco zu den Sandwich Islands hin. Ich seh den Mann in seiner Koje. Schnauzbart. Brennend rotes Haar. Festgezurrt. Sein Warten auf die Inseln. »Schwer zu glauben«, sage ich. Und denke mir, er hört mir zu. »Schwer zu glauben, aber die Maori kennen kein Wort für Wetter. Wer im Pazifik einen Nordwest durchlebt, hält es nicht für möglich, daß die Maori in ihrer Sprache das Wort Wetter nicht vermissen.« Ich habe es laut gesagt. Luv ist davon aufgewacht. Ich erkläre ihr, daß es ums Wetter geht. In anderen Ländern, in England beispielsweise, fängt jeder Austausch von Gedanken im Anschluß an die Begrüßungsfloskel »GutenTag« und »Wie geht's denn heute so?« mit einer Beschwerde über das verdammte Wetter an. Luv hat darüber oft gelacht. Doch das war anderswo. Nachher, wenn wir erst mal auf den Inseln sind, wird Luv das Wort Wetter kaum mehr hören. Und wenn, dann von Touristen.

Seiten 28 bis 31: Hardy sagt, er würde viel drum geben, seinen Mark Twain zu den Wasserfällen hoch zu fliegen und mit gedrosseltem Motor in versteckte Täler einzudringen, die hinter den Kaskaden sind.

In der Kabine ist es kalt. Im Halbschlaf wickelt sich Luv in ihre Decke ein. Ich muß an den Mann in seiner Koje denken. Auf der sturmgepeitschten *Ajax*. Ich frage ihn, ob er jemals eine Geschichte mit dem Wort Wetter angefangen hat. *Wie wäre es*, frage ich den jungen Mann von dreißig Jahren, *wenn ich meine zweite Geschichte mit dem Satz begänne: »An allem Anfang dieser Inseln stand das Wetter. Es war mild. Die Göttin Pele hat es so gewollt. Es war ihr Wunsch, daß der Mensch unter den Vulkanen so mild und ausgeglichen wie das Wetter wird.«*

Es ist klar, daß keine Antwort kommt. Nicht von der *Ajax*. Höchstens von mir selber. Weil das Bild von einem milden Volk nicht stimmt. Ich lege mich im Sitz zurück und sage mir, die Wahrheit ist da zu suchen, wo eine Göttin menschenähnlich wird. Das Liebenswerte an der Geschichte nämlich ist, daß Mensch und Gott sich oftmals gleichen. Nicht nur auf den Inseln weit da vorn, neunzig Flugminuten vor uns in der Nacht. Doch ganz besonders da. Ganz besonders auf Hawaii.

DIE ZWEITE GESCHICHTE. Sie erzählt vom Wetter. Und von der Irrung einer Frau. Von der Irrung der Pele. Von einer Göttin, die nach eigenem Vorbild milde Menschen formen will und dabei ihren eigenen ungestümen Charakter nicht bedenkt. Was die Frau an Wetter macht, kann ein anderer Gott kaum besser schaffen. Eine leichte Brise kühlt die Inseln. Jeden Tag. Kommt aus Nordost. An manchen Tagen springen allerdings die Winde um. Kommen dann aus Süd. Liegen schwer auf dem Gemüt. Die Leute sagen dann: »Der Totenwind ist da.« Die ersten Maori haben das gesagt. Und die Insulaner sagen das noch heute. Sie sagen auch: »Der Totenwind bleibt nur einen Tag bei uns, wenn es hoch kommt, zwei.« Und, so sagen sie: »Eine derart schwere Luft von Zeit zu Zeit schützt den Menschen gegen Übermut. Gegen das Gefühl, das gute Leben auf den Inseln als selbstverständlich anzusehen.«

Später, wenn der gute Wind zurückkommt, hüllt er die Vulkane in Regenwolken ein. Die Maori hatten nie einen Namen für den guten Wind. Seeleute, die tausend Jahre später über den Horizont aus weit entfernten Ländern kamen, trugen die ständige Brise als »Trade Winds« in ihr Schiffslog ein. Oder in unserer Sprache als »Passat«. Der bringt wirbelige Wolken mit. Solche Wolken hängen tief. Und sterben an der Küste. Regnen wie flüssig silberiger Sonnenschein auf die Menschen nieder.

Dann ist da noch eine andere Art von Wolke. Sie zieht in großer Höhe übers Meer und bleibt an den Vulkanen hängen. Auf der windzugekehrten Flanke wird daraus willkommener Regen. Doch wer im Lee des Berges wohnt, muß denken, daß es Regen nur ganz selten gibt. Diese Regelmäßigkeit von Sonne, Wind und Regen nahmen die Maori wie ein Geschenk der Göttin an. Sie schickten ein Boot den weiten Weg zurück in ihre alte Heimat und ließen verkünden, daß es keine schöneren Inseln zu entdecken gibt. Jedenfalls keine, die an jedem Tag den gleichen Regen haben. Den gleichen Wind. Die gleiche Sonne.

Hunderte von Einbäumen machten sich nach dieser Botschaft auf den Weg durch einen mörderischen Ozean. Nicht alle Boote kamen an.

Wem es gelingen sollte, der mußte hartgesotten sein. Die braunen Menschen waren kräftig, arbeitsam und von einem heiteren Gemüt. Wie Kinder. Doch keines der Kinder war so mild, wie die Göttin der Vulkane sich ihr Volk erhoffte. Und so begann die Irrung einer Frau. Die Irrung der Pele. Einer Göttin, die nach eigenem Vorbild milde Menschen formen wollte und dabei ihren eigenen ungestümen Charakter nicht bedachte. Es war diese Irrung, die sie menschenähnlich machte. Und für diese Schwäche haben die Maori sie geliebt.

Es kam vor, daß die Göttin sich den Siedlern in den Tälern zeigte. Sie soll sehr schön gewesen sein. Kein Mann, der ihr nicht verfiel. Aber auch keiner, der nicht ihren Stimmungsumschwung kannte. Blitzen gleich. Unerwartet. Unverhofft. Durch Unerklärbares herausgefordert. Kaum ein Maori, der nicht mitangesehen hat, wie Pele in Wut geriet. In einem wilden Anfall von Eifersucht zornig mit dem Fuß aufstampfte. Die Erde beben ließ. Bestellte Äcker zu breiten Spalten auseinanderriß. Glühende Lava in einem todbringenden Fluß zu den Dörfern ihrer Kinder schickte. Felsbrocken unter Verwünschungen in Flüsse warf. Auf Feuersäulen reitend, in übler Sprache fluchend, aus ihrem Krater in den Himmel stieg. Und wann immer so etwas geschah, mußten die Maori nicht lange nach dem Anlaß suchen: Ein junger Fischer beispielsweise, in den die Göttin sich verliebte, hatte sich im Schutz der Nacht zu einem Bauernmädchen in das Waimea-Tal geschlichen. Was dem Burschen schlecht bekam. Pele verwandelte ihn in einen Baum. Zwar in einen Baum mit schönen Blüten, doch immerhin: in einen Baum.

Seiten 32 und 33: Spuren einer alten Zivilisation. Mit dem Eintreffen christlicher Missionare starb der Ahnenkult der Südseeinsulaner.

Ein anderer Anstoß für ihren Zorn war von einem Weib im Reich des Meeres ausgegangen, das, an Schönheit der Göttin der Vulkane durchaus gleich, ein Freudenfeuer der Pele an der Kona-Küste mit ihren Wellen auszulöschen suchte. Oder, um von einem anderen Anlaß zu erzählen: Als Pele einmal in Gestalt einer verarmten alten Frau vom Tisch eines reichen Mannes etwas Fisch erbetteln wollte, wiesen seine Diener ihr die Tür. Der Anlässe gab es für die Göttin viele, und weil es die gleichen Anlässe gewesen sind, die auch in den Hütten

der Maori zu Zornausbrüchen führten, entstand ein Bund, der unauflöslich schien. Der Bund von Gott und Mensch. Zumal die Frau der Irrungen ein Gott der niedrigeren Sorte war.

Von den großen Göttern gab es vier. Sie hielten die Kräfte der Natur in ihren Händen. Die seefahrenden Maori hatten das Gedenken an die vier aus ihrer fernen Heimat mitgebracht: Lono war der Gott der Fruchtbarkeit. (Er hatte sich schon lange nicht mehr offenbart und seine Rückkehr wurde von den Menschen mit aller Kraft herbeigesehnt.) Kanaloa lenkte die Geschicke von Mensch und Tier und Fisch in dem unberechenbaren Meer. Ku, der blutrünstige, der einzahnige, der wahrhaft gefürchtete in der Gruppe dieser vier, entschied als Gott über alle Kriege. Und schließlich war da noch der rätselhafte Gott mit Namen Kane, der alles lenkte, was im Leben unerklärbar ist. Die Maori sagen, daß es Kane war, der das MANA zu den Menschen brachte. Nicht zu allen Menschen, wohlgemerkt. Nur zu den wenigen, die der Gott als auserwählt ansah. Nur in die Seele eines Auserwählten hat Kane das Übernatürliche versenkt, die magische Kraft, sich über alles Gegebene im Leben zu erheben. Nur wer das Mana in sich trug, hatte die Kraft, anderen Menschen seinen Willen aufzuzwingen. Nur er vermochte es, große Mengen Menschen um sich zu scharen, die sich ihm freudig unterwarfen, die ihn zum Anführer erkoren, die den Mann mit seinem Mana zu ihrem König machten. Und noch etwas hat der große Lehrmeister mit Namen Kane seine Maori wissen lassen: »Der Körper eines Königs ist vergänglich«, hat er sie gelehrt, »so, wie ein jeder Mensch vergänglich ist. Doch die Seele eines Königs kann nicht sterben. Weil sie das Mana in sich trägt. Und das Mana ist unsterblich. Das Mana lebt im Sohn des Königs weiter.«

Auf einer jeden der acht Inseln hatte Kane die Häuptlinge des Volkes auserwählt. Dann, so sagen die Maori, wandte er sich den Inseln Samoa und Fiji zu und erlaubte Pele, die Menschen am Fuße der

Insel Hawaii. Der Tempel Mo'akini Luakini war dem Kriegsgott Ku geweiht, und die Krieger im Waka trugen Helme, die dem Hundezahnigen gefallen sollten.

Vulkane nach ihrem Ebenbild zu formen. Und damit schließt sich der Ring der Irrung. Oder der menschlich-liebenwerten Lebensart, die eine Göttin zu den acht Inseln brachte. Sie schuf Menschen, die ebenso mild waren wie gefährlich, ebenso verspielt wie unberechenbar. Zu ihrer eigenen Freude schuf sie schöne junge Männer und legte sich fordernd oder liebend mal zu dem einen, mal zu dem anderen, ganz nach Laune, wie es ihr gefiel. Die Frauen ihres Volkes machten es ihr nach. Wen die Mädchen lieben wollten, liebten sie. Der große Kane hatte die Würde und das Mana zu dem Volk gebracht. Die kleine Göttin Pele brachte Fröhlichkeit.

VOR TAGESANBRUCH. Wieder einmal ein Blick durch das Kabinenfenster. Die gleiche eingerahmte Finsternis. Dann: Suche nach dem Bordmagazin. Tief hineingerutscht in die Tasche bei dem Vordersitz. Bunte Bilder. Auf den letzten Seiten Streckenkarten. Ein grünes Nordamerika. Und der Pazifik, dunkelblau. Darüber eine dünne Linie. Der Kurs des Flugzeugs zu den Inseln hin. Wie klein die Inseln auf der Karte sind! Ein paar Punkte. Leicht zu übersehen. Kein Wunder, daß die Maori über viele Jahrhunderte allein geblieben sind. Die Priester im Volk der Pele hatten sicherlich herumgerätselt, was am Ende des endlos weiten Wassers sei. Und haben keine Antwort finden können. Von den fünf Kontinenten in den Meeren haben die Priester nichts gewußt. Doch auch die Kenntnis der Weisen anderer Länder war für lange Zeit noch lückenhaft: Auf den Seekarten der Europäer gab es die acht Inseln nicht. Die gab es erst, als James Cook auf sie gestoßen war. 1778. Also ziemlich spät. Das Jahr danach wurde zum letzten seines Lebens. Bei seiner dritten Weltumsegelung war der Entdecker vieler Küsten bei der Insel seines Todes angekommen. Er wollte ein Gewässer finden, das den Pazifik mit dem Atlantischen Ozean verband. Außer Captain Cook suchten noch andere Seefahrer nach einer solchen Passage. Holländer. Portugiesen. Russen. Abenteurer. Piraten. Entdecker im Auftrag ihrer Majestäten. Oder waren sie vielleicht mehr als das? Männer, die von Veränderungen wußten? Von der Geburt ein paar junger Staaten in Nordamerika zum Beispiel. Und

Mauer des Mo'a-kini Luakini. Die Basaltsteine stammen aus dem 20 Kilometer entfernten Poloi-Tal. Eine Menschenkette schaffte sie heran. Von Hand zu Hand. In einer einzigen Nacht. Von Dämmerung zu Dämmerung.

Begegnung mit der Hohenpriesterin
NIIHAU
KAUAI
OAHU
Waikiki
Pearl Harbor
Honululu
N
50 km
USA
Los Angeles
Hawaii
3390 km
3880 km
PAZIFISCHER OZEAN
Marquesas
5820 km
Australien
Neuseeland

Die lieblichste Flotte von Inseln,
die je in einem Ozean geankert hat.
Mark Twain

von der Erklärung ihrer Unabhängigkeit. Von ihrer Niederschrift der Menschenrechte. Der sie den Namen »Bill of Rights« gegeben haben. Und das zu einer Zeit, als sich Österreich und Preußen wegen einer Erbfolge in einen neuerlichen Krieg verstrickten. Während Lessing seinen *Nathan* schrieb. Und darin zwei Weltreligionen für gleichwertig erklärte. Fragt sich auch, ob die Weltumsegler von Karl Wilhelm Scheele wußten. Von seiner kleinen Apotheke. Und von seiner Entdeckung, daß Luft aus den Komponenten Stickstoff und Sauerstoff besteht.

James Cook. Britischer Weltumsegler. Entdecker der acht Inseln. Seine Überheblichkeit den Insulanern gegenüber führte auf der Insel Hawaii zu seinem Tod.

Um die gleiche Zeit, in der Mitte des Jahres 1778, verändert ein Ereignis das Leben unter den Vulkanen der Pele, unverhofft, ohne jeden Übergang: Es ist Erntezeit. Und Niegesehenes erhebt sich über den Horizont. Fährt zu den Maori hin. Riesige Segel sind das, die da kommen. Hoch. Und breit. Dann werden zwei Gebilde sichtbar. Hölzern. Dunkel. Und gewaltig. Auf dem Wasser reitend. Hohen Inseln gleich. Auf den Inseln stehen Wesen. Menschen ähnelnd. Doch Menschen, die so weiß wie Wolken sind.

Ich denke mir, und in dem Kabinenfenster steht noch immer eingerahmte Dunkelheit, daß die Überraschung bei den weißen Wolkenmenschen gleichermaßen groß sein muß. Denn die acht Inseln sind dem Kapitän der Schiffe *Resolution* und *Discovery* an dem Tag ja nicht bekannt. Und was unbekannt ist, ist vermutlich unbewohnt. So schreibt James Cook das in sein Log. Doch dann, schreibt er, kommen Menschen an den Strand. Männer. Frauen. Braunhäutig. Kaum bekleidet. Steinzeitmenschen. Jedenfalls sehen sie so aus. Dann die nächste Überraschung: Die Steinzeitmenschen haben Häuser. Hohe Dächer. Tempel. Boote. Netze. Wellenbretter. Skulpturen, menschenähnlich, überlebensgroß, Abbildung von Ahnen oder Götzenbilder. Beim Näherkommen sieht der Kapitän: Priester stellen sich neben ihre Götzenbilder. Lassen die Wolkenwesen wissen, daß sie hier willkommen sind. Männer paddeln in Einbäumen heran. Frauen schwimmen zu den beiden Schiffen hin.

Ich erinnere mich, und es ist noch immer Nacht und auf dem Weg zu der gleichen Bucht, die Kealakekua heißt, daß dieses Bild von der Begegnung mit den Menschenfressern in vielen Kinostücken anzusehen ist. In vielen Büchern nachzulesen. Dann sehe ich ein weiteres Mal auf meine Uhr. Siebzig Minuten bis zum Ziel. Eine Stunde zehn, um mich (und Samual Langhorne Clemens) nach dem Schicksal von Captain Cook zu fragen. Geschichtsschreiber behaupten, der ganz banale Streit um ein gestohlenes Rettungsboot habe zu seinem Tod geführt. *Das aber,* sage ich zu Mark Twain, *habe ich nie recht glauben wollen,* und er gibt mir recht: *Das Boot ist nur die halbe Wahrheit; im Ursprung hat es an der Überheblichkeit des Captain Cook gelegen.* Ich blättere in seinem Buch. Suche. Finde. Der Artikel trägt als Brief die Nummer 19. Er stammt von der Kona-Küste. Aus dem Juli 1866. Schon der erste Satz ist stark: »Die schlichte, ungefärbte Wahrheit über Captain Cooks Ermordung nimmt der Geschichte jegliche Romantik ...« Ich frage Mark Twain, ob er nicht im Begriff ist, einen Seehelden auf leichtsinnige Weise vom Podest zu stürzen, woraufhin der Mann vehement die wilde rote Mähne schüttelt und zu bedenken gibt, daß er sich als Journalist auf Berichte stützt, die Augenzeugen und Chronisten hinterlassen haben.

DIE DRITTE GESCHICHTE. Sie wird wiedergeben, was Mark Twain mir in der Nacht erzählt. Es ist möglich, daß ich das eine oder andere überspringen werde. Weil der Mann da unten auf der *Ajax* sich mehr Zeit zu nehmen weiß als ich, zehntausend Meter über ihm in

Capt. Cook ließ die Schiffe Resolution *und* Discovery *in der Kealakekua-Bucht Anker werfen. Die Eingeborenen sahen in ihm den Gott Lono. Zeitgenössische Darstellung der Ereignisse des 17. Januar 1779.*

*Weitere zeitgenössische Darstellungen von den letzten Tagen des James Cook: Oben: Die Maori brachten ihrem vermeintlichen Gott Lono Opfergaben.
Unten: Begegnung im Tempel.
Capt. Cook gab sich nicht als menschliches Wesen zu erkennen. Die absichtliche Täuschung rächte sich zwei Wochen später.*

einem vogelähnlichen Gerät, das in einem Wachtraum des Leonardo da Vinci seinen Ursprung hat. Ich sinne darüber nach, ob der Traum des Florentiners meinen Mississippi-Lotsen wohl begeistert hat, aber weil ich nicht vom eigentlichen Thema lassen will, lehne ich mich zurück und höre seiner Geschichte zu: *Die schlichte, ungefärbte Wahrheit über Captain Cooks Ermordung nimmt der Geschichte jegliche Romantik ...*, sagt er noch einmal. Dann stellt er die Behauptung auf: *... Statt dessen ist der eindeutige Tatbestand rechtmäßiger Tötung festzustellen.* Die Behauptung scheint mir hart. Und hart ist auch, wie die Geschichte weitergeht: *Als er in der Kealakekua-Bucht landete, scharten sich zehntausend Eingeborene um ihn und geleiteten den Ankömmling zum Haupttempel. Dabei erwiesen sie ihm die Ehren, wie sie nur ihrer obersten Gottheit zukamen, denn sie hielten ihn für ihren Gott Lono, der vor langer Zeit an diesem Ort residierte, dann aber fortgegangen war und seitdem vom Volk sehnsüchtig zurückerwartet wurde. Von Ehrfurcht ergriffen, warfen sie sich vor ihm nieder und verbargen ihr Antlitz. Beim Tempel angekommen, führten sie ihn in das Allerheiligste. Sodann betraten zehn Männer den Tempel, die ein gewaltiges Mastschwein und Bündel roten Tuchs hereintrugen. Sie knieten vor ihm nieder, während der Priester ihnen das Tuch abnahm, Cook mit den in reichen Falten herabfallenden Stoffbahnen umhüllte und ihm das Schwein zum Opfer darbot. Zwei Priester stimmten, mal im Wechselgesang, mal gemeinsam, Lobeshymnen zu Ehren Lonos an. Dann geleiteten sie ihn zu dem Bildnis des höchsten Idols. Sie küßten es, und Cook tat es ihnen nach. Der Hohepriester salbte ihn, indem er ihm Arme, Hände und Gesicht mit dem vorgekauten Fruchtfleisch einer Kokosnuß einschmierte. Cook nahm das Ganze als gegeben hin und bestärkte so die Eingeborenen in ihrem Selbstbetrug. Während seines gesamten Aufenthaltes wurden den Bewohnern der Insel schwere Abgabenlasten auferlegt, um die Schiffe zu verproviantieren und zu den Annehmlichkeiten*

Abbildung eines Maori-Kriegers.

von Offizieren und Mannschaft beizutragen. Wie in solchen Fällen üblich, wurde keinerlei Gegenleistung erwartet. Die Kanakenfrauen besuchten die Schiffe in überschwenglicher Gastlichkeit, und die Männer brachten Frauen ebenso wie Töchter sogar selbst an Bord. Der König machte Cook in prachtvollem Staat seine Aufwartung. Die wertvollen Geschenke seiner Majestät erwiderte der wundersam wiederauferstandene Lono mit einem weißen Leinenhemd und einem Dolch – ein Fall von Knauserei, wie er eines Gottes keinesfalls würdig war. Auch entweihte er die Tempelstätte, indem er dort die Vorräte für seine Schiffe stapeln ließ und die ebenen Flächen des heiligen Bezirkes, den sonst kein Fuß eines gewöhnlichen Sterblichen zu betreten wagte, in eine Werkstatt zum Ausbessern der Segel verwandelte.

Am 2. Februar machte ein britischer Offizier auf Wunsch seines Kommandanten den Priestern den Vorschlag, ihnen das hölzerne Gesims, welches um das Dach des Lonotempels lief, als Brennholz zu verkaufen! Zwei eiserne Lukendeckel wurden für den Erwerb geboten, und als die Priester das gotteslästerliche Ansinnen entsetzt zurückwiesen, wurde das Gesims auf Befehl von Captain Cook abgerissen und von den Matrosen auf die Boote geschafft. Die Götterbilder, die sich auf der Umrandung erhoben, wurden heruntergeschlagen und vor den Augen der Priester und Häuptlinge zerstört.

Verzweiflung erfaßte die beleidigten und verletzten Eingeborenen angesichts der ständigen Demütigungen durch Männer, deren Bedürfnisse sie um den Preis zunehmender eigener Verarmung auf selbstlose Weise gestillt hatten, und in der Wut über eine abermalige Niedertracht bewarfen sie eine Gruppe Matrosen mit Steinen und trieben sie in die Boote. Von nun an ging es zwischen Cook und den Eingeborenen abwechselnd friedlich oder feindselig zu – bis zum 14. Februar. Es war ein Sonntag, und als die Sonne unterging, war der Weltumsegler ein toter Mann.

Ein Kanake hatte, weil er von einem Matrosen geschlagen (die Eingeborenen sagen, ausgepeitscht) worden war, aus Rache von einem der Schiffe ein Rettungsboot gestohlen und zerlegt, um an die Nägel zu kommen. Cook beschloß, den König gefangenzunehmen, an Bord seines Schiffes zu schaffen und dort so lange festzuhalten, bis das Boot wieder instandgesetzt war. Durch eine List lockte er den alternden Monarchen an den Strand, doch bald strömten dort die Eingeborenen in großer Zahl zusammen, und einer von ihnen schrie laut, man sei dabei, den König zu verschleppen und zu töten. Große Aufregung war die Folge. Cook hatte nur eine Handvoll Männer bei sich, und mit jedem Augenblick steigerte sich die Erregung der Menge. Als Cook die drohenden Worte eines Eingeborenen vernahm, feuerte er eine Platzpatrone auf ihn ab. Der Mann sah, daß er unverletzt geblieben war, und wiederholte seine Drohungen. Daraufhin schoß Cook scharf und traf den Mann tödlich. Jetzt mußten die Engländer sehen, daß sie so schnell wie möglich in die Boote kamen. Kaum aber hatten sie den Rückzug begonnen, als Cook von einem Stein getroffen wurde. Als er sah, wer ihn geworfen hatte, erschoß er den Mann auf der Stelle.

Nachdem er die beiden Männer getötet hatte, so wissen die Eingeborenen zu berichten, versetzte Cook einem kräftig gewachsenen Häuptling einen Hieb mit der flachen Klinge seines Schwertes. Der Häuptling packte ihn, umklammerte seine Arme mit eisernem Griff und bog den Captain rücklings über sein Knie (nicht um ihm weh zu tun, denn dem Gott Lono Schmerz zuzufügen war undenkbar, sondern um ihn daran zu hindern, weiteres Unheil anzurichten.) Captain Cook stöhnte auf vor Schmerz – und verriet damit seine sterbliche Natur. Das war sein Todesurteil. »Er stöhnt! Er ist gar kein Gott!« riefen die Eingeborenen und stürzten sich auf ihn und brachten ihn um. Sie zogen das Fleisch von seinen Knochen und verbrannten es (mit Ausnahme von neun Pfund, die an Bord der Schiffe geschickt wurden).

Das Herz hängte man in eine Eingeborenenhütte, wo es drei Kinder fanden und aufaßen, weil sie es für ein Hundeherz hielten. Einer der Jungen lebte sehr lang und starb erst vor wenigen Jahren in Honolulu.

Die Ermordung des Capt. Cook durch aufgebrachte Insulaner. Zeitgenössische Darstellung der Ereignisse des 14. Februar 1779.

IN DER BOEING. Noch immer kurz vor Ende einer Nacht. Zweihundert Jahre nach dem Mord. *Das war mehr als Mord*, sage ich zu dem jungen Mann von der *Sacramento Union*, *das war unmenschliche Grausamkeit*. Doch der Briefeschreiber widerspricht: *Dafür, daß sie Cook töteten, kann man ihnen kaum einen Vorwurf machen.* Sein Widerspruch ist heftig. Er steht auf Seite 221 in dem Buch: »Die Eingeborenen sind gut zu ihm gewesen. Er aber mißbrauchte sie ... Vielen von ihnen fügte er körperlichen Schaden zu ... und mindestens drei tötete er ... bevor sie angemessene Vergeltung übten.«

Ich lese sein unerbittliches Urteil ein zweites Mal. Und denke an die Kinder der Pele. An den Zorn, den die Göttin ihren Maori mitgegeben hat. Lebt der noch immer in den Menschen? Jetzt? Zweihundert Jahre nach dem Mord von Insulanern an einem unerschrockenen Entdecker, der von einer weit entfernten Insel kam? *Nein,* sage ich zu dem Abenteurer auf der *Ajax, nehmen wir einmal die Amerikaner: Hundert Jahre nach dem Mord an Lincoln sind die Amerikaner schließlich auch nicht mehr die gleichen. Oder hundertzwanzig, um genau zu sein.* Kaum habe ich es gesagt, höre ich den Samuel Langhorne Clemens lachen. Und kann mir sofort denken, was sein Lachen zu bedeuten hat: *Das mag sein. Die Menschen haben viel dazugelernt. Nur bei Schauspielern ist das wohl anders.* Es war klar, daß er das sagen mußte. Ich hatte es ihm leicht gemacht. *Der Mörder Lincolns ist bekanntlich Schauspieler gewesen,* sagt er, *und Schauspieler bleiben sich in Eigenart und Unart gleich; im Gegensatz zu anderen Menschengattungen bleiben sie es über Jahrtausende hinweg; über Jahrtausende und zwanzig, um, ebenso wie Sie, genau zu sein.* Ich lache mit dem Mann. Und lasse ihn in meinem Kopf noch ein wenig weiterlachen. Doch dann fallen mir zwei Mädchen ein. Töchter der Pele. Zwei, die heute leben. Dianah ist die eine. Und die andere heißt Shanelle. Ihr kleiner Zauber läßt in meinem Kopf das Bild des Mississippi-Lotsen vorübergehend blasser werden. *Tatsächlich nur vorübergehend,* sage ich zu ihm, *denn es wird nicht lange dauern, und wir beide finden wieder zueinander. Und zwar an einer ganz bestimmten Stelle der Geschichte, die ich jetzt erzählen will. Geschichte Nummer vier. Doch ich kann schon jetzt die sarkastische Bemerkung hören, mit der ein junger Amerikaner meine Geschichte unterbricht. An der Stelle nämlich, wo es um den Begriff Sünde geht. Und um den Auszug aus dem Paradies.*

Das Grauen vor den Kannibalen lief um die Welt. Der weiße Mann blieb den Inseln fast zwei Dekaden fern.

DIE VIERTE GESCHICHTE. Sie erzählt von Frauen. Von Kanonen. Einem König. Dann von Missionaren. Erzählt auch von Cowboys. Und von Mädchen, die wie Regenbogen sind. Also: Als die Maori ungestört auf ihren Inseln lebten, war die Haut der Frauen von einem dunklen

Braun. Das wurde anders, als die beiden großen Inseln mit dem geliebten Lono und seinen weißen Wolkenwesen über den Horizont gekommen waren. Die Gefolgsleute des Lono erwiesen sich als ungestüm. Sie machten den Maorifrauen Kinder. Die Kinder hatten eine wundersame helle Haut. Dann wurde Lono totgeschlagen. Und die beiden Inseln spien Feuer. Eiserne Kugeln schlugen in erregte Menschengruppen ein. Die Wolkenwesen segelten davon. Ein junger Häuptling hatte den Mord an Captain Cook mitangesehen. Und auch den Tod, der aus dicken, langen Rohren unter seine Leute kam. Vor Lonos Tod hatte der junge Adelige die Schiffe oft besucht. Beim Tod seiner Maori am Strand von Kealakekua hatte er mitangesehen, wie unbesiegbar eine Handvoll Männer selbst gegen eine tausendfache Übermacht sein kann, wenn sie Rauch und Feuer aus langen Eisenrohren speit. Der Onkel des jungen Häuptlings herrschte als König Kalaniopuu über die größte der acht Inseln. Seine Schwester brachte einen Knaben auf die Welt. Der König gab ihm den Namen Kamehameha, was ›der Einsame‹ bedeutet. Als er heranwuchs, wurde das Mana des jungen Mannes deutlich, jene innere Kraft, die andere Männer zu besiegen weiß. Kamehameha soll dem Onkel gesagt haben: »Mehr noch als das Mana eines Feldherrn ist es das Mana der Kanonen, das über andere Krieger siegt.« Zehn Jahre nach dem Mord an Captain Cook, als Kamehameha das Erbe des verstorbenen Königs angetreten hatte, brachte er zwei Engländer in seine Gewalt. Zwei Gesetzlose. Sie hatten Kanonen auf ihrem Schiff. Der König machte die Piraten zu seinen Freunden. Er ließ starke Doppelrumpfkanus für die Kanonen bauen und ging daran, sich die Königreiche auf den anderen Inseln zu unterwerfen. Die Besiegten gaben ihm den Namen ›Kamehameha der Große‹.

König Kamehameha. Erster Herrscher über Peles Inseln. Er gestattete dem Seefahrer Vancouver als erstem Weißen nach Capt. Cook das Betreten seines Reiches. Als Gastgeschenke nahm er Rinder an.

Es war das Jahr 1789. In Amerika wurde George Washington der erste Präsident. In Paris hatte die Revolution begonnen. Ein Korse namens Napoleon Bonaparte (mit dem Kamehameha der Große wegen seiner Kriegszüge und Gesetze von den Geschichtsschreibern späterer Zeiten oft verglichen wurde) war im gleichen Jahr nur ein kleiner Leutnant in einer unvollkommenen Armee.

Der kannibalistische Mord an dem berühmten Captain Cook hatte unter den Entdeckern und Eroberern aus Europa Furcht verbreitet. Sie fuhren auf ihren Schiffen im weiten Bogen um die Inseln. Dann gab die britische Admiralität dem aufstrebenden Captain Vancouver Order zum Besuch der Wilden. Vancouver ging 1793 bei der größten der acht Inseln vor Anker. Sein Monarch hatte ihm Gastgeschenke mitgegeben: Rinder, Kühe und Stiere wateten in Hawaii an Land. König Kamehameha zeigte Weitsicht: Er überließ den Tieren die grünen Hügel seines Landes und verfügte ein Tabu: Niemand durfte sich den fremden Biestern nähern. Das Gastgeschenk vermehrte sich. Aus den wenigen Tieren wurden große Herden. Wild, ungestüm und eine Plage für das Volk.

Erstes Haus eines Weißen. Erbauer: der amerikanische Abenteurer John Parker. Kamehameha gab ihm seine Enkelin zur Frau. Ihre Mitgift: riesige Mengen Land.

Zur gleichen Zeit sprach sich die friedvolle Begegnung des George Vancouver mit den Insulanern in der Welt herum. Handelssegler folgten seinem Kurs. Sie brachten Gold und Edelsteine, Metall und Kriegsgerät und nahmen Sandelholz, Zuckerrohr und Tropenfrüchte mit nach Haus. Kamehameha wurde reich. Auch seine Untertanen führten bald ein besseres Leben. Der Liebreiz unbekleideter Frauen sorgte für Begeisterung bei den Matrosen. Viele sprangen über Bord und kehrten nicht zum Schiff zurück. Einer dieser Deserteure war John Parker. Amerikaner. Seeoffizier aus Massachusetts. Er verliebte sich in eine Schönheit mit Namen Keli'ikipikaneo'aloah'aka. Sie war die Enkelin des großen Kamehameha. Der König fand Gefallen an dem jungen Amerikaner. Er gab ihm die Erlaubnis, Kälber oder junge Rinder einzufangen und zu schlachten. Seefahrer aller Nationen kauften von nun an bei Parker und Kamehameha frisches Fleisch. Auch die Insulaner begannen, zusätzlich zu ihrem Schweinefleisch sich mit Rinderbraten zu ernähren. Aus dem armen Kerl von Massachusetts wurde ein angesehener Mann. Der alternde König gab seine Einwilligung zur Heirat mit Prinzessin Keli'ikipikaneo'aloah'aka. Ihre Mitgift bestand aus Riesenflächen Weideland. Die wilden Stiere in den Hügeln waren inzwischen unzählbar geworden. Und überaus gefährlich. Niemand konnte sie zusammentreiben. John Parker ließ aus seiner Heimat Pferde kommen. Da es keine Häfen gab, wurden die amerikanischen Quarterhorses mit Kränen über Bord gehievt. Seine Cowboys holte Parker sich aus Kalifornien. Wilde Kerle. Gute Reiter. Mexikaner. Mit geringem Lohn zufrieden. Die Insulaner gaben ihnen den Namen Paniolo, was eine Maori-Form von Español gewesen ist. Die Paniole brachten den Eingeborenen das Reiten und das Lassoschwingen bei. Und den Mädchen auf der Insel zeigten sie, wie man Gitarre spielt.

Kamehameha der Große lebte noch bis 1819, und seine Söhne vermehrten den Wohlstand auf den Inseln. Zur Arbeit auf den Feldern mit Zuckerrohr und Ananas kamen Tausende von Männern aus Japan und China auf die Inseln, und als die Japaner wegen der mageren Löhne rebellierten, holten die Besitzer der Plantagen Filipinos in das Land. Alle Männer waren frauenlos gekommen und verfielen Insulanerinnen, deren Spaß an der Liebe unbekümmert war. Anmutig. Ohne Forderung. Aus den bestrickenden Spielen dieser Mädchen wurde Kindersegen. Die Kinder sahen mexikanisch aus. Oder chinesisch. Filipinisch. Und die Schönheit der Mädchen, die einen englischen Walfänger zum Vater hatten oder den Besitzer von Ananasplantagen, ging auf den Bildern angereister Maler und den Postkarten von Photographen um die ganze Welt. Es waren Mädchen aller Farben. Die Cowboys sagten, die Mädchen sähen wie die Regenbogen aus. Sie zeigten sich den Malern so, wie Gott Lono sie geschaffen hatte. Stolz. Gesund. Unbekümmert.

Dann kamen die ersten Christen zu den Inseln, und die Bilder gleichen den vorigen nicht mehr. Ungefähr zu der Zeit, als König

Seiten 48/49: Unverändert durch die Zeit gekommen: die Parker-Ranch in unseren Tagen. John Parker lehrte Kamehameha das Lassoschwingen. Die Rinder machten den König und seinen Abenteurer reich.

John Parkers Prinzessin inmitten ihrer Gespielinnen. Die Mädchen von Hawaii haben zu ihrem Spaß das Wellenbrett erfunden.

Kamehameha der Große starb, war in Boston ein Schiff mit Calvinisten in See gestochen. Die amerikanischen Pastoren Bingham und Thurston hatten sich vorgenommen, den Heiden im Pazifik das Wort Gottes zu verkünden. Sie nahmen Frauen und Kinder mit an Bord. Die Brigg mit Namen *Thaddeus* segelte am Kap Horn durch schwere Stürme. Fünf Monate später warf sie Anker. Die Frauen der Missionare hüllten die Regenbogenmädchen unverzüglich in bodenlange Kleider ein. Es gab so gut wie keine Auflehnung dagegen: Die gutmütigen Töchter der Pele griffen begeistert alles auf, was ihnen neu erschien. Auch die Männer nahmen ohne Widerspruch den Ratschlag an, sich trotz der Tropensonne in wollene Anzüge zu zwängen und steife Hüte zu tragen. Als die Pastoren Anstoß an dem Schwingen von Hüften braunhäutiger Tänzerinnen nahmen, ließ das Königshaus den Hula-Tanz verbieten. Die verbotene Fröhlichkeit wurde durch Gesang ersetzt. Durch Hymnen. Die Insulaner brachten ihre Hula-Instrumente in die Kirchen und spielten auf Nasenflöten und Kürbistrommeln neue Lieder über einen Gott, der getötet worden war. Ein Gott! Getötet! Und – ganz besonders rätselhaft – es sollen Menschen gewesen sein, die ihren Gott getötet hatten! In einem Land, das ohne Bäume war. Ohne Vulkane. Und ohne Wasserfälle. Aber auch sonst gab es viel Neues. Es gab ein Alphabet zu lernen. Das war das ungewohnte Wort: Alphabet. Die frommen Leute in der dunklen Kleidung hatten das Wort aus ihrer Heimat mitgebracht. »Es muß gelernt werden, daß eine Sprache nicht nur gesprochen wird«, hatten sie gesagt, »sondern auch geschrieben.« Sie übersetzten die Bibel in die Sprache der Hawaiianer und stellten Schulklassen zusammen. Sie lasen gemeinsam, was in einem Ort mit Namen Bethlehem geschehen war. Oder auf einem Berg mit Namen Golgatha. Die Missionare nahmen mit den Maori auch die Geschichte der Schöpfung durch. Unter anderem die Erzählung von der Schlange, was für die Pastoren eine schwere Aufgabe gewesen ist, weil es Schlangen auf Hawaii nicht gibt. Die Sache mit dem Apfel haben die Insulaner mühelos verstanden. Den Mann mit Namen Adam auch. Das Bild der Eva ist ihr Ebenbild gewesen, wie in dem flachen Glas der Missionare,

Die nackte Schönheit der Mädchen von Hawaii wurde auf der ganzen Welt Legende. Jedoch, diese Unbekümmertheit fand ein jähes Ende ...

wie in dem Glas, das die Frauen dieser frommen Männer ›Spiegel‹ nannten. Auch jenes schöne Land, in dem das verliebte Paar mit einem Apfel und der Schlange lebte, gefiel den Regenbogenmädchen gut, doch wenn ich mir nun vorstelle, wie die Pastoren von der Sünde sprechen, oder gar von der Vertreibung aus dem Paradies, reißt der Film in meinem Kopf, und Kunterbuntes purzelt durcheinander: Töne, Bilder, Lachen. Ich sehe offene, breite Münder. Unglauben in dunklen Augen. Stirnrunzeln auf brauner Haut. Und ich höre den Mann vom Mississippi, wie er ein lautes Lachen durch die Nase stößt: *... die Missionare nahmen zahllose Entbehrungen auf sich, nur um hierherzukommen und die Eingeborenen auf ewig unglücklich zu machen, indem sie ihnen den Himmel in den schönsten Farben ausmalten, gleichzeitig aber auch verkündeten, wie nahezu unmöglich es sei, je an diesen Ort höchster Glückseligkeit zu gelangen ...* Mark Twain kämmt mit kräftigen Fingern seinen Schnauzbart glatt. Schließlich sagt er leise: *Und so schilderten die guten Seelen den armseligen Sündern, welch öder Ort die ewige Verdammnis ist und wie unnötigerweise einladend die Gelegenheiten sich darbieten, dorthin zu geraten. Als das größte Glück*

... als die Missionare kamen.

priesen sie ihnen, sich für fünfzig Cent von früh bis spät abzurackern und von dem Geld Nahrhaftes für den nächsten Tag zu kaufen, anstatt zum reinen Zeitvertreib zu fischen, endlose Sommer lang im Schatten herumzuräkeln und sich am reichen Gabentisch der Natur satt zu essen. Wie traurig, sich der vielen Menschen zu erinnern, die auf dieser schönen Insel ins Grab sanken, ohne je zu wissen, daß es eine Hölle gibt! Ein jeder mitfühlende Mensch sollte weinen und nicht lachen, wenn er an die Überraschung jener denkt, die dort angekommen sind ...

TAGESANBRUCH. Spektralfarben im Kabinenfenster. Bei zehntausend Metern Höhe gibt es nur zwei von diesen Farben. Doch sie tragen in sich Schatten. Ein Lehrer aus dem Gymnasium fällt mir ein. Klebe. Er war von mir enttäuscht: »Abwesenheit von Intellekt.« Ich war elf Jahre alt. »Untüchtigkeit des Denkens.« Klebe. Mathematik. Dr. Klebe. Kleiner Mann mit Kinn, das vorgeschoben ist: »Spektralfarben haben die Eigenart des Ineinandergleitens. Sie beginnen bei Blauviolett und gleiten über in Blau, dann Grün, Gelb und Orange bis hin zu Gelblichrot. Nicht vorhandene Farben im Spektral sind Purpur oder klares Rot.« Klebe. Dr. Klebe. Der Mann war nie zehntausend Meter hoch. Hat den Tagesanbruch im Kabinenfenster nicht gesehen. Den Purpur eines Morgens hat er nicht gekannt. Das klare Rot. Und dann das rote Violett. Das dunkle Blau. Der arme Klebe hat es nicht gesehen, wie das Blau von ganz weit oben in den Purpur unserer Erde übergeht.

Seite 53: Vor dem Kabinenfenster. Farbenspiel wie in den Regenbogen am Ende einer Nacht.

Seiten 54/55: Das gleiche Farbenspiel der Regenbogen legt sich abends vor den Inseln auf das Meer.

Seite 56: Mittagslicht. Das Farbenspiel der Regenbogen wird aus dem Silber der Kaskaden fortgewischt.

Ich sehe mir den Purpur im Kabinenfenster an und sage zu Mark Twain, daß ich mich nicht sattsehen kann an diesen Farben. Bei jedem Flug. Dann blättere ich weiter in den Briefen. Stelle mir vor, wie der junge Mark Twain vom Deck der *Ajax* aus die Wasserfälle auf den Inseln sieht. Hunderte von schmalen, silbrigen Kaskaden. Wie unberührt die Wasser damals wohl gewesen sind? Wieviel verschwiegener? Zu seiner Zeit gab es noch nicht so viele Menschen auf der Welt. Und auch nicht auf diesen Inseln. Das Hawaii von heute ist geschäftig. Voller Eifer. Nicht mehr so still wie in der Zeit, als er nur das Klinkediklonk seines Pferdes hörte, wenn er über versteinerte Lava zu den Vulkanen ritt. Oder wenn er seine Spaziergänge durch ein Honolulu machte, in dem es noch keine Supermärkte gab. Keine Wolkenkratzer. Keine lauten Autos. Und keine Jets, die weiße Streifen durch den Himmel ziehen. Der Gedanke an die Bilder, wie sie auf den Inseln heute sind, läßt den Mann in meinem Kopf verstummen.

Lange. Es fällt mir nichts mehr ein, was er jetzt mit mir besprechen könnte.

DIE FÜNFTE GESCHICHTE. Sie erzählt vom Hula. Von einer Hohenpriesterin. Von den Irrtümern frommer Amerikaner. Von einer Königin, die Lieder schrieb. Von zwei Mädchen, die ihre Lieder tanzen. Die Königin hat vor langer Zeit gelebt. Die Mädchen leben heute. Der Name der Königin war Liliuokalani. Die Mädchen heißen Dianah und Shanelle. Es sind noch zwei sehr junge Mädchen. Halbe Kinder. Elf Jahre alt die eine, und die andere ist zwölf. Beide leben auf der Insel Oahu. In einer kleinen Stadt, die sich Wahiawa nennt. In der Schule lernen sie, daß sie Amerikanerinnen sind. In der Kirche erfahren sie, daß sie zu den Christen zählen. Und von ihren Eltern hören sie: Amerikanerin ist richtig. Christin auch. Doch es sei niemals zu vergessen, daß die kleine Göttin Pele zu verehren ist. Durch Opfergaben. Und durch Tanz.

Die Opfergaben sind Muscheln. Oder Blumen. Oder ein kleiner Gegenstand. Etwas Persönliches. Nie von großem Wert. Meist in grünes Blattwerk eingerollt.

Der Tanz ist Hula. Er erzählt Geschichten. Balladen. Erzählt von Liebe. Von einer Liebe, die stets kindlich ist. Liebe zum Kosmos. Zu einer atemberaubenden Natur. Liebe zu Göttern, die allgegenwärtig sind. Ständig. Jeden Tag. Ein Mädchen mit Namen Laka hat ihn zum ersten Mal getanzt. Es ging darum, die Göttin aufzuheitern, als sie wieder einmal launisch war. Pele verliebte sich darauf in diesen Tanz. Sie verlangte, daß nur Männer ihren Hula tanzen. Sie mußten sich zu einer Musik bewegen, die Frauen auf Kürbistrommeln, Nasenflöten und Bambusrasseln spielten. Es kam ein Tag, da zogen die Männer in den Krieg. Sie blieben lange fort. Viele kehrten nie zurück. Die Frauen sagten zu Pele: »Anstelle der Männer tanzen wir fortan zu deinen Ehren Hula.«

Die Tänzerinnen merkten bald, wie schwer es ist, eine Ballade von Grund auf zu erzählen: mit Füßen, Hüften, Händen. Sie machten die besten unter ihnen zu Lehrern, die sie Kumu nannten. Ihrer Schule gaben sie den Namen Hula Halau. Die Aufnahme in die Schule war dem Eintritt in ein Kloster zu vergleichen. Die geheiligten Orte, an denen die Frauen der Gottheit zu Ehren tanzten, nannten sie Heiau. Es waren offene Wiesenflächen zwischen Lavafelsen. Die Tänze der Priesterinnen gaben die Sehnsüchte der Menschen an die Gottheit weiter:

Jagderfolg und Fruchtbarkeit. Dann hatte die Brigg *Thaddeus* Anker geworfen, und den Calvinisten aus Boston war es gelungen, die Nachfolger auf dem Thron des Kamehameha vom Evangelium zu überzeugen. Die Pastoren fanden das Schwingen der Hüften heidnischer Priesterinnen unzüchtig. Das Königshaus gab den Fremden recht. Der Tanz der Töchter der Pele wurde verdammt. Und Pele schwieg. Lange. Sie verhielt sich vierzig Jahre still. Dann schenkte sie ihren Kindern einen heiteren König. Sein Name war Kalakaua. Und sie gab den Menschen unter den Vulkanen eine Königin, die Balladen schrieb. Eine Königin, die Hula tanzte. Königin Liliuokalani forderte von den Töchtern der Pele die Rückkehr in die Hula Halau und untersagte den Leuten anderer Religionen, sich in die Belange dieser Schulen einzumischen.

Königin Liliuokalani, Nachfahrin von Kamehameha. Sie führte den von Missionaren verbotenen Hula wieder ein.

In den Briefen des Mark Twain ist Königin Liliuokalani nicht erwähnt. Zu der Zeit, als die dichtende Königin ihr Inselvolk regierte, hatte der frühere Lotse endlich seinen wahren Beruf gefunden. Er war an den Mississippi zurückgekehrt und hatte begonnen, die Abenteuer des Tom Sawyer aufzuschreiben.

Liliuokalani war die letzte aller Nachfolger des Kamehameha und der Königinnen von Hawaii. Finanzstarke Wirtschaftler, die vom amerikanischen Festland zu den Inseln kamen, haben im Lauf der Jahre die Monarchie verdrängt. Das Erbe der Liliuokalani aber ist geblieben. Der Hula lebt. Auf allen Inseln. An einem späten Morgen, unverhofft, habe ich es vom Cockpit aus gesehen. Bei einem Tiefflug an der Na-Pali-Küste von Kauai entlang. Ich sah Mädchen auf einer kleinen grünen Ebene tanzen. Zwischen Lavafelsen. Ich bin gelandet und habe den Ort gesucht. Den Tempel. Den Platz, der keine Bauten kennt. Den Heiau der Hohenpriesterin.

Vom Flugplatz aus bin ich Richtung Nord zurückgefahren. Die Straße endete, unverhofft. Unter einem Parkplatz gab es eine Bucht. Und weißen Strand. Hohe Bäume. Die Wellen waren an dem Tag sanft. Touristen tummelten sich auf Luftmatratzen. Hinter dem Parkplatz begann ein Pfad. Es war einer von diesen baumumwachsenen Wegen, die in Vergessenheit geraten sind. Ringsum war es still. Auf einem

Schild stand in englischer Sprache, daß hier niemand weitergehen soll. Der Pfad deutete zu Lavabrocken hin. Er wand sich hügelan. An seinem Ende stiegen steile Felsen auf. Unter den Felsen lag das Heiau. Eine Frau schlug mit ihren Händen auf das Leder einer Trommel. Die Frau war in ein gelbes Kleid gehüllt. Ihr Gesicht war schön. Zu ihren Füßen tanzten junge Mädchen. Sie hatten lange rote Kleider an. Die Frau mit der Trommel war die Kumu dieser Mädchen. Die Frau hat mich nicht fortgeschickt. Ihr Name ist Roselle.

Ich bin zum Strand hinabgestiegen und habe Muscheln aufgesammelt. In meiner Hosentasche trug ich ein Stück Glas mit mir herum. Schon seit Jahren. Eine Scherbe. Ein Stück von einer hellen Flasche. Ich habe die Scherbe vor langer Zeit einmal im Sand gefunden. In New Mexico. Wind und Regen hatten die Ränder rund geschliffen. Wenn ich die Scherbe vors Auge hielt und in die Sonne sah, sprangen bunte Funken aus dem Glas. Farben. Spektralfarben. Ich legte die Scherbe zu den Muscheln und wickelte alles in ein grünes breites Blatt, das auf den Wellen angetanzt gekommen war. Ich holte mir das Blatt und ließ das Wasser abtropfen. Ein Mann kam den Strand entlang und sah mir dabei zu. Er lächelte mich an und nickte. Jahre später hat mir ein anderer Mann gesagt, warum. Er sagte, ich hätte es richtig gemacht. Ich hätte das Gesetz des ›Ohana‹ anerkannt. Ohana bedeutet ›teilen‹. Es kann das Teilen von materiellen Dingen sein. Oder das Teilen von Gedanken. Wer Gedanken teilt, der macht Geschenke. Gibt an die Schönheit der Natur zurück, was der Schönheit der Natur gehört. Weil dann zwei Elemente des Ohana sich berühren können: Ein Blatt ist das Geschenk von Göttern, und das Wasser auf dem Blatt ist ein heiliges Wasser geworden, als ich es den Boden berühren ließ, aus dem beides ja gekommen war. Ich hatte das nicht wissen können. Alles, was ich wollte, war ein Blatt abtrocknen. Dann war ich den Pfad zurück zum Heiau gestiegen und hatte das Blatt mit den Muscheln und meiner Scherbe auf einen breiten, abgeflachten Fels gelegt, auf dem schon andere Opfergaben lagen. Nach diesem Tag habe ich Roselle nicht mehr gesehen. Als der Tanz vorüber war, dachte ich, wir würden noch ein wenig im Gras sitzen bleiben, doch die Kumu sagte, daheim

Seiten 59 bis 61: Der Hula. Anbetung der alten Götter an einem sakralen Ort. Die Insulaner unserer Tage besinnen sich auf ihre Tradition. Insel Kauai. Na-Pali-Küste.

Die Hohepriesterin und ihre Elevin beim Opfer für die Götter. Ein verwunschener Fels dient als Altar. Die Gaben haben keinen materiellen Wert. Selbst ein Gedanke wird als Geschenk genommen.

Hula ist Religion. Der Tanz spricht von Ehrfurcht vor dem Leben, Ehrfurcht vor den Göttern und Ehrfurcht vor älteren Menschen.

warteten ein Mann, hungrige Kinder und ein Beruf, also ein ganz normales Leben, in dem es auch einen Garten zu bestellen gab. Und beides, Garten ebenso wie die Familie, hätten es Gott Lono angetan. Danach hatte sich der Tanz aufgelöst. Die Frauen waren den Pfad entlang gelaufen, und ich hatte mir gesagt, da unten stehen die Autos dieser Frauen und es wird wohl so sein, daß du Roselle und ihre Schülerinnen so bald nicht wiedersiehst. Und so war es auch. Ich habe sie nicht mehr gesehen. Bis jetzt. Bis zu dieser Reise. Denn dieser Flug geht zu den Tänzerinnen hin. Weil es ein Versprechen einzulösen gilt.

UNTERBRECHUNG DES GEDANKENS. Das Licht geht an in der Kabine. Luv wacht auf. Eine Stewardess stellt ein Tablett mit Frühstück vor sie hin. Ich sage, ich brauche nur Kaffee. Stark. Schwarz. Nur wenig Zucker. Luv will wissen, wie lange noch. Fünfzig Minuten, sage ich, mehr nicht. Sie nickt. Gießt ein. Ich schlürfe den Kaffee. Heiß. Und schwarz. Und dünn. Ich bringe meine Gedanken zurück zu dem, woran ich habe denken wollen.

FORTSETZUNG DER GESCHICHTE NUMMER FÜNF. Rückkehr zu dem Versprechen. Es stammt aus dem letzten Jahr. Wir waren nach Waikiki gekommen, Luv und ich. Ohne Filmteam. Ohne Kameras. Ohne Schreibpapier. Der Plan war, keinen Plan zu haben. Wir hatten das Apartment Acht Null Eins. In einem Turm am Strand. Über der Tür stand Alii Towers. Die Fenster vorn gehen auf das Meer hinaus. Auf Menschen, die in der Sonne liegen. Und auf einen erloschenen Vulkan. Vor hundert Jahren hatten Matrosen eines englischen Handelsseglers an seinen Flanken Diamanten aufgelesen. Pele sorgte dafür, daß sie in den Händen der Fremden zu wertlosen Kristallen wurden. Die Fenster von Acht Null Eins nach hinten rahmen die Grünanlagen und Wasserspiele des Hilton Hawaiian Village ein. Aus diesem Fenster habe ich die quirligen Mädchen Dianah und Shanelle das erste Mal gesehen. Nicht nur sie. Auch noch an die dreißig andere. Sie tanzten Hula auf einem Rasenstück. In weißschwarzen, knöchellangen Kleidern. Bei einer Fontäne. An einem späten Nachmittag. Wir hatten Haifischfleisch vom Markt geholt, Luv und ich. Während des Kochens klingelte das Telefon. Peter Schall war dran. Er sagte, ich solle mal aus dem Fenster sehen. Aus dem hinteren. Peter Schall ist im Hawaiian Village der Hoteldirektor. Er stammt aus dem Schwarzwald. Sein Acht Null Eins gibt er uns schon seit Jahren. Ich zog das Telefon an langer Schnur zum

Oben:
Waikiki (Insel Oahu) kurz nach der Jahrhundertwende.
Im Hintergrund der legendenumwobene Berg der Pele, Diamond Head genannt.

Unten:
Insel Maui.
Nähe Kahului.
Beliebte Bucht der Windsurfer aus aller Welt.

Oben:
Ananasfabrik der Firma Dole. Insel Oahu. Zuckerrohr und Ananas brachten Wohlstand auf die Inseln. Die Touristen kamen später.

Unten:
Hafen von Honolulu. Insel Oahu. Pearl Harbor, historischer Ort des heimtückischen Luftangriffes der Japaner, ist nicht weit entfernt.

Hoku, Lehrerin einer Hula-Schule. Die Instrumente: traditionelle Kürbistrommeln.

Fenster und sah das Schwingen der Hüften auf dem Rasen und die grazilen Drehungen tanzender Kinderhände und hörte der Stimme im Hörer zu, die sagte: »Was Sie da sehen, ist eine Schule, in der die Kinder den klassischen Hula lernen. Die Gruppe, die unter Ihrem Fenster tanzt, stammt aus einem Dorf in der Mitte unserer Insel. Ich engagiere die Mädchen ab und an, weil ich meinen Touristen diese Baströckchen-Tanzerei nicht antun möchte, die fälschlicherweise für den Tanz der Hawaiianer gehalten wird. In Wahrheit ist Hula eine Religion. Sie lebt in der Tradition der Maori. Die Säulen dieser Tradition lauten Ehrfurcht vor dem Leben, Ehrfurcht vor den Göttern und Ehrfurcht vor der Erfahrung alter Menschen.«

Die kleinen Tänzerinnen unter unserem Fenster waren von Hotelgästen umringt. Es gab auch Knaben, die am Rand der Mädchengruppe tanzten. Die Knaben wirkten hölzern, unbeholfen, doch die Mädchen lösten bei den Touristen Begeisterung aus. Ich sagte ins Telefon, daß auch wir begeistert seien, sehr sogar, und als ich wissen wollte, wer der Maori da unten auf dem Rasen sei und wer die Frau mit ihrer Trommel, sagte Peter Schall: »Das ist Hoku, die Lehrerin der Hula-Schule. Ziemlich streng, die Dame. Der Maori ist Larry, Hokus Mann. Tagsüber arbeitet er im Bürgermeisteramt, und abends kümmert er sich um die Administration der Gruppe. Aber kommen Sie doch einfach runter, wenn Sie noch mehr Fragen haben.«

Wir hatten Fragen, Luv und ich, und fuhren in das Dorf Wahiawa und saßen mit den Kindern am Boden, während sie das Alphabet der Hawaiianer lernten. Gleich in der ersten Stunde sind uns Shanelle und Dianah aufgefallen. Sie waren quirliger als die anderen, tanzten graziöser und brachten ihre Mitschülerinnen zum Lachen.

Seiten 69 bis 73: Mädchen, die wie Regenbogen sind. Tänzerinnen in Hokus traditioneller Hula-Schule.

Den Hula-Unterricht gab die Kumu in ihrem Haus. An jedem Nachmittag. Der Vormittag gehörte der regulären Schule. An einem frühen Morgen haben wir uns mit den beiden Mädchen zum Schulhaus aufgemacht. Shanelle war spät dran. Dianah sagte: »Wieder mal.« Die beiden mußten rennen. Wir sind mitgerannt. Die Schulleiterin

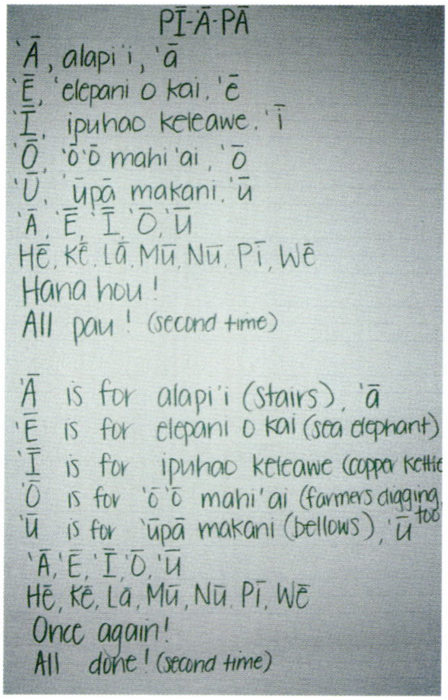

Im Uhrzeigersinn: Unterrichtsfächer der Hula-Schule. Das Alphabet der Ahnen. Ordnung. Sauberkeit. Und Erinnerung an den wahren Hula, der nach Peles Gebot ein Tanz der Männer war.

erlaubte uns, im Hintergrund der Klasse mit dabei zu sein. Es gab Geographie (Neuseeland), Amerikanische Geschichte (die Erhebung der Territorien Alaska und Hawaii zu US-Bundesstaaten im gleichen Jahr, nämlich 1959), Englisch (unregelmäßige Verben), Rechnen (eine schriftliche Arbeit) und Sport (Softball).

Mittags wurden wir abwechselnd in das Haus der einen oder der anderen zum Sandwich mitgenommen. Es waren Einfamilienhäuser, Erfüllungen des American dream. Häuser, wie sie auch in Kalifornien oder in Texas stehen. Klar. Hell. Sauber. Shanelles Haus ist am Mittag einsam. Weil ihre Eltern in Honolulu bei der Arbeit sind. Sie stammen von den Filippinos ab. Dianahs Vorfahren hingegen, von ihrem Daddy her, sind aus China eingewandert. Auch ihre Eltern kommen mittags von ihrem Arbeitsplatz nicht fort. Doch Dianah ist in ihrem Elternhaus mittags nicht allein. Denn Großvater lebt dort. Großvater ist Dianahs Sorgenkind. Weil er sich verloren fühlt. Seine Frau »hat sterben müssen«. So nennt sie das. »Sterben müssen«. Unverhofft. Nach vierzig Jahren Ehe. Dianah sagt, sie führt Großvater oft spazieren. Weil er krank ist. Weil er etwas hat, das die Eltern »Depressionen« nennen. Dianah bestreicht ihm mittags Brötchen. Weiche Brötchen. Weil er noch etwas anderes hat, das die Eltern »Schmerzhaftes an seinem Gaumen« nennen. Als Luv das von Dianah hörte, hat sie gesagt, in dem Fall sei sie jetzt dafür, daß wir auf einen Hamburger zu McDonald's gehen, und zwar Opa auch. Dianahs Gesicht hat aufgeleuchtet. Das Gesicht von Opa auch.

Zwei kleine Tänzerinnen, die uns ans Herz gewachsen sind: Dianah (oberes Bild) und Shanelle.

An einem Samstag fuhren wir zum Strand. Kinder, Lehrer, Eltern, Luv, ich, alle. In einem gelben Schulbus. Es wurde viel gesungen. Vor der hinteren Tür im Bus lag ein totes Schwein. Die Straße ging nach Norden hin. Zu einem Dorf, das Kahuku heißt. Mark Twain hat den Weg dahin auf einem Pferd gemacht. Obgleich er der armseligste Reiter gewesen ist, den sich einer denken konnte. In einem Brief hat er das selbst zugegeben: *I am the poorest horseman in the world.* Ich habe ihm zugenickt: *Der zweitschlechteste Reiter auf der Welt bin ich.*

Die Küste im Norden von Oahu hat besonders hohe Wellen. Der Strand ist breit und weiß. Hoku fand eine Baumgruppe mit Schatten. Sie deutete zu den Surfern in den Wellen und erzählte ihren Schülern, daß es Prinzessinnen aus dem Königshaus des Kamehameha gewesen sind, die für ihre Spiele das Wellenbrett erdacht hatten.

Dianah und ihr Sorgenkind. Großvater ist nach vierzig Jahren Ehe Witwer. Ohne seine Enkelin fühlt er sich allein.

Die Mütter der Hula-Klasse klappten einen Falttisch auf und schnitten Ananas in Scheiben und sahen ihren Männern zu, die am Strand ein Loch aushoben. Die Männer warfen schwere Steine in das Loch und holten trockenes Treibholz herbei und zündeten ein Feuer auf den Steinen an. Dann wickelten sie das tote Schwein in Hühnerdraht. Sobald die Flammen erstarben und aus dem Treibholz Asche geworden war, legten sie das Schwein auf die heißen Steine und deckten alles mit grünen Blättern zu und schaufelten Sand darüber. Dann wateten sie in die Wellen. Oder gingen in die kühle Dunkelheit eines Wäldchens hinter den Dünen. Sie sagten: »Es geht darum, die Augen mal ein wenig auszuruhen.« Immerhin hatten sie einen Sandofen geschaffen. Mehr war nicht zu tun. Nun war es an den heißen Steinen, das Schwein garzukochen. Und so was dauert. Dauert lange. Die Männer hatten den nächsten halben Tag lang Zeit.

Während die Väter sich von der Last der Arbeit erholten, umringten ihre Kinder die Lehrerin und hörten der Geschichte über die Wiege der Hawaiianer zu, die in dem Tal Waipeo steht. Hoku sagte, es ist in Waipeo gewesen, in diesem breiten, grünen Tal unter steilen Felsen, wo die seefahrenden Maori seßhaft wurden. Dann deutete sie zu uns, zu Luv und mir, und sagte: »Fragt die beiden dort, wie schön dieses Waipeo ist.« Wir lagen in der letzten Reihe der Kinder, lagen im heißen Sand und hörten Hoku sagen: »Es liegt auf der großen Insel, dieses Waipeo-Tal, es liegt auf Hawaii, und keiner von euch hat unser Oahu je verlassen, aber Tante Anita und Onkel Hardy waren dort, also fragt sie getrost nach Waipeo aus.« Kinderaugen sahen zu uns her. Dunkle Augen. Maori-Augen. »Tante Anita, ist das wahr?« Luv erhob sich aus dem Sand. Sie sagte: »Der Strand am Meer ist schwarz.« Ihre Stimme klang wie Lachen. Tante Anita. Ein neues Wort. »Aus dem Tal kommt ein Fluß und fließt unter grünen Felsen zu dem schwarzen Strand am Meer.« Sie dachte nach. »Der Fluß kommt von einem Wasserfall«, sagte sie dann. »Der Wasserfall stürzt gut tausend Fuß hinunter über einen steilen Fels. Es ist ein Wasserfall, der verwunschen ist.« Kleine Münder standen offen. »Verwunschen?« Tante Anita nickte. »Weil es ein junges Paar gegeben hat, in dem Waipeo-Tal. Ihre Namen waren Hillawa und Kakalaoa. Die beiden liebten sich sehr. Zur gleichen Zeit geschah es, daß Gott Lono auf Brautsuche gewesen ist. Sein Auge fiel auf das junge Mädchen, aber das Liebespaar hat sich nicht trennen lassen. Von niemandem. Nicht einmal von einem Gott. Aus Ärger hat Lono die beiden in einen Wasserfall verwandelt. Und dort sind sie noch immer. Bleiben da auf ewig. Unzertrennlich.« Kinderhände klatschten. Die Lehrerin schlug einen Wirbel auf der Kürbistrommel. Dann war da die Stimme von Dianah: »Und was noch? Was gibt es sonst noch auf der großen Insel?« Ihre Augen verengten sich. »Onkel Hardy, was sonst noch auf Hawaii?« Schmale Augen, fast geschlossen. Ganze Generationen von Chinesinnen sahen mich aus diesen Augen an. Ich sagte: »Einen Cowboy«, und wußte, ich hatte etwas angerichtet. Ich hätte sagen sollen: »Vulkane, und die roten Tränen der Pele fließen von den Vulkanen noch immer in das Meer.« Oder ich hätte sagen sollen: »Ein Denkmal für den Captain Cook, diesen armen Kerl, den sie ermordet haben, und sein Denkmal steht an der Kona-Küste, gar nicht weit vom Strand entfernt.« Das wäre besser gewesen. Es wäre klüger gewesen, das zu sagen. Erzieherischer. Erwachsener. Aber ich habe es nicht gesagt. Ich habe gesagt: »Einen Cowboy«, und in die Aufregung hinein, die sich nun ergab, habe ich hinzugefügt, »er ist ein Freund von mir, sie nennen ihn Corky«. Es war eine Erklärung, die die Sache schlimmer machte, wenigstens vorübergehend. Sie löste etwas aus, das die Amerikaner »pandemonium« nennen, zu deutsch Höllenlärm, was aber die Sache nicht richtig trifft, denn es war nichts anderes als die Begeisterung von Kindern, die »Corky, Corky, Corky« riefen, und mit einer Hölle hatte das nichts zu tun. Dann wurde es etwas stiller, und die vielen Augen sahen mich an, und ich sagte: »Es ist sicher ungewöhnlich, wenn einer denkt, daß es auf Hawaii einen Cowboy geben soll, und selbstverständlich gibt es nicht nur den einen, es gibt da ein paar von diesen Männern, und die

Kurze Andacht vor dem Luau. Ein Maori hat ein ganzes Schwein vergraben und kocht es auf heißen Steinen gar. Die Schulklasse (nächste Seite) kann das Abendessen kaum erwarten. Insel Oahu. Nordostküste.

nennen sich nicht Cowboys, sondern Paniole, weil sie eigentlich Mexikaner sind, und die arbeiten auf der Parker-Ranch mit vierzigtausend Rindern.« Es war jetzt ganz still geworden und Hoku, die Lehrerin, strahlte, wie die Kinder strahlten, und nickte mir zu, und ich sagte: »Nun ist es so, daß es auf dieser Parker-Ranch einen Cowboy gibt, den sie Corky nennen, und der ist Amerikaner, und der Obercowboy von diesen Vajeros auf der Parker-Ranch. Corky ist so dürr und lang wie Gary Cooper war. Sicher seid ihr zu jung, den Gary Cooper noch zu kennen. Er war Schauspieler, aber er lebt nicht mehr. Und wenn ich neben ihm gestanden habe, stand ich da wie Schneewittchens siebter Zwerg und Gary war der Aloha-Turm in Honolulu.«

Oben: Hardys Freund Corky, Cowboy auf der Parker-Ranch. Dianah und Shanelle wollten nicht glauben, daß es in ihrer Heimat Cowboys gibt.

Seiten 80/81: Impressionen von der Parker-Ranch.

Am gleichen Abend sagte Luv zu mir: »Mein lieber Onkel Hardy, ich glaube, du mußt jetzt die Hula-Kinder zu deinem Cowboy bringen. Und ins Waipeo-Tal. Du kommst nicht mehr darum herum.« Es war die Stunde, als die Sonne untergehen wollte. Die Väter waren jetzt dabei, das Schwein von den heißen Kohlen zu nehmen. Wir saßen an dem langen Tisch am Strand. »Auch zu Roselle«, sagte ich, »es wird wohl so sein, daß wir die Kinder auch zu der Hohenpriesterin nach Kauai bringen müssen.« Neben mir, auf der langen Bank, saß Hoku. Sie lächelte. »Alle einunddreißig? Es sind einunddreißig Kinder. Und einunddreißig Mütter. Wenn Sie uns alle zu allen Inseln fliegen wollen, müssen Sie ein ziemlich großes Flugzeug mieten.«

Nachts, im gelben Schulbus, auf der Fahrt zurück, sagte Larry: »Zwei Kinder. Darin liegt die Lösung.« Luv lachte und wollte wissen, was er gegen alle einunddreißig hat und ob es ihm was ausmacht, wenn wir unsere Farm verpfänden. Larry lachte auch. »Zwei Kinder«, sagte er dann, »und zwar jene zwei, die den Wettbewerb für uns gewinnen. Kommenden Juni. Beim Hula-Wettbewerb. In der Zweiergruppe. In der Konkurrenz gegen alle anderen Hula-Schulen auf den Inseln. Unsere zwei besten können Sie dann zu Ihrem Cowboy bringen.«

Hoku sagte, von allen Ideen sei das wohl die einzig vernünftige, aber der Abschluß muß der Flug nach Kauai sein. Zu Roselle. Zum Heiau bei den Lavafelsen. Zu den Opfergaben auf dem breiten Fels.

Tante Anita sagte, daß wir es so machen werden, die Sache gilt als abgemacht, und auf dem Weg zurück zur Stadt, im gelben Schulbus, nahm Onkel Hardy, der Unvorsichtige, wieder mal den Mund sehr voll. Wir saßen ziemlich mittendrin im Bus, Luv und ich, und die Kinder um uns schliefen. Ich sagte mir, neben dir sitzt noch ein Kind, das zweiunddreißigste in diesem Bus, ein großes Kind, und wenn es um Vorfreude geht, solltest du nicht nur an die kleinen Tänzerinnen denken.

Unsere kleinen Wirbelwinde bei der Hohenpriesterin.

»Hör mal, Luv«, sagte ich zu ihr, »laß uns noch mal auf die Regenbogen kommen.« Ich sagte es sehr leise, flüsternd, nah an ihrem Ohr, um die Kinder nicht zu wecken. »Es gibt einen Regenbogen, den ich dir bisher nicht habe zeigen können. Aber wenn wir zurückkommen, nach Hawaii, im nächsten Jahr, dann zeige ich ihn dir. Das ist versprochen.« Luv wollte wissen, was versprochen ist, und welche Besonderheit der Regenbogen hat, und ich sagte: »Er ist kreisrund.«

Luv sah mich fragend an. Es war dunkel in dem Bus, aber ich konnte ihre Frage sehen: Kreisrund? Ich nickte: »Wie ein Ring.« Luv flüsterte, sie hätte schon einmal davon gehört, aber die Geschichte sei ihr alles andere als wahrhaftig vorgekommen, und ich sagte: »Glaub mir, es gibt ihn, diesen Regenbogen, er ist rund wie ein Ring, du mußt ihn dir nur selber machen.«

Luv lachte. Regenbogen ... Selber machen ... »Du mußt auf große Höhe gehen«, sagte ich, »in einer Sportmaschine, also in einer Cessna oder einer Piper, und dann bringst du dich in Position, und wenn du den Einfallwinkel richtig hinkriegst, machst du dir einen Ring, und in den schönsten Farben.« Luv saß eine Zeitlang still und überlegte. »Was soll das bedeuten: Du bringst dich in Position?«

»Du fliegst von der Sonne fort und zu den Wasserfällen hin«, sagte ich, »oder zu einer Regenwolke. Die Sonne muß immer in deinem Rücken bleiben. Und du mußt sehr hoch sein, also ein paar tausend Meter über Grund. Dann bewegst du die Nase der Maschine hin und her. Links, rechts, höher, tiefer. Bis du den Einfallwinkel hast. Ich meine den Einfallwinkel der Sonne auf die Regentropfen. Wenn dir das gelingt, hast du dir einen Regenbogen gemacht. Einen, der rund ist. Ganz und gar. Wie ein Ring.«

Ich hatte noch sagen wollen, daß ich eine Cessna für uns finde, nächstes Jahr, wenn wir wieder auf den Inseln sind. Aber dann waren da zwei Gesichter. Kindergesichter. Schaukelnd. Vor mir in der Dunkelheit. Das eine Gesicht sagte: »Unmöglich.« Shanelle. »Kreisrund.« Dann, ziemlich laut: »Regenbogen!« Dianah hatte die Stirn gerunzelt. »Selber machen ...«

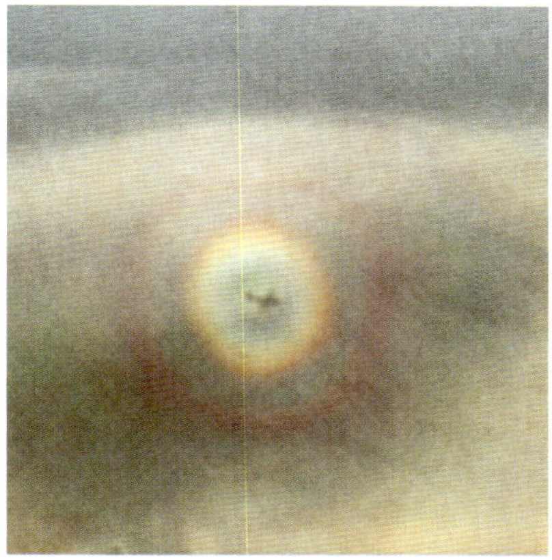

Ein kreisrunder Regenbogen. Hardys lang gesuchte Seltenheit.

Am nächsten Tag hatte ich alle drei vor mir in der Schule. Luv, Dianah und Shanelle. Mittags, in der Pause. In der Bibliothek. Es war ein heller Raum mit vollen Regalen. In der Mitte des Raumes stand ein großer Globus. An der Wand neben einer Enzyklopädie mit vielen Bänden hingen Bilder. Königin Liliuokalani. Präsident Bush. Kamehameha der Große. Ein Vulkan mit steiler Rauchfahne.

Dianah stieg bei der Enzyklopädie auf einen Hocker und nahm den Band P bis S heraus. Luv sagte, wenn sie R wie Regenbogen gefunden hätte, solle sie gleich lesen. Vorlesen. Und laut.

Dianah nickte. Ihr Finger strich die Zeilen entlang: »Regenbogen Komma eine optische Erscheinung Punkt Klammer auf Atmosphärisch Klammer zu Punkt Die Erscheinung entsteht Komma wenn die Sonne sich im Rücken des Beobachters befindet und eine vor ihm befindliche Regenwolke bescheint Punkt Klammer auf Sprühwasser Komma Gartenschlauch Komma, o...de ge...el...«

Dianah sah zu uns herunter. »Was soll das heißen, o de ge el?«

»Oder dergleichen«, sagte Shanelle.

»Ach so.« Dianah las weiter. »Brechung und Reflexion des Lichts in den Wassertropfen führt zu Spektralfarben Punkt Zweiundvierzig Grad Halbmesser Punkt Hauptregenbogen Einundfünfzig Grad Halbmesser Punkt Lichtschwächerer Halbregenbogen ...«

Dianahs Interesse schien erloschen. Sie wollte den dicken Band schon zuklappen, da stieß sie auf die Stelle, die ich hören wollte. »Unter normalen Bedingungen Klammer auf Pos...a...d... Erdoberfläche Klammer zu ist nur ein Teilstück des R sichtbar Komma bei erhöhtem Standpunkt aber Klammer auf Flugzeug Komma Berggipfel Klammer zu kann es zu einem Vollkreis des R kommen.«

Luv und Shanelle sahen mich an. Mit Erstaunen. Luv sagte: »Diese kreisrunden Regenbogen ...« Sie überlegte. »Sind die für Dianah und Shanelle bei der Reise zu deinem Cowboy inbegriffen?«

Dianah stellte den Band P bis S in das Regal zurück. Es sollte unbeteiligt wirken, doch ihre langsamen Bewegungen verrieten, daß sie eine Antwort wollte. »Also, wie ist das?« fragte Luv. Ich sagte: »Das geht ja leider nur, falls die beiden den Wettbewerb gewinnen.«

Shanelle war mit der Antwort nicht zufrieden: »Aber wenn wir gewinnen, gilt es als versprochen?« Sie nahm meine Hand. »Ja«, sagte ich, »dann gilt es als versprochen.« Dianah sah zu dem vergilbten Foto an der Wand, das Liliuokalani zeigte. Die Königin sah mich von ihrem schwarzen Rahmen aus mit strengen Augen an. Dianah sagte: »Den Wettbewerb gewinnen wir.«

Sie haben den Wettbewerb gewonnen. Und wir sind auf dem Weg, das Versprechen einzulösen.

TAGESANBRUCH. Blick durch das Kabinenfenster. Die Spektralfarben sind verwaschen. Hell. Ohne Schönheit. Weggewischt. Die Stewardess nimmt mir den leeren Becher aus der Hand. Luv meint, daß wir der Uhrzeit nach jetzt da sein müßten. Ich sage ihr, daß ich mal nachsehn will. Die Tür zum Cockpit steht weit offen. Im Fenster sind die Inseln gut auszumachen. Eine graue Wolke hüllt Oahu ein. Der Pilot legt die Maschine auf die Seite. Die Inseln wischen aus dem Bild. Der Copilot dreht sich zu mir um. »Warteschleife.« Der Mann ist jung. Neuseeländer. Er lächelt. »Die Vulkane schlafen. Und zwar gut zugedeckt.« Ich sage mir, als Neuseeländer kennt sich der Mann aus mit den Vulkanen.

Der Pilot fliegt einen Dreihundertsechziger. Einen Vollkreis. Ich warte auf die Inseln. Noch hundertsiebzig Grad und sie müssen wieder zurück ins Fenster kommen. »Mark Twain hat Hawaii mit einer Flotte verglichen«, sage ich zu dem Copiloten, »mit einer Flotte, die vor Anker liegt.« Der Mann winkt ab. Hat im Kopfhörer eine Anweisung vom Turm. Schiebt das Mikrofon vor seinem Mund zurecht. Antwortet der Stimme, die ich nicht hören kann. »Ja, ich weiß«, sagt er dann zu mir, »der Satz von den ankernden Schiffen trifft zu. Ebenso wie sein Satz von den Feuersäulen, die den Himmel tragen.« Er dreht eine neue Frequenz ein und doppelt sie und stößt den Piloten von der Seite an. Der Mann sieht auf die vier Zahlen in der Konsole und nickt. »Säulen aus Feuer«, sagt der Copilot zu mir. »Hat Mark Twain die Rauchfahnen aus den Vulkanen nicht so genannt? Säulen aus Feuer?«

»Hat er sicher«, sage ich, » aber es kommt nicht oft vor, daß einer seine Briefe aus Hawaii gelesen hat.«

Der Pilot lacht vor sich hin. »Wo wir herkommen, gibt es sehr viel Zeit. Wo wir zuhause sind, hat so gut wie jeder alles von Mark Twain gelesen. Ganz besonders, wenn es um Vulkane geht.«

Kurz danach schieben sich die Inseln wieder in das Cockpitfenster. Über Oahu liegt noch immer eine graue schwere Wolke. »Checkliste«, sagt der Pilot, »wir gehen rein.« Er nimmt die vier Regler ein Stück zurück. Dann dreht er sich zu mir um. »Wenn Sie sich anschnallen, können Sie zur Landung bleiben.«

Die Regenbogen von Hawaii sind wie Brücken, die zu anderen Inseln wollen.

Ich hole mir den Hosenträgergurt und deute auf die graue Wolke. Der Pilot nickt: »Sie liegt bei den Bergen auf. Wir bleiben noch zwei Minuten über Meer und stoßen erst da draußen durch. Dann gehen wir tief über Wasser in den Platz.« Der Copilot liest die Liste vor. Der Pilot bestätigt.

Ich höre zu und sehe mir die graue Wolke an. Die kalte Wolke der Pele. Immer die gleiche. Jeden Morgen. Seit Tausenden von Jahren. Seit die kleine Göttin ihre Vulkane aus dem Meer hat brodeln lassen. Ich denke, wir werden am Rand der Wolke sein, bevor die Sonne den Wind aufweckt. Bevor der Wind die Wolke übers Meer hin jagt. Ich denke, wenn wir unter Peles Wolke sind, wird die Platzbefeuerung zwei Linien durch den Dunst des frühen Morgens schneiden. Zwei Perlenketten. Gelbe Perlenketten. Links und rechts der Landebahn.

DAS GESPENST VON MACAO

Das Leben eines Menschen scheint nur aus vierhundert anderen zu bestehen. Es sind stets die gleichen, die wir immer wieder treffen.

Es war am Ende starker Stürme ohne Regen, als ich Manuel Teixeira zum ersten Male sah. Die Bauern auf dem Festland sagten, so ein Monsun wie dieser sei nicht der Rede wert, und stapften besorgt über Äcker, die dörr und rissig geblieben waren.

Ich hatte die Fähre von Hongkong genommen. Das Schiff war grün und weiß. Die unbarmherzige Sonne über dem Chinameer hatte das Grüne blätterig werden lassen. Bug und Heck waren rostig und zerbeult.

Nach einem Monsun bleibt das Meer noch lange aufgebracht. Das Fährschiff stampfte und rollte behäbig durch Wellen, die unansehnlich waren. Braun. Gelblichbraun. Wie Schlamm. Der Perlfluß hatte den Schlamm aus China hergebracht.

Langsam, schwankend stiegen Inseln an der Bordwand auf. Nebelschwaden legten sich auf Buchten. An der Reling hingen Männer. Klein. Zart. Mager. Vor den hellen Nebeln sahen sie wie Scherenschnitte aus. Kinderscherenschnitte. Unglückliche Kinderscherenschnitte. Das Meer hatte die dürren Männer krank gemacht.

Die Fahrt durch eine langgestreckte Dünung war meine erste Reise nach Macao, sie liegt schon viele Jahre zurück, und dennoch sehe ich das eine oder andere Bild noch immer so, als hätte ich die Reise gestern erst gemacht. Ich brauche nur meine Augen zu schließen, und schon spüre ich wieder das Stampfen des Schiffes, wie es von Fuß bis Kopf durch meinen Körper zieht. Ich hatte mich an das Eisen einer fahlen weißen Wand gelehnt und mein Gesicht in den Wind gehalten. Auf einer Klappbank neben mir saß eine Frau in einem langen Hosenrock. Ein kleines Mädchen drängte sich in den Schutz der Beine unter dem weiten Stoff. Beide hatten das gleiche englischblasse Gesicht und die rötliche Haarfarbe, wie sie vielen jungen Engländerinnen eigen ist, doch als sie miteinander sprachen, war die schottische Abstammung herauszuhören.

»Warten Sie nur, bis wir unter dem Leuchtturm von Macao sind«, sagte die Frau zu mir. Sie deutete mit dem Kopf zu den Chinesen an der Reling hin. »Es ist der älteste Leuchtturm an der ganzen Küste Chinas, und vor Hunderten von Jahren hat er auf die Seeschlachten der Portugiesen hinuntergesehen oder auf chinesische Piraten, doch heute fällt sein Blick nur noch auf Chinesen, denen es in den Fingern juckt.« Die junge Frau sah zu mir auf. Sie lächelte.

Macao, »die Stadt Gottes in China«.

Ich mußte an Sean Connery denken, an unsere Zeit in Moskau und in Texas, an unsere endlosen Gespräche, und hörte wieder, wie er das »Rrr« in seinen Sätzen hinter zusammengepreßten Zähnen rollt.

Die junge Frau zog ihre Tochter näher zu sich heran. »Es sind Spieler«, sagte sie, »Kartenspieler oder süchtig nach Roulette und Bakkarat, und was für einen Amerikaner sein Las Vegas ist, war und bleibt für den Hongkong-Chinesen sein Macao. Auf dieser Halbinsel der Portugiesen stehen die Spielkasinos wie große weiße Torten an den Straßen und selbst im Hafen liegt eine Dschunke, auf denen Macao-Chinesen ihren Hongkong-Verwandten das Geld aus allen Taschen ziehen, und zwar den Cousins ebenso wie den Cousinen. Ganz besonders, glaub ich, den Cousinen, und wenn Sie sich ein Bild von diesen Frauen machen wollen, wie die mit ihren Täschchen voller hartverdienter Hongkong-Dollars-Wochenlohn in verbissener Seligkeit zu den einarmigen Banditen stöckeln, dann dürfen Sie nicht an die stimmungsvolle Dunkelheit und das fast geheiligte Schweigen bei den Spieltischen von Monte Carlo denken. O nein. Alles andere als das! In den Kasinos von Macao sind die Wände weiß, das Licht ist grell, die Croupiers brüllen ihr *rien ne vas plus* den Spielern zu, und die Teppiche weisen mehr schwarze Brandlöcher von Zigarettenstummeln als rote Farbe auf.«

Die Frau hatte ein verschmitztes Gesicht. Ich mußte darüber lachen und fragte Sie nach dem Leuchtturm aus, weil ich nicht verstand, was so ein Leuchtturm mit den juckenden Fingern der

Spieler zu schaffen hatte. »Unter dem Leuchtturm wird das Wasser ruhig«, gab die Schottin zur Antwort. »Die Portugiesen haben Wellenbrecher in dem äußeren Hafenbecken versenkt, und sobald wir die passieren und auf den Anleger der Fähre zulaufen, vollziehen sich Zeichen und Wunder an den Chinesen.«

Sie hatte kaum ausgesprochen, als der Leuchtturm aus den Nebelschwaden stieg. Das Schiff dümpelte an den Betonbarrieren im Hafenbecken vorüber, richtete sich auf und schob sich mit langsamer Fahrt durch stilles Wasser auf das Fährhaus zu.

»Und nunmehr folgt das Wunder, das ich Ihnen versprochen habe«, sagte die Frau. »Die Heilung todkranker Chinesen. Beachten Sie die Eile, mit der das Wunder sich vollzieht.«

Es war tatsächlich so, wie die Schottin sagte. Die kranken, zartgebauten Männer an der Reling stellten sich schwankend auf die Beine und schienen dem Leben zurückgegeben.

»In drei Minuten macht der Bootsmann die Fähre fest«, sagte die Frau, »wenn es hoch kommt, sind es vier. Und in diesen vier Minuten werden sich jene, die noch eben sterben wollten, in dicken Trauben zu dem Laufsteg drängen und die Treppen hoch ins Zollgebäude stürzen, und wenn das verheißungsvolle Macao sie auf der anderen Seite mit grellem Sonnenlicht willkommen heißt, dann setzt für sie die Jagd nach dem Glück in Kasinos ein, die Namen tragen wie Lisboa oder KamPek oder JaiAlai.«

Macao heute. Spielkasinos. Ihre steinreichen Besitzer arbeiten mit den Kommunisten von Peking Hand in Hand.

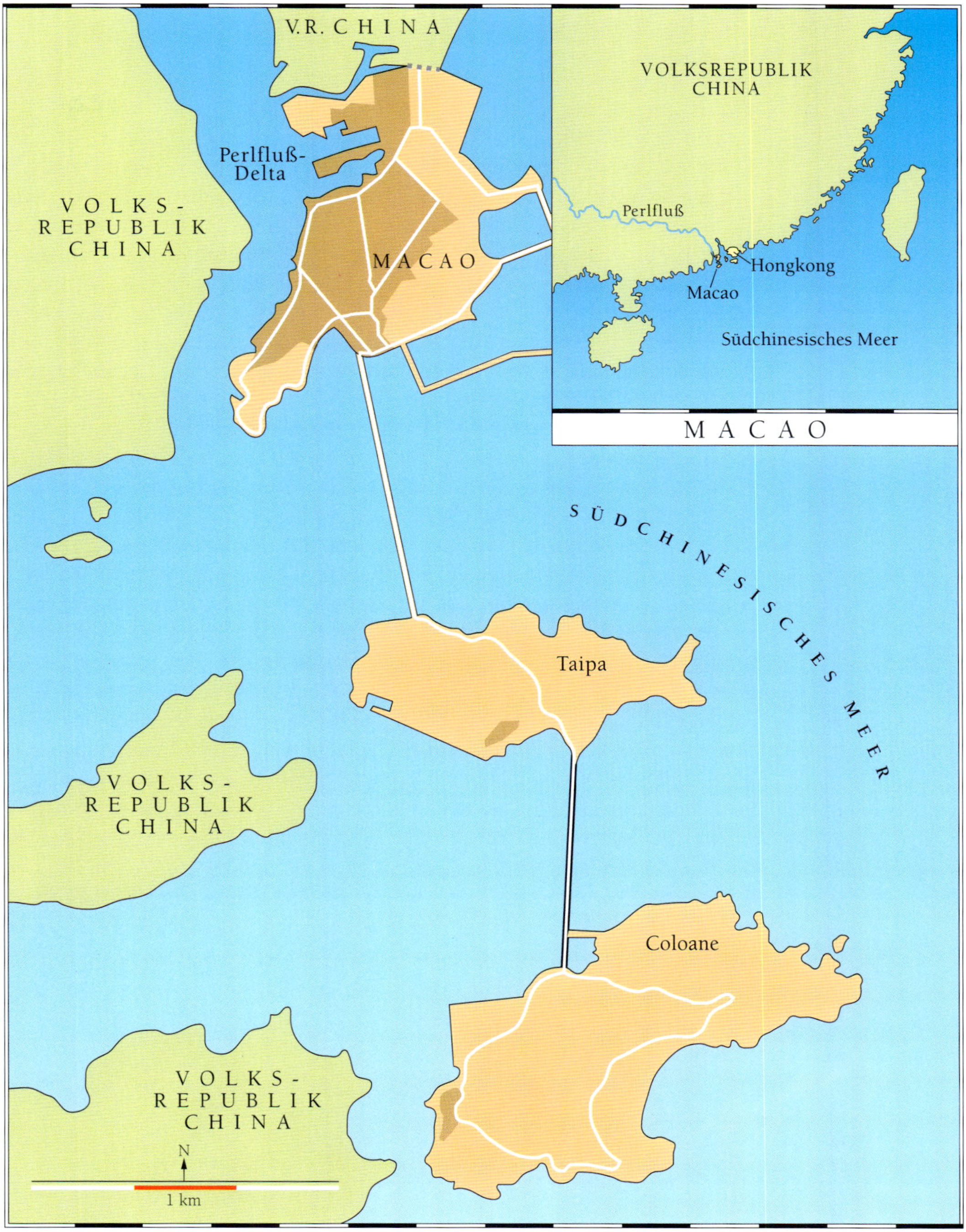
V.R. CHINA
Perlfluß-
Delta
VOLKS-
REPUBLIK
CHINA
MACAO
VOLKSREPUBLIK
CHINA
Perlfluß
Hongkong
Macao
Südchinesisches Meer
MACAO
SÜDCHINESISCHES MEER
Taipa
VOLKS-
REPUBLIK
CHINA
Coloane
VOLKS-
REPUBLIK
CHINA
N
1 km

Ich sah auf die Uhr. »Um zwölf Uhr mittags?«

Von der Schiffssirene kam ein langgezogener Pfiff. Die Chinesen stürmten ihrem Traum von Reichtümern entgegen.

»Sie spielen zur Mittagszeit ebenso wie um Mitternacht«, sagte die Frau. »Ich glaube, daß einem Chinesen das Leben an dem Tag nicht mehr lebenswert erscheint, an dem er keine Wetten unterbringen kann oder wenn keine Kugel mehr über rote und schwarze Felder springt.«

Auf der Fähre war es still geworden. Die Frau wünschte mir einen guten Aufenthalt in Macao. Ich überlegte, ob ich eine gemeinsame Fahrt im Taxi anbieten sollte, ließ den Gedanken jedoch gleich wieder fallen. Die Schottin und ihre Tochter gehörten zu den Begegnungen der flüchtigen Art. Ich spürte es. Und ließ es auch dabei.

Ich nahm meine beiden Taschen auf und stieg die Treppe zu den portugiesischen Zöllnern hoch und hatte schon wenige Minuten später eine Begegnung von der anderen Art. Von der Begegnung, die sich ständig wiederholt. Ganz ungefragt. Auch ungesucht. Wie ein Fingerzeig. Wie das Deuten auf einen Menschen, immer wieder, bis daraus ein Erlebnis wird. Warum das so ist, vermag ich nicht zu sagen. Möglicherweise liegt die Erklärung in einem von diesen geheimnisvollen, ungeschriebenen Gesetzen, denen ich mich füge. Und die ich dennoch nicht begreife. Ganz besonders dieses eine nicht. Es ist das Gesetz vom Leben im Kreise der Vierhundert. Ich scheue mich, mit anderen darüber zu sprechen, doch in meinem Tagebuch habe ich den Gedanken festgehalten: »*... und da gibt es also nun Milliarden Menschen auf der Welt. Doch in meinem Leben sind es allenfalls Vierhundert. Sie gehören allen Schichten an. Allen Rassen. Religionen. Nationalitäten. Sie kommen und gehen. Sie bedeuten mir etwas. Oder sie ärgern mich. Manchen geh ich aus dem Weg. Dennoch begegnen sie mir immer wieder. Unaufgefordert. Ungesucht. Wie ich's auch überlege und betrachte, es bleibt dabei: Vierhundert Menschen. Mehr sind es nicht. Und diese Vierhundert drehen sich nicht, mit mir als Mittelpunkt, wie ein großer Kreis um mich herum. Im Gegenteil: Ich bin nur eine Nummer im Kreis der anderen. Und es mag gut sein, daß meine Nummer die Vierhundert ist.*«

DAS BILD DER ERSTEN BEGEGNUNG mit Teixeira ist in meiner Erinnerung wie mit Öl gemalt. Öl auf Holz. Die Arbeit eines alten Meisters. Eines Meisters, der stets nur religiöse Bilder schuf. Die

Farbe ist dunkel. Braun. Und rissig. Die Ankunftshalle in einem Fährhaus ist auf dem Bild zu sehen, langgestreckt und engbrüstig wie ein Kirchenschiff. Mit Ventilatoren, wo sonst Kandelaber sind. In der Mitte der hölzernen Enge steht ein Mensch. Ein Mann. Alles an dem Mann ist weiß. Das Haar. Der lange Bart. Auch die Soutane. Es ist die Soutane der Jesuiten. Der Mann hält die Arme seitwärts ausgestreckt. Ein kleines Mädchen, rotblondes Haar, verwirrt und zögernd, will sich nicht umarmen lassen. Das Mädchen sieht zu seiner Mutter auf. Die Mutter hat das gleiche rötlichblonde Haar. Die Kleine fragt: »Ist das der liebe Gott?« Die Mutter hebt die Kleine schützend hoch in ihre Arme. »Nein«, sagt die Mutter, »nicht Gott. Nur ein Diener Gottes. Sein Name ist Teixeira.« Die drei *Rrr* in ihrer Antwort sind die *Rrr* von Sean. Es sind die *Rrr* der Schotten.

Manuel Teixeira. Ein Portugiese, der sein langes Leben am Südchinesischen Meer verbrachte.

IN MEINER ERINNERUNG hat die zweite Begegnung mit dem Mann einen Hintergrund von Grün. Hellgrün. Es ist das helle Grün der Wände des Hotels, in dem ich Quartier genommen hatte. Das Haus schien gebaut in der Hoffnung, Queen Victoria zu gefallen, falls sie einmal an diese Küsten kommen sollte. Doch die Königin der Briten hat den Portugiesen den Gefallen nie getan. Nur das eine oder andere Bild von ihr hing noch immer in dem Haus, das mit ihr zusammen alt geworden ist. Das sie überlebte. Und zum Hotel mit dem Namen Bela Vista wurde. *Bela Vista.* Schöne Aussicht. Schöner Blick aufs Chinameer. Der Portugiese, den ich nach einem Zimmer fragte, war knochig. Mager. Müde. Nach vorn gebeugt. Fast so alt geworden wie das Haus. Beide waren ehrwürdig zu nennen. Und heruntergekommen. Doch auf liebenswerte Weise. Über dem gebeugten Kopf des Alten muß der Stuck bereits vor Jahren von den Decken weggebröckelt sein. Die hohen Fenster, mit dem Meer dahinter, rosteten in ihren Angeln und hatten sich schon seit Ewigkeiten nicht mehr schließen lassen. Elektrische Kabel, kunstvoll geflochten, bewegten sich, lose an den Wänden baumelnd, fast tänzerisch im leichten Wind vom Meer. Wenn ich unter den hohen Fenstern saß und meine müden Füße in einen Korbstuhl legte, der jung gewesen ist, als der gebeugte

Seite 94: Sie nennen ihn »das Gespenst von Macao«.

Hotelbesitzer jung gewesen war, konnte ich portugiesische Damen und chinesische Konkubinen mit ihren Parasols in den anderen korbgeflochtenen Stühlen sitzen sehen, und als der Mann in Weiß mit seinen kurzen, festen Schritten an Bela Vistas grünen Wänden vorüberging, hielt ich auch ihn zunächst für einen Mitspieler in den Träumen meiner Nachmittage.

Der Priester nickte mir einen kurzen Gruß zu und hob die Hand ein wenig, so, als wolle er mich segnen, hielt in der Bewegung aber inne und machte eine heftige Wendung nach links zu den kristallgedeckten Tischen hin, die im halben Dunkel des Speisesaales auf hungrige Gäste für den Abend warteten. Er nahm sich den nächstbesten Stuhl und klopfte mit der flachen Hand auf den Tisch. Eine junge Bedienstete kam aus der Küche. Beim Anblick des Jesuiten stieß sie einen kleinen, hellen Laut aus und lief auf ihn zu. Als sie vor ihm niederkniete und sich seiner Hand entgegenbeugen wollte, hob er sie zu sich hoch und ließ sich auf beide Backen küssen. Er sah zu mir her und rief mir einen Satz zu, der hart und portugiesisch klang. Dann schüttelte er den Kopf und bellte den Satz noch einmal auf Englisch: »*My charming young man* ... die Zuneigung sollte Sie nicht verwundern.« Ich wollte ihm antworten, es ist schon eine Weile her, daß ich jung gewesen bin, aber ich ließ die Sache, wie sie war. Seine Brillengläser blitzten. Sie waren recht dick und hatten schwarze Ränder.

»Ich habe Maria-Luz getauft«, sagte der Priester.

»Wenn es danach geht, hat er alle Mädchen von Macao getauft«, sagte Maria-Luz und lachte. »Folgen Sie nur mal Monsignore Teixeira, wenn er durch unsere Gassen geht, und Sie werden sehen, wie er alle nasenlang stehenbleibt und sich von den Frauen küssen läßt.«

»Auf die Wangen«, sagte der Priester.

»Was denn sonst?« Maria-Luz war verwirrt. »Es liegt auch an der Schule«, sagte sie dann. »Weil er unser Schulmeister gewesen ist. Viele junge Leute sind bei ihm in die Schule gegangen, oben, im Seminario de São José.«

»Nur gelernt haben sie nichts«, rief der Priester. »Alles *rascals*! Faulköpfige, dumme *rascals*!«

Maria-Luz lachte.

»So lang wie ich hat keiner hier gelebt«, sagte der Priester. »Ich meine von denen, die aus der alten Heimat eingewandert sind. Manchmal denke ich, daß ich schon ein paar hundert Jahre lang in

Seite 96: Portugal und China. Ein Zusammensein, das sich nicht verändern will.

Seite 97 oben: Die Erinnerung an Portugal bröckelt allmählich ab.

Seite 97 unten: Bild der Sorge vor dem Morgen.

龍記酒家
RESTAURANTE LONG KEI
龍記酒家
KENT

Macao bin, schon zu der Zeit, als die Stadt noch einen anderen Namen hatte. *Cidade do Nome de Deus na China.* Stadt im Namen Gottes in China.«

Maria-Luz holte einen Teller Suppe aus der Küche. Der Priester strich sich durch den langen weißen Bart und murmelte ein portugiesisches Gebet. Dann schlürfte er die Suppe. Es war ein Schlürfen mit Genuß. Laut und kräftig. So laut und kräftig wie alles an dem Mann.

Später kam der gebeugte Portugiese aus der Küche. Er brachte ein Tablett mit Fleisch und Brot und einer Flasche Wein. Der Priester deutete mit dem Kopf zu ihm hin. »Nur Senhor Bartolomeu war schon hier, als ich gekommen bin«, sagte er dann. »Ich kann mich erinnern, daß wir schon vor ein paar hundert Jahren hier gewesen sind.«

»Stimmt.« Der Hotelbesitzer nickte. »Und seither warten wir.«

»Auf wen?« fragte ich.

»Auf Queen Victoria«, sagte der dürre Portugiese.

Aus dem oberen Stockwerk kamen drei Männer und zwei Frauen in den Speisesaal. Sie nahmen ihr Dinner ein und sprachen italienisch. Vater Teixeira beachtete niemanden mehr. Er aß schweigend. Als er fertig war, schob er seinen Stuhl nach hinten und rieb den Teller mit einem Stück Brot sauber. Dann trank er den Rest des Weines und ging an den grünen Wänden entlang nach draußen. Senhor Bartolomeu hielt ihm die Tür auf. Der Abend war noch immer hell.

»Der Mann hat nicht gezahlt«, sagte einer der Italiener.

Der gebeugte Portugiese hob die Schultern.

»Wenn einer eine Kutte trägt«, fragte der Italiener, »dann braucht er in Macao für sein Essen nicht zu zahlen?«

»Teixeira ist ein berühmter Schriftsteller«, sagte Senhor Bartolomeu.

»Verstehe«, sagte der Gast.

»Er hat eine Chronik über mein Bela Vista geschrieben. Ich habe ihn nicht dafür bezahlen können.«

»Verstehe«, meinte der Mann noch einmal.

»Es soll Autoren geben, die ihre Tantiemen in Naturalien nehmen«, meinte eine der beiden Frauen am Tisch der Italiener. Die andere lachte.

»Ich kann mich nicht erinnern, daß er jemals auch nur einen einzigen *Pataca* in der Tasche seiner Soutane hatte«, sagte der Portugiese.

»Erstaunlich«, sagte der Italiener.

»Jedenfalls nicht, seit ich ihn das erste Mal gesehen habe«, sagte der Portugiese, »und das ist jetzt schon ein paar hundert Jahre her.«

DIE NÄCHSTEN TAGE war er nicht mehr ins Bela Vista gekommen, doch sein Bild hat sich immer wieder vor meine Gedanken geschoben, auch dann, wenn meine Gedanken ihn gar nicht suchten. Einmal, an einem späten Abend, tauchte er unverhofft in einem Buch auf, das ich zu enträtseln suchte. Das Buch hatte auf jeder Seite eine große schwarze Tuschezeichnung, die jeweils einem chinesischen Schriftzeichen entnommen war. Randnotizen gaben Erläuterungen ab, und als ich die Randnotizen zu verstehen suchte, nahmen die chinesischen Symbole die Gestalt des alten Priesters an. Es war am zweiten oder dritten Abend, nachdem ich mich daran gemacht hatte, die Entwicklung einer Schrift zu begreifen, die mit einem Piktogramm begann, im Lauf der Zeit zu einem abstrakten Zeichen wurde, und viele tausend Jahre später, von unzählbaren Künstlerhänden abgewandelt, zu einem bildhaften Begriff geworden ist. Ich sah Zeichen einer Welt, die mir verschlossen schien. Verwirrend. Unerreichbar fremd. Bis ich auf das Zeichen für *Geburt* gestoßen bin. Selbst für einen Mann des Westens war das sofort verständlich. Wegen der Einfachheit des Gedankens fand ich es begeisternd, denn es ist nichts als ein kleiner Baum, der aus der Erde wächst. Im Lauf der Zeit hatten Künstler das Symbol ein wenig ausgeschmückt. Doch es ist ein Baum geblieben. In der Randnotiz waren weitere Deutungen des gleichen Baumes angemerkt. Sie lauteten *Wesensart, Geburtstag, Stern und Lebewesen*. Das Buch hatte begonnen, mich zu fesseln. Es hieß *Gemalte Wörter*. Mein Verleger hatte es mir geschickt, als ich ihm schrieb, daß ich auf dem Weg nach China sei. »Weil es sonst schwer sein wird, die Morgenpresse zu enträtseln ...« hatte er auf einem Zettel als Gruß mit in das Buch gelegt.

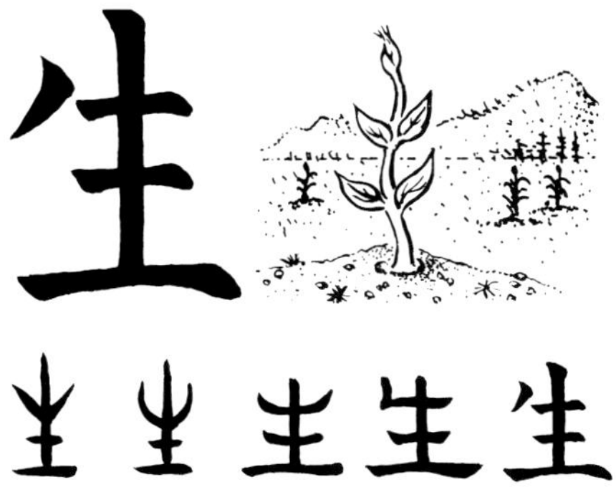

Das chinesische Schriftzeichen für Geburt: Ein Baum. Im Laufe der Jahrtausende verwandelten sich die Zeichen.

Ich las so gut wie jeden Abend in dem Buch, und als ich das Symbol für *Aufrecht stehen* betrachtete, stieg ein kleiner Mann, dickbäuchig und weiß von Kopf bis Fuß, hinter den schwarzen Tuschestrichen auf und deutete mit verschmitztem Blinzeln hinter Brillengläsern zu der nächsten Seite hin, wo mit zwei kraftvollen

Symbole einer Schrift. Oben: Aufrecht stehen. Unten: Marschieren, oder geschwind gehen.

Strichen das Symbol für *Gehen* abgebildet war. Der eine Strich stand aufrecht, so, wie der Jesuitenpater ständig aufrecht stand. Der zweite Strich war wie ein zum Geschwindschritt vorgestrecktes Bein und schien den Gang des Mannes in seiner Soutane auf unverwechselbare Weise festzuhalten.

Tage später fand ich, und wieder im Gedanken an Teixeira, noch ein Symbol im Buch mit den Pinselstrichen der Chinesen. Es stellte den Begriff *Marschieren* dar und schien mir besser als alles andere auf den Priester zuzutreffen, denn seine Art zu gehen war wahrhaft ungestüm, vorangebeugt, militärisch, voller strengem Willen. Das Schriftzeichen für *Marschieren* stürmte auf die gleiche Weise über das Papier, mit der Manuel Teixeira allabendlich über jene Brücke stürmte, die in hohem Bogen und meilenweit das Wasser überspannt, das die Stadt Macao von der Insel Taipa trennt.

DER BEGEGNUNG AUF DER BRÜCKE waren tagelange Streifzüge durch die Gassen von Macao vorausgegangen. In einer Mittagsstunde mit großer Hitze endete mein Weg auf einem sonnengebackenen Parkplatz, mit kleinen Mietautos, die so kunterbunt gestrichen waren wie die Einsitzer meiner Kindheit, sonntags, auf dem Karussell. Aus einer Hütte kam mir ein freundlicher Mann entgegen. Er sagte in einem Englisch, das nach London klang, Graham Blackey sei der Name, und jeder Mensch, der Chinas Küsten kenne, würde aus Erfahrung wissen, daß seine *Mokes* das Beste mit vier Rädern seien, was sich auf diesen Inseln mieten ließ: »Luftig kühl nach allen Seiten, kleiner Motor, britisch zuverlässig, und mit vollem Tank läuft so ein Moke bis in alle Ewigkeit.« Ich nahm einen, der nahe bei der Hütte stand. Er war, ich glaube, gelb gestrichen. Sein Sonnensegel hatte viele Streifen. Die meisten Streifen waren rot. Ich ließ den Moke, wie Blakey es mir vorgeschlagen hatte, bis in alle Ewigkeiten laufen.

An manchen Tagen saß ich im Schatten seines Sonnensegels vor einer hohen Steinfassade, die dem heiligen Paul gewidmet war und ganz für sich, dünnbrüstig und verloren am Ende einer breiten Treppe stand. Wenn ich mein Fernglas über die Reliefs an der Fassade wandern ließ, tauchten in der runden Vergrößerung Drachen aus China auf und Heilige aus Portugal, Handelsschiffe mit hohen Segeln und der Heiland Jesus Christus, wie er auf der Via Dolorosa ermattet sein schweres Kreuz absetzt.

Die Fassade der São-Paulo-Ruine. Auf ihren Reliefs treffen sich Jesus von Nazareth, chinesische Drachen und die kanonenbestückten Handelssegler Portugals.

Seiten 102/103: Warten auf Teixeira. Brücke von Macao zur Insel Taipa.

媽祖閣

Ein andermal fuhr ich zu dem alten Grenztor hin, das seit Jahrhunderten der Übergang zum Reich der Mitte war und auf dem in unseren Tagen die rote Fahne Chinas neben der grünroten der Portugiesen aufgezogen ist. Ich ging die Göttin der Himmlischen Gnade und ihre drei Buddhas besuchen, die als *Vergangenheit und Gegenwart und Zukunft* bei ihr stehen, und als mich im Hafen ein englischer Matrose bat, ihn zum Friedhof der Protestanten hinaufzufahren, weil dort ein seefahrender Onkel von Winston Churchill begraben sei, fand ich in unmittelbarer Nachbarschaft zur letzten Ruhestätte seiner Lordschaft einen Grabstein, der in deutscher Schrift davon erzählt, daß sie dem Staub des 1807 dahingeschiedenen F. W. Schnitgers aus Plön in Holstein zugeeignet sei. Ich fuhr Blakeys Moke auch zu den anderen Inseln der Portugiesen hin, Taipa und Coloane, die über Brücken zu erreichen sind, und es war auf einer solchen Brücke, daß ich Teixeiras martialischer Gangart begegnet bin.

Seite 104 oben: Wo einst Portugiesen lebten, wohnen heute meist Chinesen.

Seite 104 unten: Tanz der Drachen vor dem Tempel der A Ma. Die geliebte Göttin der Chinesen hat den ersten Portugiesen Schutz gewährt.

Es war spät am Tag. Ich glaube, daß es um die Stunde des Abendbrotes gewesen ist, denn die Brücke war menschenleer. Um die Stunde des Abendbrotes ist die Brücke schon immer menschenleer gewesen. Auch Autos gab es im letzten Licht des Tages nicht, und ich sah den Mann von weitem schon. Weiß. Klein. Heftig mit den Armen rudernd. Er lief den Fußgängerweg entlang, den die Konstrukteure erhöht gebaut hatten. Die Brücke steigt von Süden, sich der Stadt entgegenstreckend, an. Der Weg zum höchsten Punkt ist lang. Zu lang, habe ich gedacht, für einen Mann, der schon damals über Siebzig war. Doch als ich ihn eingeholt hatte, konnte ich hören, daß er nicht ungewöhnlich außer Atem war. Ich vermutete, er habe in Taipa den letzten Autobus verpaßt, und bot mich an, ihn zum anderen Ufer und in sein Kloster zu fahren, aber er hielt in seinem schnellen Gang nicht inne, sondern winkte nur energisch, daß ich weiterfahren soll, und als ich neben ihm her am Kantstein rollte und meinen Vorschlag wiederholte, wurde er grob und ärgerlich. Er ließ mich wissen, daß er gern und in voller Absicht über diese Brücke laufe. Weil das sein Spazierweg sei, am Abend eines jeden Tages, und es sei nun wirklich an der Zeit, daß ich mich von dannen scherte.

Hardy nennt dieses Schriftzeichen: »Teixeira stürmt über die Taipa-Brücke.«

Ich scherte mich von dannen und dachte später, im Bela Vista, darüber nach, ob es nicht grammatikalisch richtig heißen müsse, daß ich mich von dannen *schor*? Wie auch immer, habe ich mir dann gesagt, *scherte* oder *schor*, die Antwort des grimmigen Priesters auf der

Brücke hat dich wissen lassen, daß er an jedem Abend über die Taipa-Brücke stürmt, und von nun an brauchst du nur immer wieder den Moke neben ihm her zu rollen, und an irgendeinem Abend gibt der Priester auf. An irgendeinem Abend steigt er ein. Und wenn er dich dann eintreten läßt in sein jesuitisches Seminario de São José, dann wirst du ihm, als Erklärung für deine Hartnäckigkeit, ganz einfach sagen, daß es unter den Milliarden Menschen unserer Welt im Grunde nur vierhundert gibt.

ES MUSS AM VIERTEN ABEND GEWESEN SEIN, daß Monsignore Teixeira in den Moke gestiegen ist. Ich habe ihn zum anderen Ufer und dann durch enge Gassen hügelan gefahren, vorbei an alten Häusern mit bröckeligem Putz. Wäsche hing von vielen Fenstern oder wehte leicht im Wind auf den Balkons. Es waren Gassen, die von alten Zeiten sprachen. Von Zeiten, die noch nicht ganz vorüber sind, weil sie noch immer von den ersten Portugiesen sprechen. Von Soldaten. Gouverneuren. Von Chinesen, die ihre Art zu leben gegen das, was neu gewesen ist, nur zögernd haben tauschen wollen. Die nur widerstrebend angenommen haben, was die Abendländer brachten: Handelswaren. Fremde Kleider. Eine strenge Sprache. Andere Bücher. Einen jungen Gott.

Vater Teixeira war die ganze Fahrt über recht mürrisch. Als das alte Fort Guia über uns zu sehen war, sagte ich: »Da oben gibt es einen Grabstein mit einer Inschrift, die ich mir aufgeschrieben habe. Der Stein liegt beim Eingang einer Kapelle.«

»Ich weiß«, sagte der Priester. »Die Inschrift auf dem Grabstein lautet: ›Unter dieser Schwelle liegt der Küster. Er kann von Glück sagen, denn seine Knochen haben eine derart ehrenvolle Ruhestätte im Grunde nicht verdient. Anno 1687/1720.‹«

Er sah mich prüfend an. »Wie kommt es, daß Sie die Inschrift da oben entdeckt haben? Sammeln Sie Grabsteine?«

»Nein. Allenfalls, wenn so eine Inschrift komisch ist.«

»Komisch sind die wenigsten.«

»Bei mir zuhaus, im Hessischen, hab ich mal einen tief drin im Wald entdeckt. Der Steinmetz hatte darauf einen Holzfäller dargestellt, der von einem Baum erschlagen wurde.«

»Und?« Teixeiras Blick war noch immer streng. »Was war komisch an dem Stein?«

»Die Inschrift«, sagte ich.

Auf dem protestantischen Friedhof von Macao liegen fast ausschließlich europäische Seefahrer begraben.

»Wie hat die gelautet?«

Ich zitierte sie für ihn:

»Der Weg zur Ewigkeit,
Oh Mensch,
Er ist nicht weit.
Um zwölf ging Henner fort,
Um ein Uhr war er dort.«

Teixeira lachte. Stoßweise. Sein Lachen war laut. Kam in Synkopen. Dann schwieg er wieder. Doch das Mürrische an ihm war verflogen. Von Stund an war er freundlicher zu mir. Rückblickend kommt es mir vor, daß es die Inschrift auf dem Grabstein war, die das Eis zwischen uns gebrochen hat. Was auch immer es gewesen ist, das Eis war jetzt gebrochen.

Am Ende einer engen Gasse und einer letzten Steigung lag ein Platz mit Bäumen. Von einem uralten Kopfsteinpflaster stiegen hohe Mauern auf. Gelbe Mauern. Leuchtend gelb. Sie gaben den Rahmen für ein schönes Tor aus Schmiedeeisen ab. Das Tor war im Stil leicht gehalten, voller Blätter, spielerisch. Teixeira sagte, daß er angekommen sei. Das Tor quietschte in seinen alten Angeln.

»Das Scharnier könnte einen Tropfen Öl vertragen«, sagte ich. »Wenn ich wieder mal vorbeikomme, bringe ich eine Kanne mit.«

»Das Ölen der Angeln ist Aufgabe des Küsters«, sagte er. »Ich werde ihn wissen lassen, daß bei anhaltendem Versäumnis der einzig ehrenvolle Platz für seine alten Knochen unter dieser Schwelle ist.« Er ließ das Tor hinter sich zufallen. Dann drehte er sich noch einmal um. »Der Klingelknopf ist da rechts, im Mauerwerk, Sie Rascal«, sagte er. »Wenn Sie wieder mal vorbeikommen, drücken Sie da drauf.«

ICH PARKTE BLAKEYS MOKE schon am nächsten Tag unter dem Eisentor im gelben Mauerwerk und war von da an immer häufiger in Teixeiras Einsamkeit zu Gast. Das Kloster war gebaut wie ein Palast, mit einem schönen Garten in der Mitte, breiten Wandelhallen und weitläufigen Terrassen, von denen der Blick zu einer eindrucksvollen Kirche ging.

»Die Gemäuer sind weit über zweihundertfünfzig Jahre alt«, sagte Teixeira, »und so manches Mal wünschte ich mir, ich hätte in der Zeit gelebt, als die Eichenstufen in den Treppen nach frischem Holz gerochen haben und die Sandalen der ersten Priester darüberhuschten, junge Männer, die aus Portugal gekommen waren und den Perlfluß hinauf nach China gingen, weil sie Order hatten, in Kanton Missionen aufzubauen. Damals, in den ersten Jahren, hätt' ich gerne hier gelebt.«

Ich überlegte, ob es damals auch schon so still gewesen war, und habe das wohl auch laut gefragt, denn der Priester sagte: »Damals herrschte hier viel Leben, lautes Lachen. Damals hat es die Stille nicht gegeben, die heute auf den Gemäuern lastet.«

»Und warum gibt es heute hier kein Lachen mehr?« wollte ich wissen, und er hob die Schultern hoch: »Weil es kein Lachen geben kann. Weil hier keiner lebt.« Er muß an meinen Augen gesehen haben, daß ich ihn nicht verstand. »Weil ich hier alleine bin«, sagte er dann.

»Allein?«

Er nickte. »So gut wie.« Er sah sich um. Ich wartete. »Unten, in den Zellen, leben noch sechs oder sieben Priester«, sagte er dann.

Selten kommt Besuch in den Garten von Teixeiras Einsamkeit.

»Missionare. Sie sind nicht richtig im Kopf. Wir haben sie aus China zurückgeholt. Die Kommunisten haben sie gequält. Gefoltert. Und wer nicht eingesperrt gewesen ist, hat dem Druck nicht standgehalten. Sie sind im Kopf nicht mehr zu heilen. Ich habe sie schon lang nicht mehr gesehen. Die Köchin bringt ihnen das Essen in die Zellen. Sie verlassen ihre Mauern da unten nie. Du siehst sie nicht. Du hörst sie nicht. Sie bleiben da unten in dem Schweigen.« Er sah sich um. »Und ich lebe hier oben in meinem Schweigen.«

Nach einer Weile stieß er ein kleines Lachen aus. »Einmal hat sich ein kleines Mädchen hier hinein verirrt«, sagte er. »Sie wollte da drüben in unsere Kirche, aber sie hatte sich verirrt. Als sie mich in der Wandelhalle sah, leuchtend weiß in diesem dunklen Gang, hat die Kleine aufgeschrien: *Ein Gespenst!* und ist zu ihren Eltern nach draußen in den Hof gerannt: *Mama, Papa, ein Gespenst!*, und seitdem habe ich den Namen weg. Die Macaenser denken, daß ich es nicht höre, aber wenn ich in diesem weißen Gewand durch die Gassen laufe, flüstern sie hinter meinen Schritten her: *Das Gespenst von Macao!*« Er lachte und ich lachte mit, und sein Bauch hüpfte unter der Soutane.

Nach einer Weile sagte er: »Ich war nicht immer hier allein, und das São José ist auch kein Kloster, sondern ein Seminar, ein Priesterseminar, und bis vor drei oder vier Jahren waren auch alle Räume angefüllt mit Leben, denn wir haben junge Männer zu Priestern ausgebildet: Doch dann hat es wieder einmal Streit gegeben zwischen Peking und Macao, und ein lauter Schrei ist durch das Seminar gehallt. Es ist nur ein Gerücht gewesen, aber ein Gerücht, das zu einem Angstschrei wurde: *Die Kommunisten kommen! Die Kommunisten kommen! Ihre Panzer rollen durch die Stadt!* Und da sind sie alle davongestürzt, Schüler, Lehrer, Missionare, alle. Sie sind zu den Fähren gerannt und haben sich mit den Macaensern um die Plätze gestritten, und die Boote haben sie gestürmt und haben sich nach Hongkong in Sicherheit gebracht. Und seit dem Tag lebe ich hier allein.«

Als er diese Flucht geschildert hatte, war das mehr als eine Schilderung, er hat die Angst als Szene vorgespielt, hat auch das Schweigen noch als Szene drangehängt, die Enttäuschung fast, als keine Panzer kamen, und ich habe ihn gefragt, warum er denn geblieben ist.

»Dieses Macao hier ist für mich seit meinen jungen Jahren Heimat«, sagte er. »Du läßt dich doch aus deiner Heimat nicht

Manuel im Glück: der junge Priester nach der Weihe.

vertreiben! Und es gibt viele Macaenser, die für mich Familie sind. Du läßt dich doch aus dem Kreis deiner Familie nicht vertreiben!« Er hielt den Arm hochgehoben und hatte die Faust geballt und sah streitsüchtig aus.

»Vater Teixeira«, sagte ich, »Sie sehen wie ein Streiter aus. Wie ein Streiter gegen Mao. Und gegen alle Panzer der Chinesen.«

»Rascal!« Er lachte wieder in Synkopen. »Ich bin in Macao nicht geboren, aber ein langes Leben bin ich schon hier. Zur Welt gekommen bin ich in einem ärmlichen Bauernhaus in Portugal: Die Eltern haben schon früh bestimmt, daß ich Priester werden soll und Missionar: Als ich zwölf geworden bin, haben mich die Jesuiten mit vielen anderen kleinen Jungen auf ein Schiff genommen und in dieses Seminar gebracht. Der Schmerz, von den Eltern unerreichbar weit entfernt zu sein, verblaßte irgendwann und machte einer großen Freude Platz. Einem Drang. Es war der Drang, mir ein Wissen anzulesen.«

Das war die einzige Auskunft über seine Herkunft, die ich von dem Priester je bekommen habe. Überhaupt schien er sich nur ungern mit seiner Stimme auszudrücken. Seine Dialoge mit anderen Menschen hielt er kurz. Was er zu sagen hatte, schrieb er auf. Sorgsam, mit einer Feder, die er in Tinte tauchte. Seine Monologe stecken zwischen dicken Lederrücken. Das erste Buch des damals unbekannten Priesters erschien 1937, und neunzig Werke später ist aus Monsignore Teixeira ein berühmter Mann geworden. Seine Werke stehen in allen Universitäten am Chinameer entlang. In der Mehrzahl sind es Chroniken. Er hat die Geschichte der Gesellschaft Jesu in Vietnam, Südkorea, Siam, Malakka, den Philippinen und Japan aufgeschrieben. Mit wissenschaftlicher Genauigkeit berichtete er darüber, wie der geniale Jesuit Mateo Ricci die Enklave Macao verließ, nach Peking zog, wo er für den Herrscher auf dem Himmlischen Thron eine Karte der Welt zeichnete, die den Kaiser verstimmt haben soll. Der Grund: Das grandiose Werk zeigte China nur am Rand der Karte, also nicht als Zentrum dieser Welt. Mit seiner Arbeit gab der

Jesuit den Chinesen zwei bis dahin unbekannte Worte: *Oulopa* für Europa und *Yashiya* für Asien.

In einem anderen Werk hat Teixeira die Vertreibung der Jesuiten aus China beschrieben und hielt darin auch fest, daß die Gesellschaft Jesu sogar einmal ihr Seminario de São José in Macao zwangsweise hatte schließen müssen.

Auch um weltliche Themen hat er sich bemüht, so beispielsweise um die Geschichte berühmter portugiesischer Familien in Macao, Hintergrundgeschichten über die meisten Straßennamen dieser Stadt, einen Bericht über die Entstehung des Gouverneurspalastes, und wann immer ein historisches Gebäude abgerissen werden sollte, hat er sich mit einem flammenden Pamphlet dem Abbruch widersetzt. Portugiesische Politiker fürchten die scharfe Zunge des streitbaren Jesuitenpaters, und die Chinesen unter den einflußreichen Macaensern tun ihn ab als wunderlichen alten Mann, der einsam und ruhelos wie ein Gespenst durch die menschenleeren Säle des Seminario geistert. »Wenn die Chinesen über mich wie über einen wandelnden Anachronismus reden, ist das ein sehr genaues Bild«, hat er einmal zu mir gesagt, »denn sieh doch nur mal an, wie ich hier lebe: Ein Priester, keinen Pataca in der Soutane, und könnte doch wie ein Feudalherr jede Nacht in andere Gemächer ziehn; hat einen Garten ganz für sich allein; eine Kirche für seine Einsamkeit; ist der einzige Studiosus in einer Bibliothek voller Bände von unschätzbarem Wert, und hat auch noch dazu die Muße, diesen Werken seine eigenen hinzuzufügen.«

Manuel im Verdruß: Die Kommunisten haben ihm den Seeblick zugebaut.

Die Manuskripte des Teixeira, noch immer handverfaßt und eng beschrieben, stapeln sich in einem Raum, der für den Priester das Zentrum seiner Heimat ist. Er schläft darin, ißt darin, und mehr als alles andere, schreibt darin. Er erzählte mir einmal, daß jeder Arbeitstag für ihn um sechs beginnt. Um diese Stunde herrscht noch tiefe Stille, doch Schlag halb acht zerbricht der Friede. Weil um halb acht die Rascals kommen, diese Kommunisten-Rascals, wie er sie beschrieb. Mit Baggern kommen sie und Baumaschinen und machen unter seinem Fenster Lärm. Früher einmal ist sein Blick von diesem Fenster bis aufs Meer hinausgegangen, doch den hatten ihm die Macaenser schon längst mit ihren Hochhäusern verbaut, und nun fügen die Kommunisten-Rascals ihre eigenen Hochhäuser hinzu, noch dazu eines davon direkt vor seinem Fenster, allenfalls fünf Meter weit entfernt. Als er das erzählte, habe ich ihn in Gedanken mit einem

Seite 112: Monsignore Teixeira. Geachteter Historiker am Südchinesischen Meer

gelinden Verfolgungswahn bedacht, denn das Territorium war vorläufig noch portugiesisch. Vor 1999 fällt es nicht an die Machthaber in Peking zurück. Wie konnten es also Rotchinesen sein, die in Macao Häuser bauten?

Teixeira lachte. »*My charming young man*«, sagte er, »die Handelshäuser der Kommunisten sind schon seit Jahren in Macao, ihre Banken auch, und bei den Kantonchinesen wohnen schon seit Ewigkeiten kommunistische Verwandte.« Er ging um seinen Arbeitstisch herum und wischte dicken Staub mit seinem Taschentuch von einem Stapel loser Blätter. Dabei murmelte er vor sich hin: »Die Einwohnerzahl von Macao wurde bisher mit vierhunderttausend angegeben. Wenn du am Hafen durch die Gassen gehst, mußt du glauben, daß die Chinesenköpfe sich verdoppelt haben.« Am Ende des Tisches waren Dokumente aufgetürmt, ebenso zugestaubt wie die andern Stapel. »Die Kommunisten-Rascals sind längst hier. Sie brauchen für den Einmarsch keine Panzer.« Er zog einige Blätter aus dem Dokumentenstapel und legte Ausschnitte vergilbter Zeitungen dazu. »Hier«, sagte er dann, »die Geschichte von Macao. Die Geschichte, wie sie wirklich ist. In euren Zeitungen daheim sind die Berichte von der Wahrheit in den meisten Fällen weit entfernt.«

Die Chinesen vom Perlfluß hatten die Ankunft fremder Segel seit Jahrhunderten vorausgesehen.

Ich fuhr ins Bela Vista und ließ mir von Maria-Luz eine Flasche Rioja bringen. Unter den hohen Fenstern lag das Meer, auf dem jahrhundertelang nur chinesische Dschunken gefahren waren. Ich stellte mir vor, wie es gewesen ist, als eines Tages Boote aus einer fremden Welt in das Delta vor dem Perlfluß kamen. Mit einer Vielzahl von Segeln, die vor quergestellten Bäumen hingen. Mit Männern, die in schwarzbehaarten Gesichtern wilde schwarze Augen hatten. Ich fand das Bild erregend. Die Chinesen hatten wohl immer vermutet, daß hinter dieser Kimm ein fremder Kontinent zu Ende ging, und das Eintreffen der Segel sagte, daß diese Vermutung richtig war. Der Kontinent hieß Afrika. An seinem Landende lag ein hoher Fels zwischen zwei aufgebrachten Meeren. Der Seefahrer Bartolomeu Diaz hat den Fels umsegelt. Er ist der erste Mensch gewesen, der das Abenteuer überlebte. Der Mann war Portugiese. Sein König gab dem Felsenkliff den Namen ›Kap der Guten Hoffnung‹. Nach unserer Zeitrechnung fiel der Tag, der für die Chinesen viel verändern sollte, in das Jahr 1488. Nur ein einziges Mal vor dieser ereignisreichen Zeit hatten die Bewohner von Kathai sich einer ›Langnase‹ gegenüber gesehen. Der Mann hieß Marco Polo. Er war auf dem Landweg zu ihnen gekommen. Die nächsten zweihundert Jahre nach dem Besuch des Italieners waren die Chinesen wieder unter sich. Dann fuhren die hohen Segel der Portugiesen in den Perlfluß ein. Das Abendland hatte den Seeweg in das Chinameer entdeckt.

Schatztruhe eines alten Priesters. Angefüllt mit Erinnerung.

Ich nahm einen langen Schluck Rioja aus dem Glas und fragte mich, wie böse die Vorahnung der Chinesen wohl gewesen sei, als sie auf die fremden Segel starrten? Und wieviel Furcht hat sich in den Gemütern der Matrosen breitgemacht, als sie in einem Labyrinth von Inseln glatzköpfigen Männern mit langen Zöpfen begegnet sind? Begierig zu erfahren, aus welcher Sicht der Jesuitenpater das Aufeinanderprallen zweier Welten beschrieben hatte, nahm ich mir die engbeschriebenen Blätter vor. Auf dem ersten Blatt stand nichts von der Begegnung zweier Welten. Auf dem ersten Blatt stand eine Jahreszahl. 1999. Teixeira hatte seine Geschichte von Macao mit der Zukunft angefangen: 1999 wird die Siedlung der Portugiesen mit Land und Haus und Mensch und Vieh den Kommunisten übergeben. Beginnend mit dem bevorstehenden Schicksalstag rollt Teixeira die Historie rückwärts auf. Er bringt das *Warum* der Übergabe mit dem *Wie* der Besitzergreifung in Zusammenhang und füllt alles, was dazwischenliegt, mit dem Ergebnis seiner Studien aus. Was ich damals im Bela Vista las, habe ich später, gestützt auf erste Notizen, hauptsächlich aber auf mein Gedächtnis, so notiert:

DIE STADT GOTTES IN CHINA steht auf einer Halbinsel, deren friedvolle Bewohner die Göttin A Ma anbeteten. Die Begegnung dieser Menschen mit den ›portugiesischen Teufeln‹ geht auf einen Kanonensegler zurück, der einen Taifun überstanden hatte und wie durch ein Wunder nicht gesunken war. Kapitän und Mannschaft waren bei einem Fischerdorf mit Namen Ho Kingo an Land gegangen. Die ›Langnasen‹ wurden freundlich aufgenommen, was überraschend war, denn an anderen Küsten ist es zu blutigen Auseinandersetzungen zwischen Einheimischen und Eroberern gekommen. Es gab zahlreiche Gründe, den Seeleuten aus einer fremden Welt feindlich zu begegnen. Der Gott, den ihre Missionare den Perlfluß aufwärts brachten, war vielen Chinesen unerwünscht. Vielerorts hatten sich die Fremden den Einheimischen gegenüber herrisch und anmaßend verhalten. Der Haß der Chinesen auf alles Fremde nahm im Lauf der Jahre zu, und ein Wechsel zu einer neuen Dynastie auf dem Himmlischen Thron hatte schließlich die Verbannung der Fremden aus dem Kaiserreich zur Folge. Doch der Handel blühte für die Portugiesen. Sie holten Jade aus Birma, Kampferholz aus Borneo, wurden an Ceylon-Diamanten reich, und wenn ich mich nicht irre, fuhren sie teures Sandelholz aus Timor auf ihren Schiffen. Im Lauf der nächsten Jahrzehnte fand bei den Chinesen ein Sinneswandel statt. Sie begannen, die Portugiesen als ihre Beschützer anzusehen. Der Grund: Im weiten Delta des Perlflusses, einem Labyrinth von Inseln, hatten japanische Piraten die Herrschaft übernommen. Unbewaffnete Chinadschunken waren für die Piraten eine fette Beute. Doch als sie sich an den kanonenbestückten Handelsschiffen aus Lissabon versuchten, brachte ihnen das Verderben. Die Portugiesen standen damals in dem Ruf, die besten Kanonen der Welt zu gießen und sie auch zielsicherer als jeder andere abzufeuern. Ein Bericht für den chinesischen Kaiserhof über die Vernichtung der Piraten endete mit den Worten: »Es gibt zwei Dinge, die wir von den Barbaren lernen müssen: den Bau von Schiffen und die Treffsicherheit der Kanonen. Dank ihrer fahren unsere Dschunken nun wieder so gut wie ungefährdet durch das Delta und den Fluß hin nach Kanton.«

Das Jahr, in dem die Schiffbrüchigen ihre Ladung über den Strand von Ho Kingo schleppten, wird mit 1553 angegeben. Die erschöpften Portugiesen ließen sich im kühlen Dämmerlicht eines Tempels nieder. Die Einheimischen hatten ihn nach ihrer Göttin A Ma benannt. Der Tempel steht noch

Tanzpause eines Drachen.

immer am gleichen Platz. Zu seinen Füßen liegt der Steg mit den Fähren zu den Inseln Taipa und Coloane, und bis zum heutigen Tag läßt ein jeder Fischer, der aus dem Hafenbecken fährt, zu Ehren der A Ma Knallfrösche über sein Deck springen und fleht über den Lärm hinweg, die Göttin möge sein Leben schützen und ihm ein volles Netz bescheren.

Es scheint, als hätte es die Schiffbrüchigen des Jahres 1553 für immer an diesen Strand verschlagen. Verschiedene Quellen berichten, daß sie dem Fischerdorf Ho Kingo ihren eigenen Namen gaben. Sie hatten gelernt, daß A Ma in der Sprache der Seefahrer *Mutter* heißt. Das kantonesische Wort für Hafen war *Kong*. Also machten sie *Amakong* daraus. Im Lauf der Zeit wurde daraus, portugiesisch gefärbt, der Name *Amacao.* Und der Weg des Abschleifens zum heutigen *Macao* war dann nicht mehr weit.

Die Siedlung wuchs rasch an. Wenige Jahre später lebten bereits achthundert Portugiesen in enger Nachbarschaft mit einer großen Zahl besitzloser Chinesen. Die Europäer hatten sich herrschaftliche Villen direkt ans Meer gebaut. Hinter hohen Mauern lebten sie mit ihren Sklaven und Mätressen, die aus Siam, den Kapverdischen Inseln oder Timor stammten. Es heißt, die erste Frau aus Europa sei erst 1637 in Macao eingetroffen.

Der Herrscher auf dem Himmlischen Thron muß erstaunt, möglicherweise auch belustigt, hinabgesehen haben auf diese Winzigkeit von Christenland im weit entfernten Süden seines Reiches. Ameisenemsig bauten sich die Leute eine Welt, die ihrer alten Heimat gleichen sollte: Sie schufen Stadtverwaltung und Senat, Gerichtsbarkeit und Magistrat, bauten auch Fabriken, Seminare, Klöster, Kirchen, und als Krönung einen Amtssitz für den Kapitän-Major aus Portugal.

Peking schien den Macaensern damals ebenso wie heute weit, weit fort zu sein. Selbst wenn die Fremden den Großmut des Kaisers auf die Probe stellten, wie beispielsweise Papst Gregor XIII. mit seiner Bulle *Super Specula Militantis Ecclesiae*, kam vom Kaiser kaum ein Donnergrollen. In der Bulle hatte der Papst dem Bischof von Macao die Verantwortung für die gesamte »Provinz China« übergeben, dazu auch noch »die Inseln von Japan und Macao, und deren Inseln in der Nachbarschaft«.

Über die Besitzverhältnisse seines Macao listet der Historiker Teixeira vier Versionen auf, doch welcher man auch den Vorzug geben mag, alle vier laufen in gerader Linie, und über Jahrhunderte hinweg, auf das *Wie* und das *Warum* der Rückgabe im Jahre 1999 hin.

Die portugiesische Besitzung Cidade do Nome de Deus na China zu Beginn des zwanzigsten Jahrhunderts.

Der Drache. Für Portugiesen Sinnbild alles Bösen. Für Chinesen ein glückbringendes Wesen.

Version eins: Bereits im ersten Jahr ihrer Ankunft nahmen die Schiffbrüchigen große Stücke des Landes in Besitz. Die Halbinsel war nur spärlich besiedelt, und die Einheimischen fühlten sich nicht beraubt. Um ihren Anspruch auf das Besitzverhältnis rechtmäßig werden zu lassen, haben die Portugiesen das besetzte Land später käuflich erworben. Anmerkung: Ein Vertrag über die Transaktion wurde zu keiner Zeit vorgelegt.

Version zwei: Lissabon nahm lange Zeit den Standpunkt ein, die Schiffbrüchigen hätten das Land von den Bewohnern geschenkt bekommen. Anmerkung: Ein Dokument über diese Schenkung hat sich niemals finden lassen.

Version drei: Anno Domini 1554 gelang es dem Seefahrer Leonel de Sousa, eine Piratenarmada von zwanzig Schiffen vernichtend zu schlagen und endgültig aus dem Delta am Perlfluß zu vertreiben. Die Mandarine von Kanton zeigten sich dankbar: Vierhundert Christen, hauptsächlich Portugiesen, erhielten die Erlaubnis, sich auf der Südspitze der Halbinsel anzusiedeln. Über die Erlaubnis soll es ein Dokument aus dem Jahr 1557 geben, das auch die Zahlung einer Pacht vorsieht. Es wird von achtzehn Kilogramm Silber pro Jahr gesprochen. Anmerkung: Auch dieses Dokument ist nicht auffindbar. Dennoch legt, unter Berufung auf diese Genehmigung zur Niederlassung, die Geschichtsschreibung das Jahr der Gründung von Macao auf AD 1557 fest.

Version vier: Während der Qing-Dynastie gab Portugal das Versprechen ab, die Enklave niemals einer anderen europäischen Macht zu überlassen, und erhielt dafür als Gegenleistung im Jahre 1887 vom Kaiser den Status der Unabhängigkeit. Anmerkung: Die kommunistischen Nachfolger haben die Furcht der Qing vor einer möglichen Übernahme Macaos durch eine andere europäische Macht nicht geteilt. 1974 wurde das belegt. Nach dem Sturz der Regierung Caetano durch portugiesische Militärs erklärte die Junta, ihre *Stadt Gottes in China* keiner anderen Nation zu überlassen. Vielmehr boten sie die Enklave der Volksrepublik China zum Geschenk an. Die Kommunisten lehnten dankend ab und verkündeten im Gegenzug, daß Macao chinesisches Territorium unter portugiesischer Verwaltung sei, ein solches stets gewesen sei und auch vorläufig zu bleiben habe.

Die letzten Sätze der *Version vier* habe ich an dem Tag damals, im Herbst des Bela Vista, ein zweites Mal gelesen. Weil ich ein Lachen hörte: ... *die Kommunisten lehnten dankend ab.* Das Lachen kam hinter Sachlichkeit hervor. Es war dieses Lachen, das in Synkopen kam: ... *weil nämlich Macao chinesisches Territorium unter portugiesischer Verwaltung ist* ... Ich konnte Bitternis aus dem Lachen hören. Und Augenzwinkern hinter dicken Brillengläsern sehen: ... *ein solches stets gewesen sei.* Und ich sah eine flache Hand mit Wucht zwischen Kristall und Kerzen niedergehen: ... *und auch vorläufig zu bleiben habe.* Aus dem Lachen und aus dem Zorn war ein glasklarer Verstand herauszulesen, und was ich den Notizen entnehmen konnte, schreibe ich mit meinen Worten auf: Die Frage nach dem Besitz ist dummer Streit um eines weit entfernten Kaisers Bart. Weil es nicht das Eigentum sein

Seiten 120/121: Was kommunistische Bauern erzeugen und über die Grenze tragen, kommt bei den Kapitalisten von Macao auf den Markt.

Blick über die Grenze: Ohne das Ackerland der Volksrepublik China würde Macao sterben.

darf, das ein Mensch als vorrangigen Wert in seinem Leben sieht. Vor allen anderen Werten muß die Freiheit stehen, mit der ein Mensch auf seinem bißchen Grund und Boden so schalten und so walten kann, wie er es will. Mit anderen Worten: Jede Art von Abhängigkeit ist zu vermeiden. Wer abhängig ist, erkennt den wahren Herrn und Meister an. Das ist eine Erkenntnis, die nicht nur für den Menschen gilt. Sie macht auch deutlich, wer der wahre Besitzer der vermeintlichen Provinz der Portugiesen ist: Die Abhängigkeit Macaos vom Reich der Mitte war über vier Jahrhunderte hinweg zu spüren, und vom ersten Tag bis heute hat sich daran nichts geändert. In den losen Blättern des Jesuitenpaters steht zu lesen: »Die Mandarine in Kanton ließen 1573 eine Mauer bauen, die das Kaiserreich von der Halbinsel trennte. Es gab ein einziges Tor in der langen Mauer, die Macaenser gaben ihm den Namen Porta do Cerco, und es war dieses Tor, das der Regierung in Lissabon die Abhängigkeit ihrer Enklave mit brutaler Deutlichkeit vor Augen hielt: Die Mandarine des Kaisers konnten Macao nach Belieben dulden oder sterben lassen, je nachdem, ob sie ihre kantonesischen Bauern mit den Früchten ihrer Felder durch die Porta do Cerco in die Enklave ziehen ließen oder nicht. Das Ackerland der Enklave hatte die Macaenser zu keiner Zeit ernähren können, und in unseren Tagen hat sich die Lage sogar verschlechtert. Die Zahl der Einwohner ist nämlich durch Festland-Chinesen, die auf primitiven Booten oder schwimmend vor dem Kommunismus flohen, auf ein Vielfaches angeschwollen. Die alte Porta do Cerco steht noch immer, und an dem Tag, an dem die Machthaber in Peking kein Gemüse, Fleisch und Mehl mehr durch das Grenztor lassen, muß Portugal Schiffe nach Macao senden. Oder in ihrer überseeischen Provinz gibt es eine Hungersnot.«

Die Porta do Cerco hat zu allen Zeiten auch dem Reisenden gezeigt, wer der Herr im Haus Macao ist. Das einzige Grenztor sorgte schon zu Zeiten der Kaiser auf dem Himmlischen Thron dafür, daß kein unerwünschter Fremdling die selbstverordnete Isolation ihres Reiches betreten konnte. Andererseits durfte es keinem Chinesen aus dem großen Reich verwehrt werden, in das kleine Macao hineinzuwandern. Auch diese Verordnung hat bis heute Gültigkeit, und die Funktionäre in Kanton entscheiden darüber, wer durch die Porta do Cerco nach Macao gehen darf und wem das verboten ist. Im Gegenverkehr haben die Kommunisten eine ebenso strenge Regelung getroffen. Der Einlaß in die Volksrepublik, aus Macao kommend, beschränkt sich auf zwei verschiedene Menschenarten. Die erste: Westliche Touristen mit Dollars in der Tasche. Die zweite: Macao-Chinesen, die mit ihren Spielkasinos unwägbaren Reichtum scheffeln und schon vor vielen Jahren von Peking angeworben wurden, mit ihrem Kapital die volkseigene Industrie zu finanzieren.

Beim Lesen dieser Passage in Teixeiras Blättern, im Bela Vista seinerzeit, war mir aus der steilen Handschrift das Bild von schwarzen Limousinen aufgestiegen, wie sie in langer Reihe durch das alte Grenztor fahren und auf dem Weg nach Norden sind. Das nächste Bild war der Kniefall dieser Milliardäre, und Männer in der Kleidung Maos hielten hof. Ich habe auch an die Schottin auf der Fähre denken müssen. An ihre kleine Tochter. An die *Rrrs*, die nach den *Rrrs* von Sean geklungen haben. Und auch die kranken, dürren Männer waren wieder da, wie sie über das Deck der Fähre rannten. Als sie ihren Wochenlohn auf die Spieltische der Milliardäre legten, habe ich den Kopf geschüttelt. Maria-Luz hat gefragt, warum ich lache. Ich habe nur gesagt, ach nichts.

Maria-Luz schenkte mehr von dem Rioja in mein Glas, und ich las bei Teixeira nach, wie spannend die Geschichte weiterging: Ende der achtziger Jahre bauten sich über dem Chinameer Gewitterwolken auf:

Die Geldflut der Kasinos schafft neue Unterkünfte. Die Menschenflut aus China hat bereits eingesetzt.

Tempel auf Coloane. Teixeira ist Kenner und Bewunderer der Jahrtausende alten chinesischen Mythologie.

Der Sturm brach los, als die Engländer unverhofft erklärten, 1997, bei Auslaufen ihres Pachtvertrages mit China über das Gebiet ihrer Kronkolonie, würden sie nicht nur die Stadt Hongkong aufgeben, sondern auch alle Inseln, die der Küste vorgelagert sind. Unter den Menschen von Hongkong breitete sich Schrecken aus, ob es nun Schotten waren, Engländer oder Chinesen, und Panik griff auch auf die Menschen über, die am anderen Ufer des Perlflusses zu Hause sind. Die Macaenser hielten den Atem an. Das Schicksal von Hongkong war besiegelt. Doch was hatten die Chinesen mit Macao vor? Die Leute mußten warten. Lange. Aus Peking kam kein Wort.

An dieser Stelle zeichnen die Papiere des Jesuitenpriesters ein überraschend neues Bild: Wie mit Pinselstrichen, schwarz auf weiß und mit dunklen Schatten, zeigt Teixeira die Pilgerfahrt von einer Handvoll Männern nach Peking. Es ist die gleiche Handvoll Männer, Chinesen, Macaenser, Milliardäre, Besitzer aller Spielkasinos, Kaufleute von internationalem Ruf, die am Hofe von Peking aus den dargelegten Gründen gern gesehen sind. Der Herrscher läßt die Kapitalisten wissen, daß es noch keine Pläne gibt. Möglicherweise werde das Militär die Enklave übernehmen. Andererseits könne aber eigentlich auch alles bleiben, wie es ist. An dieser Stelle sprechen die Notizen des Jesuiten von einem bemerkenswerten Sinneswandel, den die reichen Macaenser an jenem Tag in Peking erreichten: Kurze Zeit nach ihrer Pilgerfahrt erklärte die Regierung der Volksrepublik China den Vertretern Portugals am Verhandlungstisch die Gepflogenheiten vergangener Jahrhunderte für beendet. Mit dem Datum 20. Dezember 1999 werde sich Macao nebst den vorgelagerten Inseln als ›Sonderzone mit hoher administrativer Selbständigkeit‹ wieder unter chinesischer Souveränität befinden, und der Status einer autonomen Sonderzone sei als Fortbestand des wirtschaftlichen Wohlergehens der Macaenser, *und zwar aller Schichten der Bevölkerung*, anzusehen. Das Bild, von dem Historiker in der weißen Soutane für die Universitäten am Chinameer skizziert, nahm deutliche Konturen an: Zu der Abhängigkeit von Peking war zusätzlich die Abhängigkeit von den Besitzern der Spielkasinos gekommen.

Zwischen die Notizen, die ich im Bela Vista las, hatte Teixeira eine Fotokopie des Dokumentes gelegt, mit dem die Volksrepublik China sich *bereit erklärt*, die Enklave Macao am 20. Dezember 1999 wieder in Besitz zu nehmen.

Die schwarze Tusche auf dem Papier begann zu trocknen, eine Handvoll reicher Männer sah die Zukunft als gesichert an, und die Leute von Macao lebten wieder in Gelassenheit. Doch die Stille hatte keinen langen Atem. Am 4. Juni 1989 brachten chinesische Soldaten chinesische Studenten um. In Peking. Auf dem Platz des Himmlischen Friedens. Das Massaker löste Furcht bei den Menschen von Macao aus. Der portugiesische Gouverneur erklärte, Anlaß zur Sorge sei nicht gegeben, jedenfalls nicht für die Menschen unter seinem Schutz, denn jeder, der vor 1980 in Macao geboren sei, wäre ein Bürger Portugals, habe Anrecht auf einen Reisepaß und könne sich jederzeit auf den Weg nach Lissabon, Porto oder an die Algarve machen.

Ich war, auf der Terrasse des Bela Vista verstaubte Blätter ordnend, am Ende der Geschichte Portugals in China angelangt. Doch ich hatte mehr gelesen als nur das. Ich hatte die Geschichte von Teixeiras Verlassenheit gelesen.

Im Bela Vista. Teixeira und Hardy sind Kenner und Bewunderer von zwölf Jahre altem »schottischem Tee«.

BEI UNSEREN LETZTEN BEGEGNUNGEN war die Stimmung unterschiedlich. Einmal kam er überraschend in das Bela Vista, und als Maria-Luz ihm Suppe bringen wollte, hatte er unwirsch abgewinkt und ihr gesagt, sie solle ihm eine Kanne Tee servieren. Dann war er zu der Anrichte gegangen, die als eine Art Hotelbar diente, und hatte zwei Flaschen vor mich hingestellt: »*Charming young man!* Ich bin dein guter Fee und du darfst dir von drei Teesorten eine wünschen.« Er deutete auf Maria-Luz, die mit einer Kanne aus der Küche kam. »Möchtest du ... chinesischen Tee?«

Ich schüttelte den Kopf.

Er hob eine der beiden Flaschen hoch. »Möchtest du ... schottischen Tee?«

Maria-Luz lachte.

»Oder möchtest du ... portugiesischen Tee?«

Ich versuchte ernst zu bleiben und deutete auf die Flasche Portwein. Er schenkte mir ein Glas voll bis an den Rand. Maria-Luz warf Eiswürfel in sein Glas und goß Whisky darüber. Sie kannte die Gepflogenheiten des Priesters, den sie mit unverhohlener Bewunderung betrachtete. Ich konnte mir gut denken, daß sie zu den Heiligenstatuen in der Kirche von São José mit der gleichen Bewunderung aufsah. Teixeira stieß sein Glas an meines. Sein Spaß war ihm gelungen. Er freute sich wie ein Kind. Ein sechsundsiebzig Jahre altes Kind.

An einem anderen Morgen, als ich auf die Klingel neben dem Tor des Seminario gedrückt hatte, schien er mir müde. Müde und betrübt. »Es ist großes *malheur* geschehen. Die Maden haben mir großes Malheur gebracht.« Er stieg vor mir die ausgetretenen Stufen hoch. »Der Winter scheint in diesem Jahr recht früh zu kommen. Die Nächte sind schon frisch. Hast du das nicht bemerkt, die letzte Nacht?«

Ich sagte, ja, ich hätte es auch überraschend kühl gefunden, und er sagte, daß er vor Kälte kaum habe schlafen können, und als er sich einen Pullover aus der Truhe holen wollte, hat er das Malheur gesehen, und dann erzählte er mir, was vorgefallen war.

Der Priester, der wie ein Feudalherr das Seminario für sich allein bewohnt, muß als der ärmste Schlucker von ganz Macao gelten. Der Erlös aus seinen neunzig Büchern fließt in die Schule, an der er früher Lehrer war, »denn diese Rascals brauchen immer wieder Sachen für

Die Terrasse des einsamen Priesters im Seminario de São José.

die Fußballmannschaft«, sagte er, »oder für neue Bunsenbrenner, und wenn die Kinder auch nicht wissenshungrig sind, hungrig sind sie immer.« Von den beiden Soutanen, die er besitzt, ist eine ständig in der Wäsche, leider, und die andere versucht er rein zu halten, was nicht leicht ist bei dem blendendweißen Stoff. Im Winter muß er Pullover unter der Soutane tragen. Oder, wenn es schlimm kommt, zieht er zusätzlich noch einen Cardigan darüber. Nun nennt er zwar ganze Zimmerfluchten sein eigen, doch ein Schrank findet sich in diesen menschenleeren Räumen nicht. An ihrer Stelle gibt es Truhen. Truhen hat er viele. Massenhaft. Kunstvoll geschnitzt. Alt. Schön anzusehen. Und die schönsten unter ihnen hat er sich herbeigeholt. In jedem Frühjahr legt er seine wollene Wäsche in die Truhen, zusammen mit den zwei Pullovern und dem Cardigan, und wenn es Winter wird, bringt er alles wieder an den hellen Tag. Nun, genau das hat er gestern abend machen wollen, als es kalt wurde zwischen diesen alten Mauern, doch was er dann aus den Truhen hervorgezogen hat, war voller Löcher. Alles. Jedes Stück. Seine Wollsachen ließen jetzt an Schweizer Käse denken, sagte er, und die Maden seien hoffentlich verendet, als er die Truhen heute morgen auf die Terrasse, also in das Sonnenlicht, gezogen hatte. Die Köchin mußte alles auf den Fliesen ausbreiten, und als sie erklärte, es handele sich hier nicht um das Werk von Maden, sondern Motten, ist er ärgerlich geworden, denn Maden oder Motten, das sei schließlich eines und das gleiche, und die Köchin mußte sich von dannen trollen.

Heimweg von der Schule. Insel Coloane, zu Macao gehörig. Links die Küste der Volksrepublik China.

Ich dachte mir, daß es nicht so schwer sein sollte, ihn zu seinem Humor zurückzuholen, und sagte: »Vater Teixeira, ich schlage vor, wir heitern den Morgen dadurch auf, daß wir den ganzen Haufen Schweizer Käse da unten in die Tonne tun. Ich hab noch ein paar Dollar in der Tasche, amerikanische und auch Dollars von Hongkong, und die legen wir jetzt bei einem Chinesen auf den Tisch, der noch ein paar wollene Ladenhüter zu verkaufen hat.«

Dschunke, Küste eines Riesenreiches und ein ungleiches Paar.

»*Nothing doing!*« knurrte er mich an, und seine Augen blitzten wieder. »Die Dollars kannst du meiner Schule schenken. Wir werfen jetzt meinen Schweizer Käse in deinen Moke und fahren ihn zum Stopfen zu den Nonnen an der Rua da Alfandega hinunter. Die guten Schwestern haben außer Beten sowieso kaum was zu tun, und zum Dank werde ich ihnen an einem der nächsten Sonntage die Messe lesen.«

Wir machten auch diesmal alles so, wie er es haben wollte, und fuhren den Hügel hinunter zu dem Konvent der Nonnen, doch an dem Tag, als er für die frommen Frauen in der Rua da Alfandega eine Messe las, hatte ich sein Macao schon verlassen.

Die Leute in Macao sagen, daß Monsignore Teixeira oft die Messe für sie zelebriert. Auch Maria-Luz hat mit Begeisterung davon erzählt. Doch ich bin nur ein einziges Mal dabeigewesen, denn wer an welchem Sonntag in der Kirche des heiligen Josephe die Messe zelebriert, wurde nie bekannt gegeben. Und auf eine Weise, die ich nicht erklären kann, hatte Teixeira nie davon gesprochen, wann er in seine Kirche geht. Auch als ich das zweite Mal bei der Ausübung seines Priesteramtes zugegen war, geschah dies ohne Aufforderung durch ihn. Hatte eher mit der ständigen Wiederbegegnung im Lebenskreis der Vierhundert zu tun, daß ich ausgerechnet an jenem Tag in die Pousada de São Tiago zum Mittagessen fuhr, an dem er zwei junge Leute traute.

Das São Tiago ist ein gediegenes Gasthaus, das hoch über dem Hafen in die Mauern der Festung St. James hineingebaut ist. Von der Terrasse aus geht der Blick bis zum chinesischen Festland hin. Eine Quelle, aus der schon die ersten Seefahrer getrunken haben, läßt eine

Fontäne in die Höhe steigen. Der Speisesaal hat schwere, dunkle iberische Möbel, die vor weißgetünchten Wänden stehen, und was die Kellner zum Essen auf die Tische stellen, schmeckt wie bei den Leuten daheim in ihrem Portugal. Der *patron*, der an den Mann von La Mancha denken läßt, hat gleich am ersten Tag zu mir gesagt, daß er deutsches Bier ausschenkt, Jever Pils, und seit dem Tag habe ich oft in seinem Speisesaal gesessen.

Nicht weit vom Speisesaal entfernt, nur einen kurzen Weg an der Mauer der Festung St. James entlang, ist eine kleine Kapelle in den Fels hineingebaut, und als ich an jenem Tag daran vorüberging, sah ich Monsignore Teixeira im Meßgewand vor dem hohen, dunklen Kreuz, wie er einem jungen Paar den Segen gab. Die Braut war ganz in Weiß, und und der Bräutigam im Smoking, und als die Braut den Schleier hob und der Mann sie küßte, sah ich in dem halben Licht, daß es Japaner waren, die sich ihr Gelöbnis in der Kapelle gaben. Nach der Trauung nahm der Jesuitenpater an einem langen Tisch, an dem ausschließlich Japaner saßen, das Hochzeitsmahl mit den jungen Leuten ein. Ich wartete auf ihn, denn der Fußweg zu seinem Seminar wäre in der grellen Sonne weit gewesen. Im Moke dann, später, habe ich gefragt, ob es oft vorkomme, daß japanische Katholiken zur Trauung an diese abgelegene Küste kämen, und er hat nur still geschmunzelt. »Es kommt oft vor, daß sich Japaner von mir

Schinto-Gläubige, die sich katholisch trauen lassen. Teixeira zu Hardy: »Vor Gott sind alle Ehepaare gleich ...«

trauen lassen wollen«, hat er dann gesagt. »Aber es kommt so gut wie niemals vor, daß es Katholiken sind.«

Als er meine Überraschung spürte, fügte er hinzu: »Wer getraut sein will, der wird getraut.« Mehr hat er nicht sagen wollen. Im Moke fand er den Motor laut. Erst als wir wieder in seinem Arbeitszimmer waren, sprach er von dem Anlaß für die Hochzeit der Japaner: Die jungen Leute waren aus Kioto angereist. Sie hatten sich schon zuvor im geachteten Matsunoo-Schrein nach Schinto-Riten trauen lassen, denn sie folgten durchaus gläubig dem *kami no michi*, dem ›Weg der Gottheiten‹, doch wollten nun, zu Beginn der Hochzeitsreise, auch noch den Segen jenes Gottes erflehen, der in jungen Jahren die Schuld der Menschen auf sich genommen hatte und am Kreuz gestorben war. Es kam immer häufiger vor, daß junge Schinto-Paare zu einer Christen-Trauung in die Kapelle der Pousada de São Tiago kamen, denn der Jesuit von Macao hatte schon vor Jahren im Gebet erfahren: »Ob Schinto oder Katholik, vor Gott sind alle guten Ehen gleich.«

... und Teixeira an einem anderen Tag zu Hardy: »Vor Gott sind auch alle Freunde gleich.«

DER TAG, AN DEM TEIXEIRA die Japaner traute, liegt heute, wo ich die Geschichte niederschreibe, ewig weit zurück, doch ich sehe ihn noch immer in seinem hellgrauen Arbeitszimmer stehen und höre bis heute seinen knappen Satz von Gott und guten Ehen. An der Wand hing ein Farbfoto von Papst Johannes.

»Papa Giovanni kam aus einem Dorf von Bauern mit vielen Kindern«, sagte ich. »Wenn ich nicht irre, haben Sie das mit ihm gemein.«

Teixeira nickte. »Er ist ein guter Denker gewesen. Ein Denker, der Reformen wagte. Leider hat er nicht lang genug gelebt.«

»Ich habe ihn kennenlernen dürfen«, sagte ich. »Kurz vor seinem Tod. Der Anlaß ist eine Audienz gewesen. Sie wurde zu einem merkwürdigen Ereignis in meinem Leben.«

»Das glaube ich«, sagte Teixeira still. »Ich beneide dich darum.«

Wenige Tage danach war meine Zeit in Macao um. Teixeira fuhr mit mir zu Graham Blakey, als ich meinen bunten Moke wieder zu den

Abschied von Teixeira. Die Fotografin dieses Buches wünscht ihm ein langes Leben.

anderen stellte. Dann lief er neben mir zur Fähre. Als ich an Bord ging, winkte er ein letztes Mal. Nein, es war kein Winken. Ich glaube, daß er mir seinen Segen gab. Doch das ist nicht das letzte Bild von ihm, das mir in Erinnerung geblieben ist. Das letzte Bild ist hell und grau und zart. Auch etwas verwaschen. Wie ein Aquarell. Ich war ein letztes Mal in seinem Arbeitszimmer, und er sagte, daß er mich noch zur Fähre bringen werde. Wir stiegen die ausgetretenen Stufen zum Wandelgang hinunter, und beim Einbiegen in den Korridor verharrte er. Ich wollte ihn fragen, warum, und sah wieder dieses Lächeln, das an Kinderlächeln denken ließ. »Willst du mit mir um die Wette laufen?« fragte das Kind.

»Wohin?« fragte ich, und er sagte: »Zur Tür, wohin denn sonst, und wer als erster da ist, der gewinnt.«

Er stützte die Hände auf die Knie, wie Langstrekkenläufer es auf Aschenbahnen tun, und begann zu zählen. »Eins ... Zwei ...« Bei »Drei« lief er los. Ich blieb stehen. Und sah seinen Schritten nach. Schnell. Kurz. Hart. Ich sah dem Rudern seiner Arme zu. Es war das Rudern seiner Arme auf der Taipa-Brücke, als er sich über mich geärgert hatte. Ab und an fiel Licht durch hohe Fenster in den sonst dunklen Gang. Der Mann in Weiß tauchte von Helligkeit in Schatten ein und ein Stück danach in Sonnenlicht. Dann blieb er stehen. Die Tür machte um ihn einen Rahmen. Der frühe Morgen hinter ihm war so weiß wie die Soutane. Er drehte sich um und nahm zur Kenntnis, daß er gewonnen hatte. Es war ihm anzusehen, daß ihn das freute. Dann hob er, wie zur Entschuldigung, die Arme hoch.

»Der Sieger ist ...«, sagte ich und mußte lachen: »... das Gespenst von Macao!«

»Das Gespenst von Macao!« rief er wie zur Bestätigung.

Die Wände warfen seine Stimme hin und her. Das Licht des frühen Morgens legte sich um ihn herum. Das Licht wurde hell und heller und lief über den Mann in Weiß hinweg. Danach habe ich ihn in dem Aquarell meiner Erinnerung nur noch ahnen können. Sehen konnte ich ihn dann nicht mehr.

LOUISIANA LOVE STORY

Liebe und Geduld sind Zwillings-schwestern.

Tony Russo hatte im Gericht auf mich gewartet. Es war spät am Vormittag. Bis zum Treffen mit Linda blieb noch Zeit. Wir suchten nach einer Straße, die Bäume mit breiten Kronen hatte, und machten uns gemächlich durch den Schatten dieser Bäume auf den Weg zum Fluß. Alle zehn Minuten polterte eine Straßenbahn an uns vorbei. Es waren diese dunkelgrünen elektrischen, die ohne Anhänger fuhren, denn selbst in den Triebwagen saßen um die Mittagszeit hinter dem Fahrer nur wenig Leute. Sie hatten die Fenster in den Holzrahmen weit nach oben geschoben. Es war August, und wenn der Sommer zu Ende geht, sind heiße Tage in New Orleans keine Seltenheit.

Tony ging ein wenig nach vorn gebeugt. Er ist kräftig gebaut, fast quadratisch, nicht sonderlich groß, aber mit breiten Schultern. In der Football-Mannschaft seines Colleges hatte er die Position des *tackle* gespielt, in der *offensive line,* und das sind die Kerle, die mit der Wucht ihres Gewichtes den *quarterback* verteidigen oder mit viel Behendigkeit eine Bresche für ihren *running back* in den Gegner treiben. Es ist eine Eigenart des *tackle*, den Kopf nach vorn zu nehmen. Die Schultern für den Aufprall mit dem Gegner breit zu machen. Die Arme seitlich abgespreizt zu schwingen. Wer das einmal gelernt hat, geht sein ganzes Leben so.

Tony sagte: »Linda ist eine wunderbare Frau. Sie war lange fort, zweiundzwanzig Jahre sind eine lange Zeit, die hinterlassen Spuren, aber du wirst sehen, was für eine wunderbare Frau sie ist.« Er warf einen Blick über die Schulter zu dem Chrysler hin, der am Bordstein angehalten hatte. Der Fahrer ließ die Fensterscheibe nach unten rollen und legte den Kopf wie zu einer unausgesprochenen Frage auf die Seite, aber Tony winkte ab. »Es gibt nichts, Alvin. Ich wollte nur mal sehen, ob du noch da bist.«

»Aber ja, *judge*«, sagte der Fahrer, »Sie haben doch gesagt, ›verlier uns nicht aus den Augen, Alvin, komm immer schön langsam nach‹.«

Tony und Linda. Mit ihren Bildern beginnt die ungewöhnliche Geschichte eines Richters in den Südstaaten. Es ist die Geschichte einer lebenslangen Liebe. Wenn sie sich nicht zugetragen hätte, könnten wir sie für ein Märchen halten.

»Wird der Motor heiß?« fragte Tony, und Alvin sagte: »Wenn einer so langsam fahren muß, wird der Motor schon mal heiß.«

»Aber nicht besorgniserregend?«

»Nein. Auf keine Weise schlimm.«

Tony nickte und ging weiter. Alvin kam näher und fuhr eng am Bordstein neben uns her. Sein Sitz war weit zurückgeschoben, und er saß in dem Auto wie einer, der sich beim Fahren faul herumräkelt, aber das lag daran, daß er mit seinen Einmeterachtundneunzig nicht aufrecht sitzen konnte, ohne mit dem Kopf an die Decke zu stoßen. Der Mann hatte ein Gesicht wie die Sklaven auf den Plantagen, wie die Baumwollpflücker auf alten Aquarellen, vor hundert Jahren. Ich hatte schon viele Schwarze gesehen, aber noch nie einen, der so schwarz wie Alvin war.

Tony sagte: »Den Namen Linda habe ich seit zweiundzwanzig Jahren nicht mehr über die Lippen gebracht. Hast du den Namen Linda je von mir gehört?«

»Nein«, sagte ich. »Du wirst deine Gründe haben.«

»Nur einen Grund«, sagte Tony. »Ich habe sie geliebt. Selbst dann noch, als sie fortgegangen war. Ich habe niemals aufgehört, an sie zu denken. Aber ihren Namen habe ich nicht mehr ausgesprochen. Auch die anderen haben ihren Namen nicht mehr nennen dürfen. Die Jungs aus der Klasse, unser Abgangsjahrgang zweiundfünfzig. Du kennst sie alle. Clarence, Bertram, Wallace und die anderen zwanzig, alle. Ich glaube, daß sie alle in Linda verliebt gewesen sind. Jedenfalls ein wenig, und nur insgeheim. Ich habe das gut verstehen können. Sie war erst fünfzehn, doch sie hatte bereits die *allure* einer Erwachsenen.« Er lächelte. »Linda. *Sweet fifteen.* Und weitaus schöner, als die anderen Mädchen, jedoch von einer Schönheit, die niemandem als aufdringlich erschien. Bei den *Wild Wagoosis* ist sie nie dabeigewesen. Sie hielt unsere ganze Art für ordinär. Es geht auf eine Idee vom mir zurück, diese Gründung der *Wild Wagoosis*, und dennoch hat Linda niemals mitgemacht. Wir Jungs haben uns die Gesichter schwarz angemalt und sind in unsere Fellkostüme gestiegen, beim *Mardi Gras*, weißt du das noch?«

»Nein«, sagte ich, »damals bin ich nicht dabeigewesen.«

Er blieb stehen. »Was für ein Dummkopf ich doch bin.« Er schlug sich mit der flachen Hand vor die Stirn. »In meiner Schulzeit haben wir uns ja noch nicht gekannt.« Auf seiner Stirn standen Schweißtropfen, obgleich ihm die Hitze nichts auszumachen schien. »Unser Mardi Gras ist das, was bei dir zu Hause Fasching ist, oder Karneval. Soviel wirst du doch wohl wissen über unser Mardi Gras, oder etwa nicht?«

Alvin. Der schweigsame Schatten des Richters.

Ich sagte ihm, soviel sei mir allerdings bekannt, und Tony meinte: »Am *Fetten Dienstag* spielt die ganze Stadt verrückt. Alle ziehen sich irgendwelche Kostüme an und tanzen die Bourbon Street entlang oder die Royal Street oder ziehen durch die anderen Gassen im Vieux Carré, und wir von den alten Zweiundfünfzigern sind die Wilden Wagoosis.« Er sah zum Chrysler hin. »Alvin kann nicht verstehen, warum wir uns schwarz anmalen. Alvin würde alles geben, ein Arm und ein Bein würde er geben, wenn er ein Weißer sein könnte, und letztes Jahr hat er gesagt: ›Nun sieh sich das einer bloß mal an, lauter reiche Männer, Rechtsanwälte, Architekten oder Chirurgen – und malen sich die Gesichter schwarz!‹«

Tony schüttelte den Kopf und lachte. Alvin ließ die Scheibe runter und wollte wissen, ob es etwas geben würde. »Eigentlich nicht«, meinte Tony, »wir reden von den Wild Wagoosis.« Alvin sagte: »O mein Gott« und legte die Stirn auf das Lenkrad.

»Wir sind alle noch zusammen«, sagte Tony, »nur Jack hat uns verlassen, letztes Jahr mußten wir ihn beerdigen, aber sonst sind alle Zweiundfünfziger noch zusammen. Es ist eine Freundschaft, die in der Highschool angefangen hat. Und die anhält. Jetzt ist jeder so Mitte Fünfzig, mit Frau und Kind, oder auch geschieden, aber die Freundschaft unter den Jungs der alten Klasse hält noch an. Und keiner hat jemals New Orleans verlassen. Nicht ein einziger. Kannst du dir das vorstellen?« Ich sagte ihm, für einen wie mich sei das nur schwer vorstellbar, aber Tony meinte: »Verlaß dich drauf, daß es so ist.

Die Schulklasse des Richters. Männer, die freundschaftlich beisammen blieben. Zum Karnevalsumzug malen sie sich alljährlich die Gesichter schwarz. Alvin bringt dafür kein Verständnis auf.

Highschool, College, Universität, alles haben wir in New Orleans absolviert. Keiner hat eine Lehre in einer anderen Stadt gemacht. Wer hier geboren ist, der bleibt auch hier. Was sollten wir woanders finden, was es hier nicht gibt? Wir haben alles, was ein Mensch zum Leben braucht: Das Wetter ist gut, und zwar das ganze Jahr hindurch. Der *Old Man River* bringt uns Fische. In den Bayous brüten Alligatoren. Bären und Rehe leben in den Sümpfen. Unsere Häuser haben stille Innenhöfe. Die Wohnviertel werden sauber gehalten. Womit ich nicht behaupten will, daß wir keine Armut kennen. Daß wir keine Sorgen haben, Arbeitslose oder Kriminalität. Es gibt bei uns genau so viele Sorgen, wie es in anderen Ländern gibt, doch wenn es mal zuviel wird mit der Grüblerei, dann haben wir eine leichte Art, uns darüber hinwegzuhelfen. Wir trösten uns bei unserem Jazz oder flüchten zu unseren Malern oder Dichtern. Denk nur mal an Sydney Bechet oder Louis Armstrong, an Tennessee Williams oder William Faulkner, Mark Twain und sogar Gertrude Stein; sie alle haben hier bei uns gelebt.«

Die Geschichte hat sich am Mississippi zugetragen, einem Strom, der zeitlos scheint.

Er blieb stehen. Vor einer Seitenstraße war eine Ampel auf Rot gesprungen. Eine Pferdedroschke mit Touristen fuhr an uns vorüber. »Als ich ein kleiner Junge war, gab es eine Frau, eine Kreolin, die als

Von Jugend an war dem Richter sein New Orleans vertraut, die stillen Innenhöfe ebenso wie die Neugier der Touristen und das Zusammenleben mit Menschen, die viele Kinder, Gott und Voodoo wollten.

ebenso schön wie geistreich galt. Auf die Frage eines ihrer Kavaliere, warum sie nicht verreise, soll sie geantwortet haben: ›Wieso verreisen? Ich bin doch längst dort angekommen, wohin andere Leute reisen.‹«

Bei der nächsten Kreuzung sprang die Ampel auf Rot. Außer dem Chrysler hatte kein anderes Auto die Kreuzung erreicht, aber Tony bestand darauf, daß wir erst bei Grün losgingen.

»Ein jeder von uns hat so empfunden«, sagte er, »wir hatten keinen Grund, aus New Orleans fortzugehen. Nicht ein einziger von uns ist ausgewandert. Keiner. Außer Linda. Als sie fort war, haben die Wagoosis ihren Namen nicht mehr nennen dürfen. Nicht in meiner Gegenwart. Auch unser Lied hat keiner spielen dürfen. Wir hatten ein Lied, Linda und ich. Wir waren verliebt und hatten ein Lied. Als sie fort war, hat es niemand mehr spielen dürfen.« Er sah mich von der Seite an. »Rate mal, wie das Lied geheißen hat.«

Ich sagte: »Wie soll ich das raten?« Und dann sagte ich: »*Moonlight Serenade.*«

Er schüttelte den Kopf. »Du hättest leicht drauf kommen können.« Er begann, eine Zeile vor sich hinzusingen. »*When I go to sleep, I never count sheep, I count all the charms about Linda.*« Er lachte leise vor sich hin. »Du wirst es nicht sehr einfallsreich nennen, aber wir haben uns ein Lied ausgewählt, das *Linda* hieß. *Lovesong for Linda.* In den frühen Fünfzigern haben sie es immer wieder am Radio gespielt. Alle möglichen Stars haben Platten damit aufgenommen. Du wirst dich noch erinnern.« Ich sagte ihm, daß ich mich nicht erinnere, und er sang noch eine Zeile. »*I walk down the street, my heart skips a beat, I say to myself ›Hello, Linda‹.*« Seine Stimme klang überraschend hell. Er hatte ein rundes Gesicht mit einem buschigen Schnauzbart, und ich hatte eine tiefe Stimme erwartet, besonders bei der Zeile, wenn er die Straße entlang geht und sein Herz bleibt ihm stehen und er sagt zu sich selbst, ›*Hello, Linda*‹, aber seine Stimme war so hoch wie die bei einem Chorknaben.

Von der nächsten Kreuzung aus war der Fluß zu sehen. Ich sagte: »Wir sollten den Deich entlang gehen. Zwischen den Häusern hier steht die Luft heiß und unbewegt, aber oben auf dem Deich gibt's immer etwas Wind.« Tony winkte Alvin heran und sagte, daß wir über den Riverwalk schlendern würden, und weil der für Fahrzeuge gesperrt ist, solle Alvin die North Peters Street nehmen und bei Grecco's auf uns warten.

In den Jazz Joints gab es Ella, Satchmo, Dixie, lauten Blues. Und wer die Stille wollte, konnte am Mississippi-Delta in die Bayous gehen (nächste Seiten).

Das Grecco's war unser *hang out*, wie die Amerikaner sagen. Wir gingen nur ganz selten mal woanders hin. Es gehörte einem von diesen Wilden Wagoosis. Sein Name war Clarence, und Tony hatte seit der Highschool eine Vorliebe für ihn. Das Grecco's ist ein unscheinbares Haus, das mit dem Rücken zum Mississippi steht. Nach vorne ist es dem Farmer's Market zugewandt, und seit Clarence ein paar dunkelgrüne Markisen über den Fenstern angebracht hat, sieht sein Lokal einladend aus, was dazu führte, daß Touristen vor der Speisekarte stehen blieben, die neben der Eingangstür ausgehängt war. Die Preise waren normal zu nennen, für jedermann erschwinglich, und die Touristen bestellten meist die Gerichte aus der Region, also Jambalaya oder geschwärzten Fisch. Es gab auch Gumbo oder Austern aus dem Golf, aber ich bestellte meist geschwärzten Fisch. Die Leute sagen, daß es ein Cajun aus den Bayous war, der die Art erfunden hat, den Fisch von außen schwarz zu machen. Sein Name ist Paul Prud'homme, und die Wahrheit ist, daß er das Gericht gar nicht »erfunden« hat. Die Wahrheit ist, er hat den Fisch verbrannt. Einen Catfish. Mit einer voll aufgedrehten Gasflamme hatte er ihn von außen bräunen wollen, aber weil er nicht acht gegeben hat, war der Fisch mit einem Mal kohlschwarz geworden. Doch nur von außen. Innen war er saftig. Rosa. Frisch. Gut gewürzt. Und gerade richtig

Grecco's Restaurant im Alten Viertel. Es gibt für die Geschichte den Rahmen ab.

durchgekocht. Seither bestellen die Leute das Gericht, weil sie es »typisch cajun« nennen, auch wenn Prud'homme sagt, mit Cajun hat das nichts zu tun, der Catfish ist ihm ganz einfach angebrannt.

Wir gingen jetzt etwas langsamer, denn es blieb noch Zeit, bis wir Linda treffen sollten. Wir erreichten den Fluß an der Stelle, wo die Raddampfer an ihren Leinen liegen und auf Touristen warten. Von Norden her kam eine leichte Brise. Ich knöpfte mein Hemd auf und wischte mir den Schweiß vom Hals. Zwischen dem Riverwalk und dem anderen Ufer ist der Mississippi ziemlich breit. Das andere Ufer hatte vor langer Zeit den Namen ›Algiers‹ bekommen. Neben Schiffswerften und Fabriken standen armselige Häuser. Da drüben lebten Menschen, die auf Arbeit hofften. Früher waren das da drüben Sümpfe. Jagdgründe der Indianer. »Früher« ist fünfhundert Jahre her. Die Algonquin haben damals in dem trägen Strom gefischt. Sie fügten die Worte *misi* und *sipi* zu einem neuen Wort zusammen. *Misi* war in ihrer Sprache »groß«. Und *sipi* bedeutete für die Algonquin »Wasser«.

Clarence Grecco, Jugendfreund des Richters und Besitzer des weltbekannten Restaurants.

Tony sah zu einem Schlepper hin, der einen Lastkahn flußaufwärts zog. Die Strömung machte dem gedrungenen Schiff zu schaffen.

Es war die Frage, ob die Algonquin kein Wort für »schlammig« kannten. »Großes schlammiges Wasser.« Der Name hätte gut gepaßt. Auch das Wort »braun« wäre dem Bild gerecht geworden. Denn das »große braune Wasser« war einen weiten Weg gekommen. Damals so wie heute. Der *misisipi* brachte braunes Erdreich mit, das der Regen ihm von den Äckern in Minnesota oder Iowa und sicher auch im Staat Missouri zugespült hatte. Damals so wie heute.

Tony sagte: »Es ist ein Wunder, daß wir uns je begegnet sind.« Er sah noch immer zu dem Schlepper hin. Der Schlepper kam kaum von der Stelle. »Oder es war eine Fügung. Falls du verstehst, was ich damit meine.«

Ich gestand ihm ein, daß ich den Faden verloren hatte, oder den Zusammenhang in unserem Gespräch, und Tony sagte: »Linda.«

»Ach ja richtig.« Es tat mir leid, daß ich den Zusammenhang in unserem Gespräch verloren hatte.

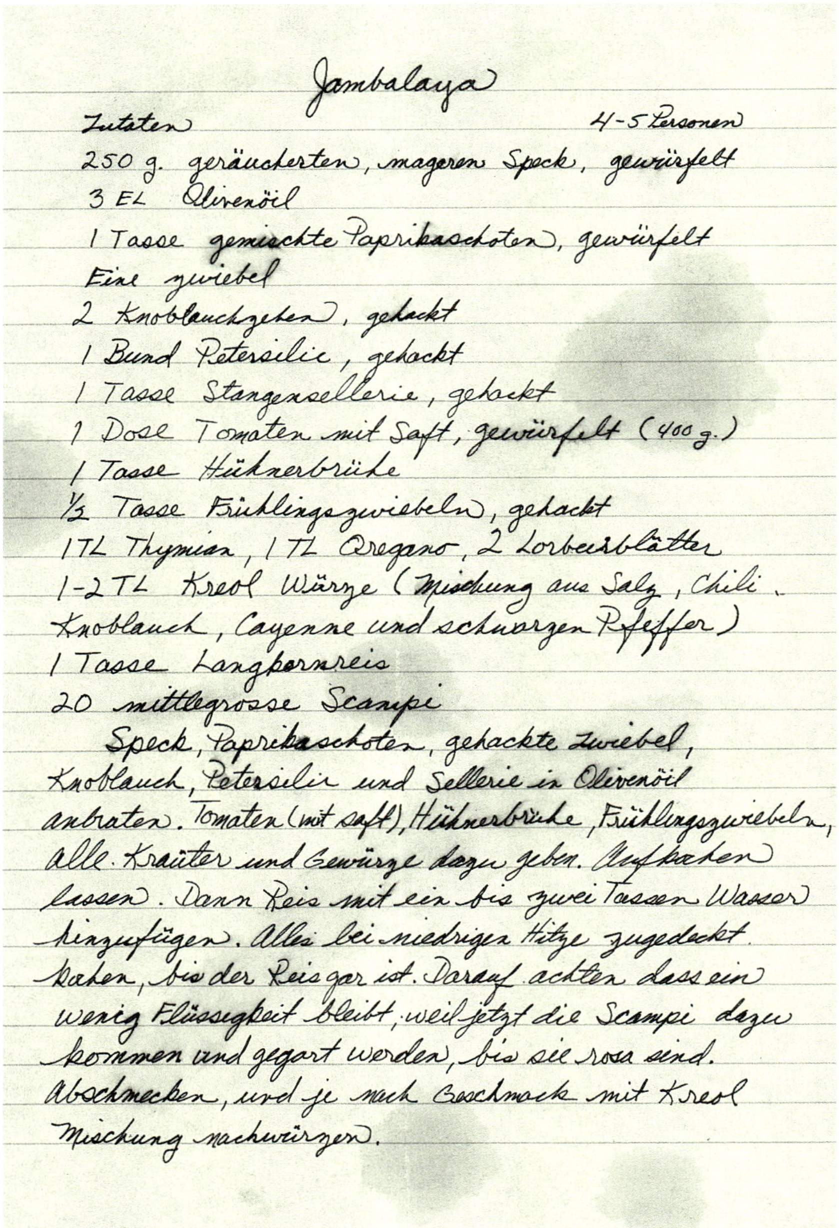

Jambalaya

Zutaten 4-5 Personen

250 g. geräucherten, mageren Speck, gewürfelt
3 EL Olivenöl
1 Tasse gemischte Paprikaschoten, gewürfelt
Eine zwiebel
2 Knoblauchzehen, gehackt
1 Bund Petersilie, gehackt
1 Tasse Stangensellerie, gehackt
1 Dose Tomaten mit Saft, gewürfelt (400 g.)
1 Tasse Hühnerbrühe
½ Tasse Frühlingszwiebeln, gehackt
1 TL Thymian, 1 TL Oregano, 2 Lorbeerblätter
1-2 TL Kreol Würze (Mischung aus Salz, Chili, Knoblauch, Cayenne und schwarzen Pfeffer)
1 Tasse Langkornreis
20 mittelgrosse Scampi

Speck, Paprikaschoten, gehackte Zwiebel, Knoblauch, Petersilie und Sellerie in Olivenöl anbraten. Tomaten (mit saft), Hühnerbrühe, Frühlingszwiebeln, alle Kräuter und Gewürze dazu geben. Aufkochen lassen. Dann Reis mit ein bis zwei Tassen Wasser hinzufügen. Alles bei niedrigen Hitze zugedeckt kochen, bis der Reis gar ist. Darauf achten dass ein wenig Flüssigkeit bleibt, weil jetzt die Scampi dazu kommen und gegart werden, bis sie rosa sind. Abschmecken, und je nach Geschmack mit Kreol Mischung nachwürzen.

Greccos Kochrezept des Eintopfes der Kreolen mit der Bezeichnung Jambalaya wird von der Fotografin zum Nachkochen empfohlen.

»Manchmal denke ich, es ist eine Fügung gewesen, daß wir uns überhaupt begegnet sind«, sagte Tony, »denn Linda stammt aus einer Gegend vor der Stadt, die ländlich ist und Jefferson heißt. Wer da lebt, kann sich ein Pferd halten und Gemüse anpflanzen. Ich komme aus dem 9. Bezirk. Das Haus, in dem ich geboren bin, habe ich dir gezeigt. Du erinnerst dich?« Ich gab ihm zu verstehen, daß ich mich sehr gut erinnere. »Du wirst es nicht für möglich halten«, sagte Tony, »aber es war das beeindruckendste Haus im ganzen Bezirk. Mit einer Veranda auf der Straßenseite und einem weißen Zaun als Abgrenzung. Das Fenster meines Zimmers war aus buntem Glas, mit dekorativen Mustern, die an viktorianische Tage erinnerten. Ich sage dir, es war ein wunderbares Elternhaus. Heute ist es heruntergekommen. Der ganze 9. Bezirk ist heruntergekommen, du hast es selbst gesehen. In meiner Jugendzeit waren alle Häuser immer frisch gestrichen. Wir nannten sie ›Schrotflintenhäuser‹, weil die Zimmer in einer Reihe hintereinander lagen. Einen Korridor hat es aus Platzersparnis in keinem Haus

Die meisten Leute leben in Häusern, die sie shotgun *nennen.*

gegeben, und wenn vorn und hinten und zwischen den Zimmern alle Türen offenstanden, hättest du eine Doppelläufige abschießen können, und kein bißchen Blei aus dem Schrot hätte auch nur einen einzigen Türrahmen getroffen. Abends haben die Leute sich gegenseitig besucht und auf den Treppenstufen vor ihren Häusern gesessen. Die Endstation der Straßenbahn *Desire* war zwei Minuten zu Fuß von meinem Elternhaus, du erinnerst dich an das Stück *Endstation Sehnsucht*? Vielleicht hast du es ja sogar selbst gespielt. In New York war der Titel *A Streetcar Named Desire*, und Tennessee Williams hat den Titel hier bei uns gefunden. Er hat ja lange in New Orleans gelebt und kannte die Straße mit Namen *Desire*. Sie fängt im French Quarter an und hört im 9. Bezirk auf. Ich bin sicher, daß die Straße nach jener *Desirée* genannt wurde, die mit Napoleon dem Ersten verlobt gewesen ist, aber wie du weißt, brauchst du *Desirée* nur englisch auszusprechen, und schon wird ›Sehnsucht‹ daraus. Wie auch immer, der 9. Bezirk war damals eine gute Wohngegend, hauptsächlich Italiener, aber auch Iren haben dort gelebt, und ein

Die Straßenbahn mit Namen »Sehnsucht« war in seiner Kindheit für den Richter nur eine Endstation der Schienen in der Desire Street. Das Theaterstück von Tennessee Williams, A Streetcar Named Desire, *lernte er erst kennen, als seine Linda ihren eigenen Weg gegangen war.*

Der Richter hat seine Stadt niemals verlassen wollen. Er liebt das French Quarter und die Villen aus der Zeit der reichen Sklavenhändler und sagt, daß sein Leben so geruhsam wie der Mississippi ist (Seite 154).

großer Teil waren Deutsche. Fast alle sind um die Jahrhundertwende eingewandert. Mittellos sind sie angekommen, aber alle haben es zu etwas gebracht. Mein Großvater, um nur ein Beispiel mal zu nennen, kam mit seiner Braut aus einem kleinen Dorf in Sizilien, und in meinem Elternhaus wurde fast ausschließlich Italienisch gesprochen. Meine Mutter war eine strenge Frau. Wir Kinder hätten es nie gewagt, ihr zu widersprechen. Mein Vater hatte einen Autohandel, Gebrauchtwagen ebenso wie neue. Sein Geschäft war in der Canal Street, im Herzen der Stadt. Er hat es erst vor ein paar Jahren abgegeben, aus Altersgründen. Mein Papa ist immer das große Vorbild für mich gewesen. Die Liebe zu alten Autos muß er mir wohl an der Wiege gesungen haben. Du kennst die beiden Sportwagen in meiner Garage. Ich habe sie mir aus alten Teilen selbst zusammengebaut. Als ich zwölf Jahre alt war, habe ich damit angefangen. In der Canal Street. In der Werkstatt meines Vaters.

In den Vorgarten seines Elternhauses ist der Richter in seinen späteren Jahren nur noch selten zurückgekehrt.

Das New Orleans von damals war anders als die Stadt, wie du sie heute kennst. Junge Leute haben damals den Bezirk nicht verlassen, in dem sie aufgewachsen sind. Es gab unsichtbare Grenzen, und die hast du nicht überschritten. Meine Grenzen waren das Ufer am See Ponchartrain, der Kanal und der Mississippi. Auf der vierten Seite waren Felder. Wenn du die Luftlinie nimmst, ist es kein weiter Weg zwischen Lindas Jefferson und meinem 9. Bezirk, aber wenn du in jenen Jahren ein Teenager warst, lag Jefferson am weit entfernten anderen Ende deiner Welt. Meine Welt war die Schule, ich bin gerne hingegangen. Der Mississippi hingegen hat mir in meiner Jugend kaum etwas bedeutet. Wegen der Lagerhallen hast du ihn von der Straße aus kaum sehen können, und wenn du schwimmen wolltest, wurde die Strömung des Mississippi zu deinem ärgsten Feind. Wenn wir schwimmen wollten, haben wir uns im Kanal rumgetrieben, da gab es immer sauberes Wasser, und wenn wir vor dem elterlichen Abendessen Hunger kriegten, haben wir uns Krabben aus dem Pontchartrain gefischt. Sonntags war Kirche, wer aus Sizilien stammt, ist katholisch, und das Zusammensein mit der Familie ist am Sonntag ebenso wichtig wie das Gebet. Die Samstage, um die noch zu erwähnen, blieben dem Abenteuer überlassen. Samstags wagten sich die Boys vom 9. Bezirk auf ihren Fahrrädern in das feindliche Ausland jenseits ihrer unsichtbaren Grenzen vor. Wir standen am Rand des Vieux Carré und fragten uns, was das wohl für Menschen sind, die mit einem Sarg auf den Schultern tanzten und bei Jazzmusik, mit lachenden Gesichtern, so einen Sarg zum Friedhof trugen. Oder wir radelten auf der uns fremden Seite des Mississippi den Deich entlang bis zu dem Schlachtfeld von Chalmette und gruben verrostete Kanonenkugeln und halbzerschossene Schädel aus dem Sand. In der Schule hatten wir gelernt, daß im Jahre 1815 eine waffenstarrende Armee der Briten von den armselig ausgerüsteten, wild zusammengewürfelten Amerikanern unter General Jackson in der Schlacht von New Orleans vernichtend geschlagen wurde und ein für alle Mal das Land verließ. Die Schlacht von New Orleans war in der Weltgeschichte die letzte kriegerische Auseinandersetzung, die Amerikaner und Briten miteinander ausgetragen haben. Andrew Jackson, Held von Chalmette, kam daraufhin ins Weiße Haus. Bei einem Schulausflug habe ich ihn im French Quarter auf seinem Bronzepferd gesehen. Du kennst das Denkmal. Es steht auf dem Jackson Square. Im Ursprung war der Platz ein Exerzierplatz der verschiedenen Armeen, der französischen und der spanischen, je nachdem, wer Louisiana und den Mississippi gerade für seine Nation in Anspruch nahm. Als die Franzosen New Orleans erbauten, hieß er *Place d'Armes,* und unter der spanischen Besatzung stand auf den Schildern die recht einfallslose Übersetzung *Plaza de Armas* zu lesen. Irgendwann in diesem Hin und Her war dann Frankreich wieder einmal der Besitzer, und zwar zu Napoleons Zeiten. Man schrieb das Jahr 1803, und Napoleon Bonaparte schickte sich an, über ganz Europa herzufallen. Doch so ein großangelegter Feldzug kostet Geld, also hat sich Bonaparte für seine Kolonie Louisiana nach einem Käufer umgesehen. Der einzige, der Interesse

Als er noch in die Schule ging, lernte der Richter, daß die Schlacht von Chalmette seinen Heimatstaat endgültig amerikanisch werden ließ. Beim Ausgraben zerfetzter Schädel aus dem Erdreich von Chalmette lernte der Knabe, daß Sieger und Besiegte nicht mehr zu unterscheiden waren.

zeigte, war der Präsident im Weißen Haus, Thomas Jefferson. Die Yankees brauchten an der Mündung ihres Mississippi einen Hafen, der die Einfahrt in den Strom beherrschte. New Orleans war ihnen die fünfzehn Millionen Dollar wert, die Napoleon als Kaufpreis nannte. Was daraus wurde, kannst du getrost das Geschäft mit einer Immobilie nennen, ganz genau wie bei kleinen Leuten auch: ›Du gibst mir Geld und ich gebe dir mein Grundstück.‹ Nun ist es aber eine bedauernswerte Tatsache, daß die Amerikaner während ihrer gesamten Geschichte knapp bei Kasse waren. Nicht nur heute. Immer schon. Auch im Jahre 1803. Also suchte Präsident Jefferson einen wohlmeinenden Bankier und fand ihn auch. Woraufhin ein Kuriosum seinen Anfang nahm: Die Amerikaner ließen sich ihre Hypothek in *Old Europe* geben. Von einer Bank in Amsterdam. Und mit diesen fünfzehn Millionen Dollar hat Napoleon seine Truppen dann in Marsch gesetzt. Hat sich ganz Europa einverleibt. Unter anderem auch ... die Bank in Amsterdam.«

Die Ausflüge der Schüler aus dem 9. Bezirk endeten regelmäßig vor Andrew Jackson, dem Sieger von Chalmette.

Tony sah mich von der Seite an. Listig. Ich mußte lachen und sagte, daß ich jetzt weiß, wie er aussah, als er noch zur Schule ging. Als er

Der Geschichtslehrer in der Highschool erzählte mit Vergnügen, daß Präsident Jefferson (links) im größten Immobiliengeschäft der Weltgeschichte das Land Louisiana von Napoleon (rechts) gegen bare Münze kaufte.

Der Mississippi, längster Strom der Staaten, war zu allen Zeiten bestimmend für das Schicksal von Louisiana und der Stadt New Orleans, im Guten wie im Bösen.
Wegen seiner strategisch wichtigen Lage an der Mündung des Mississippi in den Golf wechselten Land und Stadt immer wieder den Besitzer.

Missouri
Mississippi
LOUISIANA
MISSISSIPPI
LOUISIANA
Mississippi
Lake
Pontchartrain
New Orleans
GOLF VON MEXIKO
N
40 km

noch der Lausejunge mit einem breiten Grinsen war. Worauf Tony meinte, Linda hätte ihm das gleiche auch schon mal gesagt. Danach legte sich seine Stirn in Falten. »Ich habe den Faden verloren«, sagte er, »den Zusammenhang in unserem Gespräch.«

»Du hast von eurem Schulausflug gesprochen«, sagte ich. »Ihr habt Andrew Jackson auf seinem Bronzepferd besucht. Der Held von Chalmette wurde ins Weiße Haus gewählt. Danach hast du den Zusammenhang verloren.«

»Danke«, sagte er. »Ich hab den Faden wieder. Also, der Schulausflug war nicht so wichtig. Ich wollte eigentlich die Geschichte unserer Samstage auf dem Schlachtfeld von Chalmette zu Ende bringen. Wir waren Halbwüchsige und gruben mit Eifer Kanonenkugeln aus dem Sand. Auch Bajonette. Und die Knochen von Soldaten. Aber es ist nicht nur ein einzelner Samstag gewesen, als wir die Knochen der Gefallenen ausgegraben haben. Es kam immer wieder vor, daß wir nach Chalmette geradelt sind.« Er wollte etwas Schatten über seine Augen legen und hielt deshalb beide Hände der Sonne entgegen. Dann suchte er das andere Ufer nach seinen Erinnerungen an das Schlachtfeld ab. »Zu diesig«, sagte er. »Und zu weit weg.«

Kurz danach gingen wir weiter. Er hatte wieder den Kopf nach vorn gelegt und die Schultern breit gemacht. Bei einem Raddampfer mit Namen *Creole Queen* warf ein Mann, der wie ein Matrose aus der Zeit der Windjammer gekleidet war, die Leinen los. Tony sagte: »Für den Knaben, der ich damals gewesen bin, auf dem Schlachtfeld von Chalmette, war es nicht erkennbar, ob er Knochen von Soldaten in den Händen hielt, die für Jackson gefallen waren, oder gegen ihn.« Er machte eine Pause. »Es hat mich sehr erschreckt. Ich war so an die dreizehn Jahre alt, und der Gedanke hat mich sehr erschreckt. Zu den anderen Jungs habe ich nicht darüber gesprochen, und später habe ich nicht mehr oft daran gedacht. Aber das Bild ist nicht wirklich in Vergessenheit geraten. Als der Zweite Weltkrieg ausbrach, war es wieder da.«

Ich fand, daß er das sehr sachlich erzählt hatte. Keineswegs sentimental. Er hatte einen Eindruck wiedergegeben. Und einen Gedanken ausgesprochen. Das war alles. Er hatte die Liste der Kriege nicht durch Korea erweitert. Oder durch Vietnam. Er hatte gesagt, was zu sagen war, und drehte sich um und ging dem French Quarter entgegen.

Seiten 162/163: In ihren Parks an den Ufern des Mississippi gaben zu allen Zeiten reiche Männer ihren schönen Frauen große Feste.

Wir kamen an dem Matrosen vorbei, den seine Reederei für die Fotos der Touristen wie einen Fahrensmann aus der Zeit der Windjammer angezogen hatte. Er zog die Planke an Deck und pfiff auf den Fingern zur Brücke hoch. Die *Creole Queen* war ein *sternwheeler*. Das Schaufelrad am Heck begann sich zu drehen. Von der Sirene bei den dünnen, langen Schornsteinen kam ein langgezogener dunkler Ton. Auf dem Achterdeck standen junge Leute, die bunte Hemden trugen. Sie tranken Bier aus Dosen. Einer der Burschen drückte seinem Mädchen einen Kuß auf die Lippen. Das Mädchen wand sich aus seiner Umarmung und machte ein paar Schritte auf die Reling zu. Sie winkte uns einen Gruß nach unten. Es war ein Mädchen mit kräftigem Busen und kurzem, rotem Haar. Wir winkten zurück und machten uns auf den Weg zu Grecco. Ich sagte: »Hör mal, Tony, irgendwann muß ich dir erzählen, wie das gewesen ist, als ich dich zum ersten Mal gesehen habe.«

Es ist noch gar nicht lange her, daß die Vorfahren des Alvin Brooks in den Baumwollfeldern Sklaven waren.

»Ich weiß, wie das war«, sagte er. »Es war ein Mittag. Es war bei Grecco's.«

»Du kannst nicht wissen, wie das aus meiner Sicht gewesen ist.«

»Doch. Du hast mich für einen Mafioso gehalten. Alle Sizilianer sehen nach Mafioso aus ... klein dick ... schütteres Haar ... wie Marlon Brando ... wie der Pate ...«

»Es hat an der Polizei gelegen«, sagte ich. »Auf dem French Market war der Teufel los, als die Streifenwagen angeheult gekommen sind. Die Sirenen haben gejault, und die Touristen auf dem Markt sind zusammengelaufen. Die *patrol cars* hätten fast bei Grecco's die Eingangstür gerammt. Es waren zwei Wagen. Die Reifen haben schrill gequietscht. Alle blauen Lampen waren an, und die *cops* sind aus den Wagen gestürzt. Sie sind zu Grecco reingestürzt. Ihre Halfter haben sie mit beiden Händen halten müssen, weil ihnen die Smith & Wessons beim schnellen Lauf sonst aus den Revolvertaschen gesprungen wären. Es sah aus wie auf Leben und Tod. Es sah aus wie ein *quick draw* mit den Smith & Wessons. Wie im Kino sah das aus. Ich war gerade an einem dieser hohen Fenster auf der Seite von der North Peters Street vorbeigegangen, was kein guter Platz ist, wenn da drinnen Schüsse fallen. Auf dem Trottoir vor der Eingangstür stand ein Mann. Ein Schwarzer. Er hat mir einen Blick zugeworfen. Der Mann war ein Riese. Ich stand mit dem Rücken an die Wand gepreßt, und der Riese hat mir einen verwunderten Blick zugeworfen.«

»Alvin«, sagte Tony.

»Alvin«, sagte ich. »Aber das habe ich nicht wissen können.«

»Nein. Wie solltest du auch?«

»Eben. Der Riese stand vor der Tür. Er ließ mich nicht aus den Augen. Dann ging er ins Lokal. Es war kein Schuß gefallen. Ich habe mir gesagt: ›Wahrscheinlich lag es daran. Es ist kein Schuß gefallen, also ist es für ihn nicht weiter gefährlich, ins Lokal zu gehen.‹ Ich verließ den Schutz der Wand und preßte mein Gesicht an die Fensterscheibe. Das war der Moment, in dem ich dich zum ersten Mal sah.«

Alvin hat von Hardy wissen wollen, warum ein Gespenst stets weiß sein muß ...

»Tatsächlich?«

»Ja.«

»Erst hast du Alvin gesehen, und dann mich.«

»Ja.«

»Gleich danach, was?« Er lachte.

»Sofort. Alvin ist reingegangen und hat sich vor dir aufgebaut. Dein Tisch war in der Mitte des Lokals. Er stand an einem strategisch guten Platz. Du hattest die Eingangstür im Blick. Links und rechts neben dir waren die Cops aus den Streifenwagen. Sie redeten auf dich ein. Ich wartete darauf, daß du die Arme nach vorne streckst und sie ein paar Handschellen zuschnappen lassen, aber es sollte anders kommen. Die Polizisten haben geredet und geredet. Schließlich gaben sie dir ein Blatt Papier. Du hast unterschrieben und die Männer sind zu ihren Streifenwagen gerannt, und schon beim Rückwärtsgang haben sie die Sirenen wieder heulen lassen. Ich konnte mir keinen Reim auf die ganze Sache machen und bin ins Lokal gegangen und habe dich nicht aus den Augen gelassen.«

Alvin, selbst ein großes Kind, zieht es stets zu anderen Kindern hin.

»Tatsächlich?« sagte Tony. »Du hast nicht zwei und zwei zusammengezählt?«

»Nein.«

»Erstaunlich.«

»Ich weiß«, sagte ich. »Kein sonderlicher Beweis von Intelligenz.«

Tony hob die Schultern. »Und wie lange hast du gebraucht, bis du draufgekommen bist?«

»Nicht mehr lange. Clarence hat mir dabei geholfen. Ich bin an die Bar gegangen und habe mir ein Glas Chablis bestellt. Von der Bar aus konnte ich dich und Alvin beobachten. Ungestört. Du hast mit dem Rücken zu mir gesessen und eine Suppe gelöffelt. Alvin stand neben dir mit einem tragbaren Telefon in der Hand. Ich habe euch nicht aus den Augen gelassen.«

»Das sagtest du bereits.«

»Clarence kam an die Bar. Er muß sich über mich gewundert haben. Weil ich deinen Tisch nicht aus den Augen ließ.«

»Immerhin, ich saß mit dem Rücken zu dir«, sagte Tony, »er hat wohl sichergehen wollen.«

»Kann sein.«

»Wir sind Jugendfreunde«, sagte Tony, »von der Highschool her. Clarence ist einer von den wilden Wagoosis.«

»Ich weiß«, sagte ich. »Heute weiß ich das. Damals kam er an die Bar und sagte, daß er Clarence Grecco heißt. Er sagte, er ist hier der Besitzer. Dann kamen zwei heruntergekommene Gestalten ins Lokal. Ungewaschen. Hobos. Ein Schwarzer und ein Weißer. Sie schlenderten gemächlich zu dir an den Tisch. Ohne ein Wort hielten sie dir ein paar Fotos vors Gesicht. Es waren Vergrößerungen. Portraits von Männern. Und ein Bild von einem Haus. Alvin wählte eine Nummer an. Dann gab er dir den Hörer. Von da an habe ich verstanden, was da vor sich geht.«

»Clarence hat dich drauf gebracht.«

»Es war mit einem Mal nicht mehr schwer, das zu erraten.«

»Clarence hat dich drauf gebracht, daß die Bahnhofspenner verdeckte Ermittler sind.«

»Das war nicht mehr nötig«, sagte ich. »Clarence hat nur ein Lachen ausgestoßen. Ein Lachen mit Bedauern. ›Armer *judge*, ständig wird sein Essen kalt.‹ Von da an habe ich mir einen Reim auf die Sache machen können. Der Richter und seine Polizei. Der Richter und die Haftbefehle. Der Richter und seine Anordnung zur Hausdurchsuchung. Der Richter und der schwarze Riese als sein *bodyguard*. Clarence hat jedesmal genickt. Nur bei Alvin hat er widersprochen: ›Der schwarze Riese kann keiner Fliege was zuleide tun. Wenn einer bei Alvin laut *Buuuuh!* macht, rennt er davon.‹«

»Stimmt«, sagte Tony. »Dieser Alvin ist so zart, daß du es nicht für möglich hältst.«

Wir waren jetzt an der Spanish Plaza angekommen. Die gläsernen Hochhäuser der Poydras Street lagen hinter uns. Vom alten Teil der Stadt kam uns eine Straßenbahn entgegen. Als sie vorüber war, lief eine Gruppe Japaner über die Geleise. Sie wurden von einer Frau angeführt, die einen Sonnenschirm über der Schulter trug. Der Schirm war zugerollt. Die Frau sprach wie eine Amerikanerin, aber sie hatte das Gesicht einer Japanerin. Hinter den Schienen lungerte eine Gruppe Schwarzer herum. Ihre T-Shirts waren schmutzig und zerschlissen. Sie ließen sich von den Japanern fotografieren und nahmen Geld dafür. Die Fremdenführerin stieß ihren Parasol steil in die Luft und rief den Schwarzen ein paar abweisende Worte zu.

Die Leute von New Orleans lieben ihren Jesus Christus mit der gleichen Inbrunst, wie es einst die Sklaven taten.

Tony sagte: »Das Dasein dieser Burschen ist erbarmungswürdig. Sechzig Prozent der Bevölkerung in unserer Stadt stammen von den Sklaven auf den Plantagen der Südstaaten ab. Die Rassenschranken sind gottlob schon lange aufgehoben. Doch das Leben wird für die Leute nicht leichter. Die Arbeitslosigkeit unter ihnen nimmt rapide zu. Als Schulkinder sind wir mit den Schwarzen aufgewachsen. Nicht wirklich miteinander, eher nebeneinander, aber gleichberechtigt und mit Zuneigung. Dann sind wir erwachsen geworden und es ist eine Kluft entstanden. Ich glaube nicht, daß es eine Kluft der Rassen ist. Viele eher ist es eine Kluft der Bildung. Ohne Bildung macht in den Staaten kein Mensch das Rennen. Einige wenige haben das erkannt. Im Magistrat von New Orleans haben wir eine ganze Reihe schwarzer Richter. Es gibt Polizeioffiziere, und zwar nicht wenige, die Afro-Amerikaner sind. Von den Jazzmusikern oder Journalisten will ich gar nicht erst reden, und überall in der Stadt sind schwarze Geschäftsleute zu finden, erfolgreiche Ärzte oder Politiker, und zwar Frauen ebenso wie Männer. Jedoch, die Kluft zwischen denen, die sich eine Bildung erarbeitet haben, und den anderen, die in keine Schule gehen wollten, wird immer breiter. Die Kriminalität unter den Gestrandeten zeitigt schmerzliche Folgen, allein schon wegen der Drogen, und jedes Jahr gehen immer mehr von diesen jungen Burschen vor die Hunde. Ich weiß nicht, wie das weitergehen soll.«

Hardys Beschreibung einer Szene im Gericht ist auf der nächsten Seite abgedruckt.

Wir hatten die Schienen der Straßenbahn erreicht und kamen in die Nähe der Burschen, die sich von den Japanern hatten fotografieren lassen. Sie waren damit beschäftigt, die Münzen untereinander aufzuteilen. Ein Junge, der eine bunte Strickmütze trug, warf einen Blick zu uns her. Als er Tony sah, schien er zu erschrecken. Er zog den Kopf zwischen die Schultern und drehte sich seinen Kumpanen zu. Tony gab nicht zu erkennen, ob er die abrupte Bewegung gesehen hatte. Wir liefen gemächlich neben den Schienen her. Links hatten wir die Schienen, und auf der rechten Seite war der Fluß. Es fiel mir auf, daß wir so langsam wie die Strömung waren. Tony sah noch einmal zu dem Jungen zurück, der sich so abrupt abgewendet hatte. »Ich weiß nicht, wo das noch enden soll«, sagte er dann noch einmal. Er sah besorgt aus. Auf die gleiche Weise hatte er im Gerichtssaal ausgesehen. Damals, nach unserem ersten Tag bei Grecco's. Als ich ihn besuchen ging. Es ist jetzt lange her, doch das Bild ist in meiner Erinnerung geblieben. Gestochen scharf. Als wär' es gestern erst gewesen.

Über der Tür steht
MAGISTRATE SECTION OF THE CRIMINAL COURT.
Die Gefangenen schlürfen an schweren Ketten in den Saal. Acht Männer. Junge Männer. Sieben Afro-Amerikaner. Der achte sieht wie ein Schwede aus. Die Richterbank ist hoch und holzgetäfelt. Auf einem Schild steht: *Judge Anthony J. Russo*. Der Richter sieht auf die Angeketteten hinunter. Seine Augen sind schwarz. Die Robe ist schwarz. Neben dem Richter leuchten die Streifen von *Old Glory* vor einer dunklen Täfelung. Rot Weiß Rot Weiß Rot Weiß Rot. Das blaue Feld mit den Sternen ist ein Stück verdeckt. Ein Polizist schließt Handschellen auf. Der Junge reibt sich die Handgelenke. Der Ankläger sagt *Raubmord*. Sagt *Vorstrafen*. Die Verteidigerin sagt *Alkoholdelikt*. Der Richter bittet den jungen Mann zu seinem Tisch. Nennt ihn Mister. Nennt ihn beim Namen. Sagt *Mister O'Hara*. Sagt nie *Angeklagter* zu dem Mann. Fragt ihn, ob er seine Schuld bekennt. *Nur bedingt*, antwortet die Verteidigerin. *Fünftausend Dollar Kaution*, sagt der Richter, und *Verhandlung am siebzehnten. Acht Uhr dreißig früh*. Dann wieder Handschellen. Der nächste Fall. Ein Stoß Akten auf dem Richtertisch. Blättern. Blick zum Kalender. Blick zum Ankläger: *Wie lange haben Sie Mr. Bellingham in Untersuchungshaft behalten?* Verlegene Antwort: *Zweiundsechzig Tage, Euer Ehren, jedoch ...* Der Richter unterbricht: *Das Gesetz nennt als Höchstmaß sechzig Tage*. Der Ankläger sagt: *An den Polizeibericht war nicht schneller heranzukommen*. Zuschlagen der Akten: *Die Anklage hat einen Weg zu finden, der zu schnellerer Kenntnisnahme der Polizeiberichte führt*. Blick vom Richtertisch zum Angeklagten: *Sie sind frei, Mr. Bellingham*. Eine Pause. *Das Gericht bedauert die eigene Entscheidung sehr.* Unwirsch: *Bei der Schwere des Delikts*. Der Richter spricht nicht weiter. Licht fällt durch eine Tür. Ein Riese bückt sich herein. Schwarz wie ein Nubier. Der Polizist geht ihm entgegen. Nimmt dem Riesen ein Aktenbündel ab. Der Nubier sieht zu mir her. Lächelt. Alvin.

Das Bild zerriß. Ein schriller Pfiff ließ es zerreißen. Der langgezogene Ton war von den dünnen Schornsteinen eines Raddampfers gekommen.

»Dieser Alvin«, sagte ich zu Tony, »man könnte glauben, daß er dein Schatten ist.«

Gestrenger Mann und weiches Herz. Alvin sagt, Tony Russo habe ihn vor der Misere bewahrt, der ein junger Schwarzer leicht zum Opfer fällt.

Die Uferpromenade war jetzt voller Menschen. Tony bahnte sich einen Weg durch sie hindurch. In seinem knallbunten Hemd und den weißen Lederschuhen sah er nicht wie ein Richter aus.

»Worauf willst du hinaus«, wollte Tony wissen.

»Alvin«, sagte ich. »Er ist dir ergeben. Das ist nicht zu übersehen. Ihr seid wie zwei Männer aus der Zeit, als die Südstaaten noch Sklaven hatten.«

»Mach jetzt bitte aus uns beiden keine große Sache.« Er sah verlegen aus. »Ich rede nicht gern darüber.«

»Laß mal nachrechnen«, sagte ich. »Wie lange kennen wir uns schon?«

»Anderthalb Jahre. Vielleicht auch zwei.«

»Seit anderthalb Jahren redest du nicht darüber«, sagte ich, »vielleicht sind es schon zwei.«

Tony lachte. »Bei den Boy Scouts sollte ich jeden Tag eine gute Tat vollbringen. Es ist mir nicht gelungen. Ich glaube, Alvin ist die einzige gute Tat in meinem ganzen Leben.«

Er sah mich von der Seite an, verschmitzt, wie ein sizilianischer Bauer, und ich sagte ihm das auch.

»Es ist alles andere als ein Geheimnis, und das Ganze liegt jetzt schon viele Jahre zurück«, sagte er dann. »Alvin war in schlechte Gesellschaft geraten. Als sie ihn in meinen Gerichtssaal brachten, war er an Händen und Füßen an die anderen Gefangenen gekettet. Der junge Mann schien mir einen guten Kern zu haben, und Schwerwiegendes war nicht vorgefallen. Ihn einzusperren hätte sein Inneres zerbrochen. Ich habe ihm Bewährung gegeben und mich mit den Wilden Wagoosis beraten. Einer von uns besitzt einen Autoverleih mit und ohne Fahrer, also bekam Alvin einen Job als Chauffeur für Touristen oder Hochzeitspaare, und seitdem fährt er erfolgreich schwere Limousinen. Ein anderer Wagoosi hat ihm zusätzlich einen Vertrag zur Reinigung von Postämtern besorgt, also wäscht er vor jedem Tagesanbruch mit seiner kleinen Truppe Fußböden und Fenster. Dann kam ein weiterer Glücksumstand hinzu, der jedoch außerhalb meiner Hilfestellung lag: Eine junge Frau in seiner Putztruppe hat sich in den Boß verliebt, und Alvin ist zu ihr gezogen. Sie ist ledig mit drei Kindern, und Alvin ist dabei, voller Stolz und Strenge, in der Familie die Vaterstelle zu übernehmen. Der Bürger Alvin Brooks wird Schritt für Schritt ein etablierter Mann, und es ist ganz sicher seine Art von Dankbarkeit, wenn in der freien Zeit, die Freundin, Kinder, Postamt und der Limousinen-Service ihm noch lassen, Alvin mir bei meiner Arbeit hilft.«

Wir hatten jetzt die Jackson Brewery hinter uns gelassen. Das Jackson ist ein hohes Gebäude, in dem die verschiedenartigsten Geschäfte untergebracht sind. Die Brauerei wurde schon vor Ewigkeiten zugemacht. Nur den Namen haben sie beibehalten. Von der Jackson Brewery war es bis zu Grecco's nicht mehr weit.

Am Rand der Uferpromenade stand ein Mann mit einem Saxophon. Er stand auf einer Seifenkiste. Es war ein Schwarzer, der den Eindruck einer Statue zu erwecken suchte. Der leichte Wind vom Fluß spielte mit dem Kragen seines Hemdes, aber sonst bewegte sich nicht das geringste an dem Mann. Er ähnelte tatsächlich einer von diesen lebensechten Figuren, die aus gebranntem Ton gemacht sind und grellbunte Kleider tragen. Neben den Füßen der Figur lag ein Hut mit Münzen. Tony legte einen Dollarschein zu dem Kleingeld, und im gleichen Moment begann der Bursche auf seinem Saxophon zu spielen. Er spielte gut. Tony legte noch einen *greenback* in den Hut und sagte: »Wie wär's mit *Linda*?« Der Mann verzog keine Miene. Er brach das ab, was er eben noch gespielt hatte, und machte ein paar ruckhafte Bewegungen. Er sah tatsächlich wie eine mechanische Puppe aus. Dann spielte er *Linda*. Tony sah zu ihm auf. »When I go to sleep, I never count sheep«, sagte er zu dem Saxophonisten. »I count all the charms about Linda.«

Dixie, Blues und Jazz. Sie bedeuten Freude, Erinnerung und Gelderwerb.

Wir warteten, bis das Lied zu Ende war, bevor wir weitergingen. Tony sagte »danke« zu dem Saxophonisten, und »Mister, Sie haben wunderbar gespielt«, aber der Mann war schon wieder zur Statue erstarrt. Selbst seine Augen zeigten keinerlei Gefühlsregung, trotz Tonys Kompliment. Wir gingen weiter den Deich entlang. Die Luft war heiß, und die Touristen hatten ihre Jacken ausgezogen. Es gab viele Touristen. Tony sagte: »Als Linda und ich jung waren, gab es nicht viele Fremde, die in unsere Stadt gekommen sind.«

Pantomimen und Jongleure halten an jedem Tag, in jeder Straße den leichtlebigen Südstaatlern ihren Spiegel vors Gesicht.

»Und wie war das mit dem Jazz?« fragte ich. »Basin Street. Sind da keine Fremden hingekommen?«

»Zum Jazz schon«, sagte Tony, »Jazz hat immer Fremde angelockt. Besonders wenn Ella in die Stadt kam, oder Satchmo in einem der Keller spielte. In solchen Tagen ist das Fieber ausgebrochen, in den Gassen des Alten Viertels. Da, wo sonst nur Italiener wohnten oder Kreolen und Krämerläden zu allen Stunden offen waren, brach das große Fieber aus, und zwar unter Einheimischen und Fremden gleichermaßen.«

»Auch bei dir und Linda?« fragte ich.

»Aber ja«, sagte Tony. »Auch bei uns.«

Wir waren jetzt am Moon Walk angekommen. Hinter einer Mauer aus Menschenrücken arbeitete ein Pantomime. Er stand vor einer Gruppe von Kindern. Sein Gesicht war weiß geschminkt, mit einem Strohhut darüber. In der Krempe steckte eine rote Rose. Die Hände des Mannes waren ebenso weiß geschminkt wie sein Gesicht. Die weißen Hände holten bunte Luftballons aus Kindernasen. Oder Kinderohren. Dann ließ er federleichte Silbermünzen sanft vom Himmel fallen, und die Kinder stießen Jubelschreie aus. Tony sagte: »Straßenkünstler hat es in unserer Jugend nicht gegeben. Clowns und Jongleure unter freiem Himmel gibt es erst, seit Touristen nach Louisiana kommen. Bis dahin war das Leben für einen Jugendlichen so normal wie in anderen Städten auch.«

»Sag mal, was du unter normal verstehst.«

»Ganz einfach«, meinte er. »Ich bin auf ganz einfache Weise aufgewachsen. Damit will ich sagen: einfach, aber streng. Mein Vater war von früh bis spät in seinem Autohandel, und im Haus führte Mama das Regiment. Was unsere Mutter sagte, war Gesetz. Was immer sie auch anordnete, es war, als wäre es in Stein gemeißelt. Widerspruch wäre mir niemals in den Sinn gekommen. Auch meinen Schwestern nicht, die übrigens sehr streng gehalten wurden. Sie hatten keusch zu sein, wie die Frauen auf Sizilien sind.« Er blieb stehen. »Wenn du willst, weihe ich dich in ein Geheimnis ein.«

»Ein Geheimnis deiner Schwestern?«

»Um Gottes willen!« sagte Tony laut. »So etwas hätte Mama als Todsünde abgeurteilt! Mit einem Urteilsspruch, der unter Ausschluß der Begnadigung direktenwegs ins Fegefeuer führen würde!« Ich fand, daß er wieder das verschmitzte Gesicht eines mediterranen Bauern hatte. »Willst du das Geheimnis trotzdem von mir erfahren?«

Die Leute von New Orleans sagen, sie können sich kein Leben denken ohne ol' man river, *Satchmo und einen Dixie, der aus der Klarinette von Pete Fountain kommt.*

»Auf Pfadfinders Ehre«, sagte ich, »über meine Lippen kommt kein Sterbenswort.«

Er nickte. »Es geht darin um einen Traum.« Tony legte mir seine Hände auf die Schultern. »Ich habe von deinem Beruf geträumt. Schauspieler oder Regisseur, es wäre mir gleich gewesen. Ich habe den Traum von Hollywood geträumt.« Er sah auf seine Hände. Es fiel ihm auf, daß er sie auf meinen Schultern hatte. »Lachst du jetzt über mich?«

»Es ist ein guter Beruf«, sagte ich. »Es gibt viele, die ihn wollen.«

»Eben«, sagte er. »Du willst ihn ja auch.« Er schlug mir mit den Händen auf die Schultern. Dann nahm er sie herunter. Es war ein kräftiger Schlag gewesen.

»Du schlägst noch immer zu wie auf dem Fußballplatz«, sagte ich. »Der *offensive tackle* kommt noch immer durch.«

»Das ist gut«, sagte er. »Ich habe gehofft, daß es so ist.«

Eine Straßenbahn kam uns entgegen. Die elektrischen, die den Mississippi entlangfahren, sind rot gestrichen. Tony wartete, bis das Gepolter vorüber war. »Ich habe es nicht gewagt«, sagte er dann. »Mama hätte es nicht zugelassen.«

»Was meinst du, nicht zugelassen?«

»Nach Hollywood zu gehen. Dieser Schritt hätte meine Eltern frühzeitig ins Grab gebracht.« Er bog zu den Schienen ab und nahm den Weg, der quer über das Geleise zum Jackson Square führte. »Du kennst die Grabstätte der Russos, nicht weit vom See Pontchartrain entfernt. Großvater Anthony aus Sizilien hat sie für die Familie Russo errichten lassen, über der Erde, und ein kleines Mausoleum ist daraus geworden. Wenn du am Mississippi-Delta gräbst, stößt du auf Grundwasser, und zwar schon in einem Meter Tiefe, also begraben wir unsere Toten über der Erde. In Marmorsteinen. Wenn ich nach Hollywood gegangen wäre, hätte der Steinmetz die Namen Vincent und Katie Russo als Frühverstorbene in den Marmor hämmern müssen.«

Vor uns stiegen die drei Türme der St. Louis Cathedral aus dem Grün des Jackson Square, und ich sagte: »Tony, vielleicht ist Richter besser. Hollywood hört sich an wie das Synonym für Erfolg mit einer Villa am Rockford Drive, aber verlassen kann sich darauf keiner. Vielleicht ist es besser, Richter in New Orleans zu sein.«

»Ich weiß«, sagte er. »Nur mit Achtzehn habe ich das noch nicht gewußt. Mit Achtzehn habe ich meine Liebe zum Show Business gegen meine Liebe zu den Autos in Papas Werkstatt austauschen wollen, doch meine Mutter hatte andere Pläne. Es war Mama, die sagte, wo auf der Landkarte meines Lebens der Pfeil für Norden eingezeichnet wird.«

»Ist das wahr?« sagte ich. »Deine Mutter hat für dich den Beruf gewählt?«

»Nicht gewählt. Befohlen.«

»Mach Sachen!«

»Unter Sizilianern ist das so.« Er dachte nach. »Jedenfalls war es noch vor dreißig Jahren unter Sizilianern so.«

»In New Orleans ...«

»Das kannst du mir glauben.«

»Erstaunlich«, sagte ich. »Mutter befiehlt ganz einfach, ihr Sohn wird Richter.«

»Nein«, sagte Tony. »Zahnarzt.«

»Wie meinst du das?«

»Mutter befiehlt, ihr Sohn wird Zahnarzt, denn Zahnärzte werden reich, und der Sohn gehorcht.«

»Gehorcht?« Ich mußte lachen. »Euer Ehren machen nicht den Eindruck, als hätte Er gehorcht.«

»Am Anfang wollte ich mich in mein Schicksal fügen«, sagte Tony. »Am Anfang habe ich gesagt: ›Es ist gut, Mama, wenn du glaubst, daß ich mich dazu eigne‹, und die Gestrenge hat entschieden, daß ich mich einer Prüfung zu unterziehen habe. Die Prüfung fand in der Küche eines Mannes statt, der jeden Sonntag neben meinen Eltern in der Kirche saß. Er hieß Mr. Wilcott, ich werde den Namen mein Lebtag nicht vergessen, und Mr. Wilcott hatte eine Werkstatt, die dritte Zähne herstellte. Seine Zähne waren blendend weiß. Ich meine, nicht seine eigenen. Ich rede von der Ware, die Mr. Wilcott schuf. Eine jede seiner Schöpfungen war so blendend weiß, daß du nicht auf das leichte Klappern warten mußtest, um das Unechte im Mund der Leute zu erkennen.

Die Zähne, an denen Mr. Wilcott meine Eignung zum Dentisten prüfen wollte, waren alles andere als weiß. Sie waren abgebrochen, verstümmelt oder anderweitig aus den unterschiedlichsten Gaumen gezogen worden und befanden sich in einem Marmeladenglas mit Schraubverschluß. Mr. Wilcott streute die ganze Pracht vor mir aus. Es war ein Sonntagmorgen, nach der Kirche. Wir saßen an Mr. Wilcotts Küchentisch, und der Gebißhersteller streute den Inhalt des

Marmeladenglases mit großem Schwung über die karierte Decke. Meine Prüfungsaufgabe bestand darin, die Goldfüllungen aus den Zähnen zu brechen. Vor mir lagen kleine Zähne, große Zähne, die meisten waren von brauner Farbe, einige waren sogar schwarz, doch alle hatten sie ein ganz bestimmtes Merkmal der Gemeinsamkeit: Sie stanken. Sie stanken infernalisch! Es war mir bis dahin nicht bekannt, daß Zähne stinken können, aber Gott sei mein Zeuge, sie können es! Ich bin davongestürzt und habe im Vorgarten den gepflegten Rasen des Mr. Wilcott vollgespuckt, und als ich im Haus der Eltern angekommen war, hat mein Vater lächelnd von der Zeitung hochgesehen und mitangehört, wie ich zu Mutter sagte: ›Verlange etwas anderes von mir, Mama, ich werde so gut wie alles tun, wenn es dich nur glücklich macht, doch Zahnarzt kannst du nicht von mir verlangen! Zahnarzt ist ganz außer jeder Frage!‹ Im Zimmer herrschte eine Weile Schweigen. Meinem Vater fiel nichts ein. Oder aber, er hielt sich klugerweise abseits dieser Sache. Mutter wischte sich die Hände an der Küchenschürze ab. Dann sagte sie: ›Jurist. Gleich nach den Zahnärzten sind es die Rechtsanwälte, die das meiste Geld verdienen.‹ Ich sagte: ›Yes, *ma'am*, das Jurastudium ist ein Befehl, den ich für ausführbar halte‹, und habe mich bei der Universität Loyola eingeschrieben, hier in New Orleans. Vater hat in den nächsten Jahren tief in die Tasche greifen müssen, was ich ihm nie vergessen werde, denn wenn er auch erfolgreich mit Autos handelte, auf Rosen waren wir Russos nicht gebettet. Das Loyola ist ein Institut der Jesuiten. Es hatte schon immer den Ruf, eine der besten Hochschulen der Rechtswissenschaften in den Staaten zu sein, und gleich am ersten Tag meines neuen Lebens habe ich gespürt, warum. Die *padres* waren die strengsten Lehrer, die ein Student sich denken kann, von Nächstenliebe ist bei denen keine Spur, und der Drill in einer Kadettenanstalt muß vergleichsweise sanft, verständnisvoll und paradiesisch sein! Jedoch, die Strenge hat mir gut getan, von Haus aus war ich sie ohnehin gewöhnt, und die Strenge der *padres* hat zum Lernen angeregt. Ich werde die Jesuiten von Loyola mein ganzes Leben nicht vergessen.«

Er sah zu zwei jungen Müttern mit Kinderwagen hin. Die Frauen kamen uns entgegen und nahmen die ganze Breite des Bürgersteiges ein. Wir machten ihnen eilig Platz. Die Mütter waren mit sich selbst beschäftigt und nahmen nicht wahr, daß wir uns regelrecht an die Hauswand drücken mußten. Als sie vorüber waren, sagte ich zu Toni, daß er von der Zeit damals nie gesprochen hatte. »Ich weiß«, sagte Tony. »Es hat mit Linda zu tun.«

»Mit Linda?«

Er nickte. »Laß uns einen Umweg machen«, sagte er dann.

»Laß uns über die Decatur schlendern. Linda hat heute morgen in der Bibliothek zu tun. Uns bleibt noch etwas Zeit.«

Wir kamen an ein paar Tischen vorüber, die unter Schirmen standen. Es waren schmutzigweiße Schirme, breit ausladend, wie sie auf Fischmärkten anzutreffen sind. Die Händler unter den Schirmen boten Schnitzereien und ausgestopfte Köpfe von Alligatoren an.

»Es wird dich überraschen«, sagte Tony, »aber die Jesuiten von Loyola bilden nicht nur junge Männer aus. Schon damals nicht. Schon damals waren ungewöhnlicherweise im Hörsaal Mädchen zugelassen, aber wir Jungens waren uns darüber einig: Das Schicksal hatte uns mit Häßlichkeit geschlagen: Unsere Kommilitoninnen waren von sorgsam ausgesuchter Häßlichkeit. Deshalb sind wir nach Jefferson gefahren, Freitag abends, denn die East Jefferson High hatte den Ruf, eine regelrechte Auswahl hübscher Mädchen zu haben. Es hieß, in Jefferson lassen die Leute wahre Schönheiten auf Bäumen wachsen, und

So gemächlich wie der Fluß zog sich die Jugendzeit des Richters hin. Die Mutter, eine resolute Sizilianerin, wollte ihn Zahnarzt werden lassen. Ein ereignisreicher Sonntag änderte den Beschluß: Der Sohn hatte sich im ehrwürdigen Loyola einzuschreiben.

als ich Linda sah, gab ich den Jungens recht. Linda war erst fünfzehn, aber schlank und groß, und von einer stillen Art, die sie fast erwachsen machte. Ich hatte sie in einer *Soda Fountain* stehen sehen, zwischen anderen Schülern stand sie da, aber die anderen sind mir nicht aufgefallen. Nur Linda ist mir aufgefallen.«

Tony sah mich von der Seite an. »Du erinnerst dich noch an diese Drugstores, die Soda Fountains hatten? Heute gibt es die nicht mehr, aber ich bin sicher, du erinnerst dich.«

»Ja«, sagte ich, »und die hatten auch einen ganz eigenen Geruch. Milch und Vanille. Ich erinnere mich noch gut.«

»Eben«, sagte Tony. »Milch und Vanille, ich kann es auch noch immer riechen.« Er dachte nach. »Es gibt Leute, die nicht glauben wollen, daß es so was gibt.«

»Jeder weiß, daß es Soda Fountains gibt«, sagte ich. »Oder, daß es die in Drugstores früher mal gegeben hat.«

Er schüttelte den Kopf. »Ich meine etwas anderes. Ich meine, es gibt Leute, die nicht glauben wollen, daß du ein Mädchen siehst, wie sie da steht, zwischen einer ganzen Horde junger Leute aus der Schule, Jungens ebenso wie Mädchen, und es ist um dich geschehen.«

»Ach so«, sagte ich. »Jetzt weiß ich, was du meinst.«

»Linda ist es ebenso ergangen. Später hat sie es einmal zugegeben. Ganz ungefragt. Sie hat gesagt, daß ich ihr schon beim Reinkommen in die Soda Fountain aufgefallen bin. Wir haben an dem langen Tresen gelehnt und über alles geredet, worüber junge Leute reden, und es war, als hätten wir uns unser ganzes Leben schon gekannt. Ich weiß nicht, ob du das verstehen kannst.«

»O ja, Tony. Ich habe immer geglaubt, daß es so was gibt.«

»Eben«, sagte er. »Das Glück hat es an dem Abend so gefügt, daß in Jefferson ein Tanzvergnügen war. Bebop ging zu Ende, Rock 'n' Roll war die große Sache, und der Junge, mit dem Linda in die Cajun Dance Hall kam, hat es gar nicht gut gefunden, welchen Spaß es seiner Freundin machte, wenn ich sie über meine Schulter warf oder sie

Selbst als Student der Rechtswissenschaften stand der Sohn der Sizilianerin im Mittelpunkt. (Unernst, albern, erste Reihe Mitte.)

Mit diesem Foto begann die Geschichte eines Lebens: Der Student Tony Russo verliebt sich in die Schülerin Linda, Tochter eines Fliesenlegers.

sich wie ein Kreisel um mich drehte. Wir haben die Sache unter uns geregelt, der andere und ich, draußen auf der Straße, aber ich habe Wert darauf gelegt, daß Linda nicht mit vor die Tür gekommen ist. Als ich nach Bereinigung der Sache ein wenig aus der Nase blutend mit Linda weiter tanzte, war dies der Beginn einer jungen Liebe, die noch heute schmerzt, wenn ich an uns beide denke. Lindas Mädchenname ist Nuß gewesen. Ihr Vater stammt von deutschen Emigranten ab. Linda Nuß. So hieß das Mädchen, das ich liebte. Der Vater ist recht altmodisch gewesen, die Mutter auch, und Punkt zehn Uhr an jedem Abend mußte ich mit Linda wieder vor der elterlichen Haustür sein. Die Mutter war aus Frankreich eingewandert, Vater Nuß war Fliesenleger. Ich glaube, daß es eine bessere, gutbürgerliche Familie in New Orleans nicht gab, nicht gibt und nicht geben wird.

Das Glück mit Linda hielt drei Jahre an. Dann endete es in Schweigen. Was tun? Es gab für uns beide keinen Rat. Wie viele Millionen junger Liebender gibt es wohl auf der Welt, die an einem ganz bestimmten Tag in ihrem Leben vor dem gleichen Schweigen stehen? Viele. Ich glaube, daß es viele Millionen sind, die sich sagen, zum Heiraten sind wir noch zu jung. Ich, Tony, sagt der eine von den beiden, bin noch lang nicht fertig mit dem Studium. Ich hab noch keinen Beruf, sagt er dann. Alles, was ich dir geben kann, ist mein Name. Und das reicht wohl kaum zum Leben aus. Und dann singt er ihr eine Zeile. Er will sie heiter stimmen. Es ist eine Zeile, die er von Satchmo kennt: *I can't give you anything but love, baby ...* Aber das heitert das Mädchen nicht auf. Im Gegenteil. Linda sagt, du hast ja recht. Und sagt, ich brauche eine Ausbildung, in ein paar Jahren heiraten wir bestimmt, aber wenn ich kein Einkommen beisteuern kann zu unserem Leben, dann tritt das Fürchterliche ein, und es wird nie etwas aus unserem Zusammensein.

Linda darf Tonys Auto fahren. Schon beim ersten Versuch macht sie daraus Schrott. Tony sagt zu ihr, er habe die alte Kiste sowieso nicht mehr gemocht.

Linda war fast neunzehn zu der Zeit. Mit neunzehn Jahren stellen Luftlinien ihre Stewardessen sein. Linda ging nach Dallas. Die American Airlines gaben ihr eine Ausbildung. Es war die Zeit, als gutes Aussehen Voraussetzung war für eine Karriere, die ein Mädchen

Oben:
Tony ist der reservierten Kühlen unrettbar verfallen. (Linda, stehend, zweite von rechts. Tony, kniend, unter ihr.)

Unten:
Tonys zweites Auto, selbst gebaut. Linda durfte es nicht fahren.

kreuz und quer über unseren Globus fliegen läßt. Ungefähr so jeden dritten Tag steckte eine bunte Postkarte in meinem Kasten. London. Singapur. New York. Das war im ersten Jahr. Im zweiten kam nur noch eine Karte wöchentlich. Ab dem dritten Jahr war Schweigen. Linda hatte einen Tennisspieler kennengelernt, bei einem Flug nach Australien, glaube ich, ist das geschehen. Linda wurde seine Frau. Es hat mir das Herz gebrochen.« Tony blieb stehen. »Das ist ein Satz aus dem vorigen Jahrhundert«, sagte er, »ich weiß das wohl: Flaubert, Victor Hugo: *Es brach dem jungen Mann das Herz.*« Er fuhr sich mit der Hand durch das Gesicht. Es war eine kräftige Hand mit einem dicken Ring am kleinen Finger. »Ich kann mir denken, du weißt schon, wie die Geschichte weitergeht.«

Dann kam der Abschied. Linda wurde Stewardess. Flog in die Welt hinaus. Ließ nichts mehr von sich hören.

»Ja, Tony. Ein jeder von uns macht so was durch.«

»Die Geschichte geht mit noch so einem Satz aus dem vorigen Jahrhundert weiter, meinst du nicht?«

»Womit denn sonst?«

»*Die Zeit heilt alle Wunden.* Ist das der Satz?«

»Das ist der Satz. Ich hätte darauf eine Wette abgeschlossen.«

»Eben.« Er lachte. »Ich hatte damals ein Apartment in der Nähe von Loyola. Wenn ich dir sage, wer da außer mir noch wohnte, wirst du es nicht für möglich halten.« Er sah mich an. »Wenn du es errätst, geb ich nachher bei Grecco einen aus.«

»Ich nehme an, es war eine Frau«, sagte ich, »und die hatte was mit deinen Wunden und vielleicht auch mit der Zeit zu tun.«

»Was soll das heißen, *eine* Frau?« rief er. »Die Playboy Bunnies haben da gewohnt! Nebenan gab es den Playboy Club, und das ganze Haus war voller Bunnies!«

»So was gibt's nicht oft«, sagte ich. »Vor allem nicht, wenn einem das Herz gebrochen ist.«

»Eben«, sagte er, »der Mensch muß auch mal verwöhnt werden. Sonntags, wenn die Mädchen frei waren, sind wir in die Bayous rausgefahren. Manchmal hatte ich fünf oder sechs von ihnen in meinem Auto. Die anderen Jungs im Loyola haben es nicht für möglich gehalten. Glückliche Tage sind das gewesen. Du weißt ja, wie romantisch diese Bayous sind. Das Schweigen der Wasser und die vermoosten Bäume und die Abendsonne, wenn sie den Himmel so rot aufglühen läßt, daß du denken mußt, jetzt kommt das Ende unserer Welt.«

Er machte mit seinen Armen eine hilflose Gebärde. Dann ging er weiter. »Fällt es dir eigentlich auf, wieviel ich rede?« sagte er. »Ich rede wie ein Wasserfall.«

»Es wird an Linda liegen«, sagte ich. »Weil sie zurückgekommen ist.«

Tony Russo ging zum Militär.

Wir hatten die Decatur erreicht und bogen rechts ein. »Sie hat sich viel Zeit gelassen«, sagte Tony. »Ein ganzes Leben liegt dazwischen. Ich habe mein Studium beendet und habe an sie gedacht und mußte meine Dienstzeit in der Armee machen und habe an sie gedacht, und als ich meine erste Anwaltskanzlei eröffnete, hing Linda als Bild zwischen den Diplomen an der Wand, doch von ihr kam nicht das kleinste Lebenszeichen. Linda war draußen in einem recht feudalen Leben, und ich blieb hier in meiner kleinen Welt, aus der ich niemals habe fortgehen wollen, und als ich nach einem langen Junggesellenleben schließlich einem Mädchen meinen Antrag machte, war auch sie aus New Orleans. Wir adoptierten Kinder, es waren zwei Söhne, prächtige Burschen sind das geworden, und die Zuneigung zwischen den beiden und mir ist groß. War immer groß und wird groß bleiben. Die Ehe hingegen erwies sich bald als Fehler. Trotzdem habe ich mich bemüht, sie zu erhalten. Es war vergeblich. Die Scheidung ging ohne Zorn und Streitigkeit vorüber. Äußerst kompliziert, wenn auch nicht unerwartet, gestaltete sich allerdings das Prozedere bei der Auflösung der Ehe durch den Vatikan.«

Wir liefen jetzt an den Schaufenstern einer Buchhandlung vorüber. Zwischen Bildbänden vom Mississippi und von den Bayous stand eine Porzellanfigur, die Satchmo ähnlich sah.

Tony Russo sagte: »Linda ist die ganzen Jahre über nicht nach New Orleans zurückgekommen. Ich habe mich mit Arbeit eingedeckt, habe mich damit betäuben wollen. Meine Kanzlei wuchs und wuchs, ich nahm Juniorpartner auf, und schließlich hat die Regierung mir das Richteramt angetragen. Es waren die Republikaner, die mich zum Richter machten. Ich habe aus deinen Ansichten herausgehört, daß es dir wohl lieber wäre, die Demokraten hätten mir die Robe gegeben,

Tony sagt, in der Kaserne habe er an die Einsamkeit der Pantomimen denken müssen ...

aber ich war mein ganzes Leben lang Republikaner, und daran wird sich auch nichts ändern.«

Tony wartete, daß ich etwas sagen würde, aber ich sagte nichts. Ich wußte, daß er nicht zu diesen Fanatikern auf dem rechten Flügel der Republikaner gehörte, die das Land immer wieder in zwei Lager spalten: *Wir und die anderen. Wer nicht für uns ist, ist gegen uns. Der wahre Wert des Lebens liegt in einer christlichen Familie. Zwischen Demokraten und Kommunisten gibt es keinen Unterschied.* Tony hielt nichts von Leuten, die solch gefährliche Sprüche klopfen. Ich wußte das. Also gab es nichts zu sagen.

»In Louisiana betrachten die Menschen es als Ehre, wenn der Gouverneur einen freien Rechtsanwalt zum Magistrat bestellt«, sagte Tony. »Ich jedenfalls habe die Bestallung zum Richter nie als selbstverständlich hingenommen. Um die gleiche Zeit begann ich zu glauben, daß Linda mich vergessen hatte. In Wahrheit aber fühlte sie sich die ganzen Jahre unserer Trennung eng mit mir verbunden. Sie hat mir jetzt in einem langen Gespräch davon erzählt. Damals aber habe ich das nicht wissen können. Ebensowenig wie ich wissen konnte, daß die Fügung ihren Anfang nahm, die uns jetzt wieder zusammenführt: Ihre Ehe zerbrach, als meine Ehe zu Ende ging. Zur gleichen Zeit! Und auch Linda hat nicht bei den ersten Schwierigkeiten aufgegeben. Sie hat eine Tochter und entschloß sich, so lange in der Ehe auszuharren, bis die Tochter erwachsen war. Erst dann hat sie sich von dem Tennisspieler trennen wollen.«

... und an die Verlassenheit der Bayous.

Tony legte die Hände auf den Rücken. Am Ende der Straße glänzten die Dächer des French Market. Der Platz davor wimmelte von Menschen, die sich um Straßenkünstler drängten. Tony sah nicht zu ihnen hin. Er schien zu zögern. Ich sagte mir, daß er bei einer schwierigen Stelle in seiner Erzählung angekommen war.

»Es geht um die Fügung«, sagte er dann. »Ich weiß nicht, welche Worte ich dafür finden soll. Laß es mich so versuchen: Die Fügung, von der ich spreche, war die zweite in unserem Leben. Von der ersten habe ich bereits gesprochen. Sie bestand darin, daß wir uns überhaupt begegnet sind, obgleich in unseren jungen Jahren der 9. Bezirk und der Vorort Jefferson zwei weit entfernte Welten waren. Und nun, mein Lieber, kam die zweite Fügung an die Reihe. Sie nahm ihren Anfang mit der Tatsache, daß ich Richter beim Magistrat geworden war und nicht beim Federal Court oder einem anderen Gericht. Einem Richter bei der Magistrate Section of the Criminal Court wird nämlich die Fortführung seiner Anwaltspraxis zugestanden, und es ist dieser Umstand gewesen, der mich Linda endgültig wiedersehen ließ. Nun ist es so gewesen, daß eine weitere Aufgabe in unserer Kette von Fügungen Lindas Eltern zugefallen war. Du erinnerst dich, was ich dir über den deutschen Fliesenleger Nuß und seine zerbrechlich kleine Frau aus Frankreich sagte? Die beiden hatten mich ins Herz geschlossen, und selbst das vermeintliche Ende der Liebe ihrer Tochter zu dem Sizilianer Russo hatte daran nichts ändern können. Die beiden gehörten zu den ersten Klienten meiner Kanzlei und sind mir stets treu geblieben. Als sich der Erfolg einstellte und meine Honorare stiegen, war auf den Rechnungen für Lindas Eltern noch immer der gleiche geringfügige Betrag meiner frühen Hungerjahre ausgedruckt.« Er sah mich aus den Augenwinkeln an. »Möglicherweise wird es dich überraschen, aber dieses ewig lange Schweigen, das von ihrer Tochter kam, haben auch die Eltern nicht durchbrochen.«

»Wie soll mich das überraschen«, sagte ich. »Du hast den Leuten keinen anderen Weg gelassen.«

»Meinst du? Trotz der Zuneigung, die sie für mich empfanden?«

»Was sollte ihre Zuneigung daran ändern?« sagte ich. »Du hast darauf bestanden, daß der Name Linda in deiner Gegenwart nicht mehr ausgesprochen wird.«

»Das ist wahr.«

»Und was sollen dir die Eltern schon groß sagen? Linda ist glücklich? Oder, sie sieht ihr Leben als einen großen Fehler an?«

»Du hast recht. Das haben sie nicht sagen können.«

»Eben.«

»Außerdem hat dich Lindas Vater wohl nicht verletzen wollen.«

»Es wird wohl so sein, wie du es sagst. Wenn auch ...«

Er unterbrach den Satz und sah zu einem Clown, der auf einer fünf Meter hohen Leiter balancierte. Der Clown warf brennende Fackeln in die Luft, und als er sie auffing, tat er so, als würde er von der

Leiter stürzen, und genoß es, daß sein Publikum entsetzt aufschrie und dann heftig applaudierte.

»Wenn auch?« fragte ich Tony.

»Wenn er es mich auch hätte wissen lassen können, daß Linda heimgekommen war«, sagte er. »Vielleicht nicht gleich am ersten Tag, aber wenigstens doch ein paar Tage später!« Er schüttelte den Kopf. »Wenn du denkst«, sagte Tony dann, »sie ist schon seit einem halben Jahr in New Orleans! Und ich weiß es erst seit jetzt.«

»Seit einem halben Jahr?«

»Seit einem halben Jahr.«

»Und sie hat es dich nicht wissen lassen?«

»Sie hatte einen Grund dafür«, sagte er. »Oder sogar zwei. Zwei gute.« Der Clown stieg von der Leiter, und Tony wartete, bis er unten war. »Linda wollte ihre Scheidung abwarten, bevor sie mich wiedersieht«, sagte er dann. »Sie hat auf die gleiche Weise zu mir zurückkommen wollen, wie sie fortgegangen war: frei und unabhängig. Verstehst du das?«

»Ja«, sagte ich. »Was war der zweite Grund?«

»Sie will Juristin werden. Am Tag nach ihrer Heimkehr hat sie sich bei den Jesuiten in Loyola angemeldet. Es war ihr wichtig, die Aufnahmeprüfung zu bestehen. Aus eigener Kraft, verstehst du? Ohne meinen Einfluß auf Loyola. Erst dann hat sie mit mir sprechen

Unter den Soldaten hielt er es nicht lange aus. Anthony J. Russo wurde Rechtsanwalt. Später Richter. Die Jahre schleppten sich dahin ...

*... zweiund-
zwanzig Jahre
schleppten sich
dahin. Bis der
Richter auf die
Plantage Notto-
way gerufen
wurde. Wo er
seine Jugendliebe
wiedertraf.*

Von dem Tag an haben sich die beiden nicht mehr trennen wollen.

wollen. Sie hat wohl auch von mir hören wollen, ob es für uns trotz allem eine Zukunft gibt.«

Hinter Tony waren jetzt die dunkelgrünen Markisen zu sehen, die dem Grecco's einen besonderen Charakter gaben. Neben der Eingangstür stand Alvin.

»Ein Stück den Mississippi aufwärts gibt es die Nottoway Plantation«, sagte Tony. »Das Herrenhaus ist ein weißes *Ante Bellum*. Sicher bist du mal dagewesen.«

»Ja«, sagte ich, »bei der kleinen Fähre. Ich habe mich von ihr übersetzen lassen. Letztes Jahr.«

»Die Fügung ist im Nottoway zu Ende gegangen«, sagte Tony. »In einem Badezimmer.«

»Wie meinst du das? Badezimmer?«

»Der Fliesen wegen.« Er lachte. Laut. Und dunkel. Als er gesungen hatte, war seine Stimme hell gewesen. *When I go to sleep, I never count sheep, I count all the charms about Linda.*

»Die Verwalter lassen sich in einer recht komplizierten Auseinandersetzung von meiner Kanzlei beraten«, sagte Tony. »Es geht um die Höhe des Deiches zwischen dem Mississippi und dem Nottoway. Na, wie auch immer, im Haus haben sie ein paar Gästezimmer, und als ich erfuhr, daß die Badezimmer renoviert werden mußten, habe ich neben anderen Bewerbern auch Lindas Vater vorgeschlagen. Du weißt ja, er ist Fliesenleger und hat sich um den Auftrag bewerben wollen. Wie wir nun so da stehen zwischen Dusche, Klo und Spiegel, sind die Schritte einer Frau zu hören. Rat' mal, welche Frau das war.«

Linda schrieb sich an der Universität Loyola ein und ...

»Linda«, sagte ich.

Er nickte. »Linda.« Tony nahm ein Taschentuch heraus und wischte sich durch das Gesicht. »Zweiundzwanzig Jahre später. Linda. Als sie in die Tür trat und mich sah, stand ein großer Schreck in ihren Augen. Sie hat fortlaufen wollen.«

»Warum hat sie fortlaufen wollen?«

»Sie sagt, sie brauchte ganz eilig eine Unterschrift von ihrem alten Herrn auf einem Dokument. Sie wußte, daß ihr Vater zum Ausmessen der Wände nach Nottoway gefahren war. Doch daß ich dabei sein würde, das hat sie nicht wissen können.«

Tony faltete das Taschentuch sorgfältig zusammen und stopfte es zurück in seine Hosentasche. »Wenn du denkst«, sagte er dann, »ich höre ihre Schritte und plötzlich steht sie in der Tür! Unangekündigt. Ohne Vorahnung. Es hat mich wie ein Blitz getroffen, und ihr ist es wohl ebenso ergangen, jedenfalls wollte sie davon, aber ich habe es nicht zugelassen. Ich habe gesagt: ›Linda, bist das *du*? Wie kann es sein, daß *du* das bist?‹, und darüber hat sie lachen müssen, und dann sind wir zum Deich runtergegangen und haben uns auf eine Bank gesetzt und haben nicht aufgehört zu reden, ich glaube, es ist bereits Mitternacht gewesen, da haben wir erst gemerkt, daß es dunkel war.« Er legte den Kopf auf die Seite und warf mir einen Blick aus den Augenwinkeln zu. »Verstehst du, was ich sagen will?«

... wurde Rechtsanwältin. In New Orleans. Wo Tony Russo Richter ist ...

»Sehr gut sogar.«

»Es wollte uns mit einem Mal scheinen, als hätten wir uns nie getrennt.«

»Obgleich es eine lange Zeit gewesen ist.«

»Eine zweiundzwanzig Jahre lange Zeit.« Er nickte. Wie zur Bestätigung. Als hätte er die Jahre noch einmal gezählt. »Jedoch, zweiundzwanzig ist nichts als eine Zahl«, brummelte er dann. »Wichtig ist das Glück. Und die Geduld. Ich habe das zu Linda auch gesagt.«

»Wann?«

»In der Nacht. Auf der Bank. Auf dem Deich.«

»Was hast du zu ihr gesagt?«

»Liebe und Geduld, habe ich gesagt, die ähneln sich. Wie zwei Schwestern. Liebe und Geduld sind Zwillingsschwestern.«

Wir gingen auf das Grecco's zu. Alvin stand neben der Eingangstür. Ich war sicher, die Touristen hielten ihn für den Rausschmeißer vor dem Lokal.

»*Judge,* die Missus ist schon da«, sagte er. »Sie ist zu früh gekommen.«

»Nein, Alvin.« Tony schüttelte den Kopf. »Die Missus ist recht spät gekommen.«

Alvin machte ein ratloses Gesicht. Er wußte mit der Bemerkung nicht viel anzufangen. Als er die Tür aufstieß, sah ich Linda an dem

Tisch sitzen, der als Tonys Stammtisch galt. Es war der strategische Tisch. Es war der Tisch mit der Eingangstür im Blick.

Linda hatte dunkles Haar und helle Augen. Im Grecco's hingen viele Spiegel. Die Spiegel warfen das Bild der Frau von Wand zu Wand. In allen Größen.

»Hör mal, Tony«, sagte ich. »Es ist nicht sicher, daß es eine Fügung war.«

Er warf mir einen kurzen Blick zu. »Wie meinst du das?« Seine Augen blickten streng. Es waren seine Augen aus dem Gericht.

»Die Begegnung im Nottoway«, sagte ich. »Wenn du es genau bedenkst, kann es der Fliesenleger gewesen sein.«

»Kann der Fliesenleger was gewesen sein?«

»Er kann es gewesen sein, der die Fügung war.«

»Möglich«, sagte Tony. »Aber ich will es gar nicht wissen.«

»Kann sein, daß du recht hast.«

»Es hat sich gefügt, das ist alles, was zählt«, sagte Tony, »und das ist das Ende der Geschichte.«

Ich sah zu Linda hin. Sie hatte uns bemerkt und lächelte.

... und da die beiden nicht gestorben sind, leben sie noch heute.

TOTENTANZ IN

TORAJALAND

> Ich kenne Menschen, die von den Sternen hergeflogen sind. Und die sich nach dem Rückflug sehnen.

Wir waren die Nacht hindurch die gleiche Geschwindigkeit gefahren, im Halbschlaf habe ich das am Stampfen der Maschine hören können, doch dann nahmen sie die Kraft zurück, und ich stieg aus der Koje. Ich sagte mir, wenn sie die Fahrt verringern, haben wir die Enge von Salayar erreicht und halten auf die Küste von Sulawesi zu. Vor dem Bullauge meiner Kabine hing ein dunkler Himmel. Er war mit Sternen übersät. Das Meer lag still. Es gab nur ein paar leichte, langgestreckte Wellen. Ich nahm mir unter der Dusche sehr viel Zeit. Dann stieg ich durch fades Notlicht den Niedergang hinauf an Deck. Die Luft war feucht. War gut. War frisch. Ich holte die Luft tief in meine Lungen und hielt mein Gesicht dem Wind entgegen.

Auf dem Achterdeck lagen die Zodiaks. Der Tau der Nacht ließ ihre schwarzen Gummileiber glänzen. Ich ging über das Deck an Steuerbord zur Brücke hin. Im Windschatten der Rettungsboote saß Lawrence Blair. Er hatte sich in einem von den Liegestühlen ausgestreckt, in denen tagsüber die Passagiere liegen. Gegen die Kühle dieser Stunde hatte er sich mit einer *itak* zugedeckt. Der Stoff glitzerte in vielen Farben. Es war eine Itak, wie sie die Mädchen auf der Insel Savu knüpfen.

Lawrence Blair saß jeden Morgen an der gleichen Stelle. Die Nacht über konnte er da nicht geschlafen haben, denn auf seiner Decke lag kein Tau. Außerdem ist der Mann auf dem Archipel zu Hause. Nur ein Neuling macht am Äquator den Versuch, an Deck zu schlafen. Wer diese Wasser oft befährt, schläft unter Deck. Weil er die Tücke der feuchten Luft bei Nacht unter freiem Himmel kennt. Als er noch neu war am Äquator, hat er die Luft für tropisch warm gehalten, bis der Fahrtwind die Nässe eisig kalt in seine Kleider trieb, bis er eilig nach unten unter eine heiße Dusche lief.

Der Mann im Liegestuhl sah zu mir auf. »Bald«, sagte er. »Bald zieht etwas Licht hinter der kargen Insel dort im Osten auf. Dann setzt die Stunde des Verblassens ein. Es gibt für mich nicht viel, was schöner ist, als den Sternen zuzuschauen, wenn sie in dem frühen Himmel über mir vergehen.«

Ich blieb eine Weile neben ihm stehen. Dann stieg ich zur Brücke hoch. Der Kommandostand des Rudergängers leuchtete in einem faden Licht von rot und blau und grün. Der Rudergänger war ein Filippino. Aus dem Ladebaum und von der Markierung an der Gösch kam etwas Licht durch das breite Brückenfenster. Der Erste Offizier stand wie ein Scherenschnitt davor. Er setzte das Nachtglas ab und beugte sich über das Radargerät. Als er seine Augen an den Blendschutz preßte, wurde sein Gesicht hellgrün vom Licht der vielen Inselpunkte in dem Bild der kreisenden Tangente. »Mojn, mojn«, sagte er, »und wie geht es uns denn heute?«

Lawrence Blair. Wissenschaftler. Brite. Auf der Suche nach seiner Vergangenheit.

Ich sagte ihm, nach dem ersten Topf Kaffee solle er mich das noch einmal fragen. Er deutete mit dem Kopf zu einem kleinen Tisch im Kartenraum. Auf dem Tisch stand eine Kaffeemaschine. Heißes Wasser lief in einen Filter. Die Maschine war verbeult. Ich nahm mir einen Becher. Er hatte Flaggen auf der Emaille, die das Signal *splice the main brace* ergaben.

»Das sind eigentlich die Flaggen zum Ausschenken von Rum«, sagte ich, »*splice the main brace.*«

»Aber nur bei der British Navy«, sagte der Erste Offizier. »Und selbst bei denen nicht um diese frühe Zeit.« Er lachte. Dann beugte er sich wieder über das Radar. »Zero five.«

Der Filippino wiederholte »Zero five« und fuhr die kleine Korrektur nach Ost. Das Stampfen der Maschine kam nur gedämpft zur Brücke hoch. Die Passagiere, im Bauch des Schiffes, schliefen noch. In der Dunkelheit der Brücke war es still. Ich dachte mir die Stille so zurecht, daß sie endlos war. Glückhaft. Ungestört. Allein auf einem Wasser ohne jede andere Welt. Lawrence war allein. Ich auch. Der Rudergänger. Und der Erste Offizier.

Die Discoverer. Unser Schiff auf dem Weg nach Sulawesi.

»Zero three«, sagte der Erste und ging zum Echolot hinüber.

»Zero three«, sagte der Rudergänger. »Reicht der Tiefgang vor der Insel?«

»Tiefgang reicht«, murmelte der Erste. Er stammt aus der Lüneburger Heide. Sein Name ist Uli Demel. Ich kenne ihn seit Jahren. Von einer Fahrt, die uns beiden unvergeßlich ist. Von einer Fahrt in die Antarktis. Damals hatten wir auch Schlauchboote auf dem Achterdeck. Ich goß den Becher voll bis an den Rand und sagte mir, so eine Fahrt durch Eisberge verbindet. Uli Demel sah von der grünen Scheibe hoch. »Dr. Blair will schon in Bira von Bord«, sagte er. »Bleibt es dabei, daß Sie ihn begleiten?«

Ich sagte, daß es dabei bleibt, und er meinte, »Bira ist ein Ort der Bugis. Wilde Gesellen. Aber hervorragende Seefahrer. Auf Zweimastern, die sie selber bauen. Früher hatten die Bugis in dieser Inselwelt ihr eigenes Königreich, und es gab kaum ein Handelsschiff, das die Burschen nicht geentert haben.« Er sah wieder in den Blendschutz des Radargerätes. »Zero five.«

»Aye aye, Sir, zero five.«

»Dr. Blair ist in seinen jungen Jahren mal mit den Piraten in die Banda-See gesegelt«, sagte Uli Demel. »Die Gegend war bis vor kurzem noch zum Fürchten. Jetzt will er die alten Kumpane von Bira wohl mal wiedersehen, und bis zum Hafen von Palopo reicht ihm nicht die Geduld.«

ARCHIPEL DER 14000 INSELN

Der Indonesische Archipel. Zersprungene Gebirgsbrücke zwischen Asien und Australien.

Seite 199: Die Fahrtroute der Discoverer im Archipel. Größenvergleich: Europa und der zerklüftete Archipel.

Ich ging zum Kartentisch. Blätter in kleinen Maßstäben der einzelnen Inseln lagen aufgerollt auf der Großprojektion des Archipels herum. Ich schob die Rollen beiseite und sah mir diesen gewaltigen Inselbogen an, der in frühen Zeiten sicher mal ein Gebirge war und eine Brücke baute, die von Asien über Australien bis nach Ozeanien ging. Es war eine Gebirgsbrücke aus gewaltigen Vulkanen, Tausende müssen das gewesen sein, und als die über Ewigkeiten hinweg Feuer spien und die Erde wanken ließen, ist das Vulkangebirge zu einer weit verstreuten Inselwelt zersprungen. Vierzehntausend Inseln liegen in diesen Wassern, die von drei Weltmeeren umgeben sind: dem Indischen Ozean, dem Chinameer und dem Pazifik. Über Jahrhunderte hinweg hat dieser Archipel den seefahren-

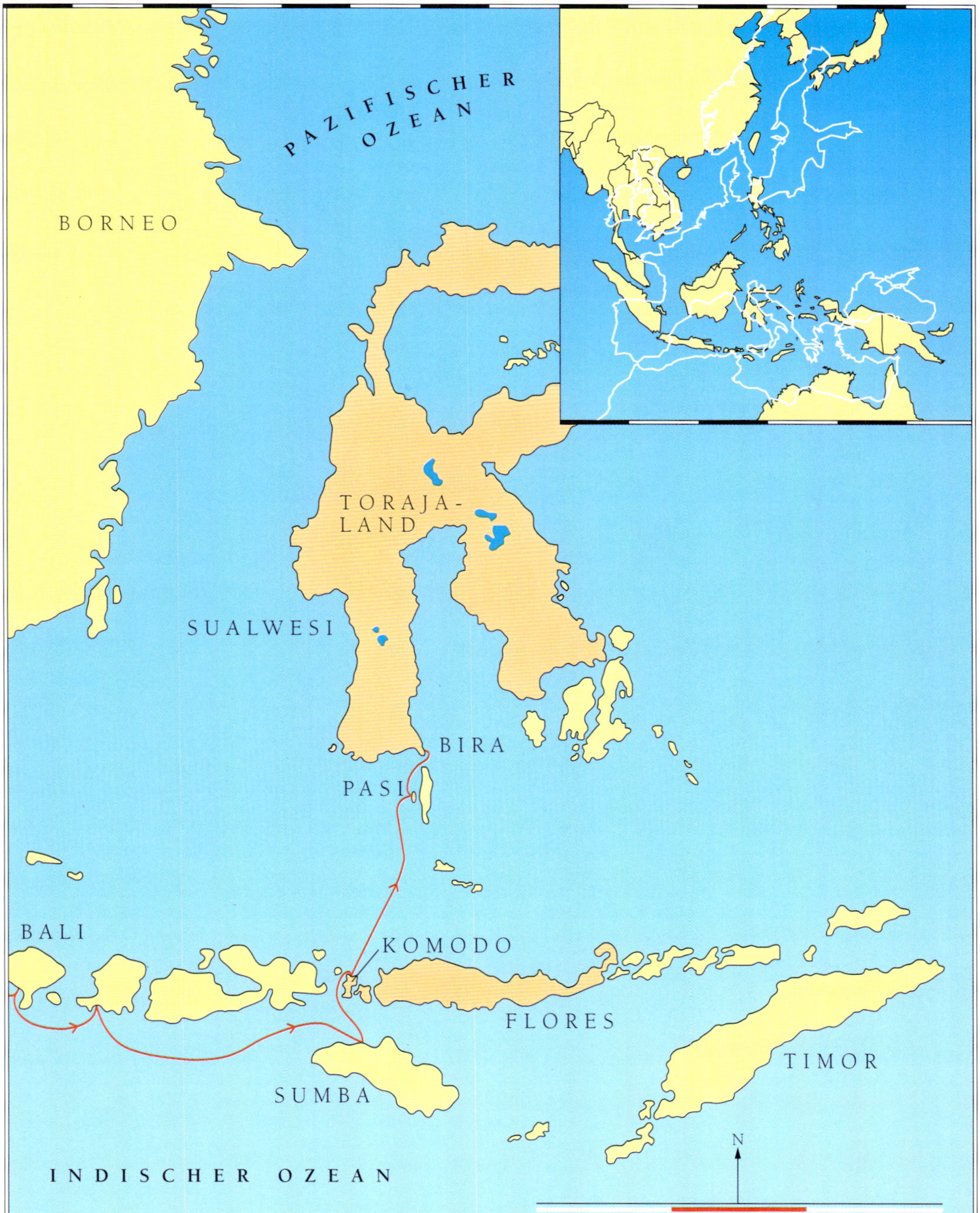

PAZIFISCHER
OZEAN
BORNEO
TORAJA-
LAND
SUALWESI
BIRA
PASI
BALI
KOMODO
FLORES
TIMOR
SUMBA
INDISCHER OZEAN
N
200 km

den Nationen aus Europa Rätsel aufgegeben. Ich sagte mir, ein Grund dafür muß in seinen gewaltigen Ausmaßen zu suchen sein, und holte eine Projektion von Europa aus dem Kartenschrank. Als ich sie über das Gewirr von Inseln legte, paßte unser alter Kontinent in diesen Archipel hinein: von Schweden bis Sizilien, von Irland bis zum Ural.

Marco Polo, Holzschnitt, 1477.

Doch es war sicher nicht allein die Größe, die den Entdecker aus Europa von den Inseln ferngehalten hat. Es muß auch die Unerreichbarkeit gewesen sein. Der Venezianer Marco Polo hatte zwar schon am Ende des dreizehnten Jahrhunderts China auf dem Landwege erreicht und von einem Abstecher zu den Sunda-Inseln wundersame Geschichten über »kleine rotbehaarte Menschen« mit nach Haus gebracht, doch der Seeweg von Europa nach Südostasien wurde erst gefunden, als der Portugiese Bartolomeu Diaz 1488 das Kap der Guten Hoffnung umfuhr. Auch nach seiner Entdeckung segelten die Europäer nur zögernd in den Archipel hinein. In alten Schriften habe ich viel vom Tod der Seefahrer in diesem Archipel gelesen. Tod durch feurige Lavabrocken. Tod durch Drachen. Und Tod durch Kannibalen.

Ich holte mir eine andere Karte auf den Tisch. Eine, die über den Wendekreis des Krebses hinaus nach Norden reicht, und konnte sehen, wer die wahren Herren des Archipels gewesen sind, lange bevor die Europäer kamen. Es waren jene Länder, die am oberen Rand der großen Meere lagen: China im Osten. Und Indien ein Stück nach Westen hin versetzt. Die Menschen dieser Riesenreiche wußten mit Drachen, Freibeutern und Vulkanen umzugehen. Bereits Jahrhunderte vor den Spaniern und den Portugiesen waren ihre Schiffe in diese Gewässer vorgestoßen, weil sie Pfeffer aus Sumatra holen wollten und Gewürze von den Molukken, und weil sie im Tausch dazu Seide aus China und Edelsteine aus Indien anzubieten hatten. Später kamen hinduistische Brahmanen und buddhistische Mönche auf die Inseln. Als die ersten Europäer unter den Vulkanen ihre Anker warfen, war der Islam bereits im Sturm über die Malayenvölker auf dem Archipel hinweggebraust. Nur Bali hat sich als einzige Insel dem Schwert Allahs nicht unterwerfen wollen, und bis heute ist das so geblieben: Die sanften Balinesen beten noch immer ihre Ahnen und die Hindugötter an.

Ich ließ den Lichtstrahl aus der Lampe über dem Kartentisch auf die Insel Bali fallen und dachte an meine Wallfahrten mit buntgeschmückten Frauen zu Vulkanen hin. In den Berichten der ersten Kapitäne hatte ich von Wallfahrten zu Vulkanen nichts gelesen. Ich sagte mir, die Urgroßmütter deiner buntgeschmückten Frauen haben vor den herrischen Fremden Angst gehabt, und wer Furcht verbreitet, wird nicht zum Thron der Götter mitgenommen.

Der gefürchtete Krakatau. Sein Ausbruch 1883 tötete 36 000 Menschen. Foto: ein weiterer vernichtender Ausbruch, 1928.

Beim Weiterwandern mit dem Finger auf der Karte lief ich den Kurs zurück, den wir gekommen waren, und stieß auf die Insel *Sumba*, wo vierhundert Jahre früher die Geschichte mit der Angst andersrum verlaufen ist. Auf Sumba war es der Fremde, den die Furcht befiel. Weil der christliche Seefahrer unverhofft und voller Grauen, wie er in seinen Berichten an die Heimat schrieb, vor Menschenfressern stand, als er an den Strand gerudert war. Die Nachfahren der Kannibalen machten Reiterspiele an dem Tag, als ich auf die Insel kam. Junge

Die Schiffe der Bugis fahren unter schwarzem Tuch.

Insel Pasi. Hardy im Zodiak der Discoverer, auf der Suche nach den Piraten des Archipels.

Lachen, Ablehnung. Und keine Antwort. Unverständnis für den Mann mit seinem Gummiboot.

Seiten 203 bis 205: Insel Komodo. Impressionen von Verarmung und Abgeschiedenheit.

Insel Pasi. Verwirrung beim Anblick einer Langnase mit gelben Haaren.

Insel Sumba. Zum Schutz vor Piraten bringen die Bauern alle Wertsachen hoch über ihren Schlafstellen in den steilen Dächern unter.

Lawrence Blair beim Wiedersehen mit Männern, die er als halbe Kinder kannte.

Seite 207: Insel Pasi. Schulkinder. Weitreichende Gefühlsskala beim ungewohnten Blitzlicht aus meiner Kamera.

Burschen schlugen sich mit Lanzen und mit Stöcken. Ihre Augen waren wild. Fanatisch. Haßerfüllt. Ich fuhr mit der Hand über Sumba hin und sagte mir, das Wort »Reiterspiel« ist falsch gewählt. Es war kein Spiel. Es war brutaler Kampf. Und der hat jeden Fremden das Fürchten gelehrt, den Handelssegler vor vierhundert Jahren ebenso wie dich, den Mann von heute, der sein Schlauchboot an den Strand der Insel zog, denn was du da mitangesehen hast, war ein Reiterkampf mit Blut. Wer vom Pferd stürzte, lag für lange Zeit wie tot. Keiner hob ihn auf. Später sagte einer aus dem Dorf, es gehöre nun einmal dazu, daß ein Krieger von den Mitstreitern nicht aufgehoben wird, und Lawrence flüsterte mir ins Ohr, er selbst habe einmal einen jungen Krieger tot im Gras gesehen.

Marco Polo beschrieb die Bewohner einiger Inseln als ›rotbehaarte kleine Menschen‹.

Beim Zurückwandern mit dem Finger auf unserem Kurs habe ich die Orang-Utans wieder vor mir gesehen und habe mir gedacht, daß sie es gewesen sind, die Marco Polo als ›rotbehaarte kleine Menschen‹ beschrieben hat. Und auch die ›Drachen‹ habe ich gesehen, die vor vierhundert Jahren der Tod der Seeleute gewesen sind. Sie leben auf Komodo. Unsere Zoologen nennen sie Warane. Sie stammen aus der Zeit der Dinosaurier. Jedes Tier, das sie erjagen können, fressen sie, und es kommt nicht selten vor, daß sie sich Menschen aus den Dörfern holen. Im dichten Unterholz der Insel sind sie nur sehr schwer auszumachen. Ich habe mich deshalb meist nur über Lichtungen bewegt. Und konnte trotzdem die Begegnung nicht vermeiden. Urplötzlich stand so ein Biest vor mir. Der Kerl war gut drei Meter lang. Wir waren beide wie versteinert. Mein Herz sprang in den Hals. Und machte Trommelwirbel. *Ratatam.* Es schoß mir durch den Kopf, daß ich an einem Baum vorbeigekommen war. Also umdrehen. Aber nur den Kopf. Und langsam. Millimeterweise. *Ratatam.* Der Baum stand nur ein paar Schritte hinter mir. Schlank. Hoch. Es war leicht, in seine Krone hochzuklettern. Selbst der kleine Junge, der ich einmal gewesen bin, hätte nicht schneller klettern können. Von oben habe ich mir dann das Biest in Ruhe angesehen. Es sah gefährlich aus. Nicht wie eine große Echse. Das Biest

Seite 208: Die wilden Reiter von Sumba.

sah eher wie ein Drache aus. Wir haben uns noch eine Weile angestarrt. Dann ist er gemächlich in sein Unterholz zurückgewandert. Später hat Lawrence mir erzählt: »So ein Drache hat einmal einen Touristen aufgefressen. Der Mann war Schweizer. Mitte der siebziger Jahre muß das gewesen sein. Oben in den Hügeln steht sein Grabstein, ein weißes Christenkreuz, und darauf ist geschrieben: *Er liebte die Natur. Sein ganzes Leben lang.*«

Auf der Seekarte nimmt sich die Dracheninsel winzig aus. Sie liegt nur ein Stück von Sumba her nach Norden hin, eingeengt zwischen Flores und Sumbawa. Ich rollte das Blatt zusammen und pinnte die Karte von Sulawesi auf den Tisch. Sulawesi sieht wie eine Spinne aus, die im Wasser liegt. Manche Leute sagen, sie schwimmt wie eine Orchidee im Archipel. Im Atlas meiner Jugend hieß sie noch Celebes. Ich sah auf die Orchidee mit dem Gitternetz von Meridianen und konnte den Lehrer vor mir sehen, wie der sagte, »Das Wort *Celebes* stammt aus dem 16. Jahrhundert, als die Portugiesen kamen. Die Seefahrer hatten immer wieder blutige Kämpfe mit den Piraten dieser zerklüfteten Insel auszutragen. Deshalb gaben sie ihr den Namen *Ponto dos Celebres,* oder in unserer Sprache ›Ort der Berüchtigten‹. Im

Insel Komodo. Unliebsame Begegnung mit einem Waran, den die Menschen Komodo-Drachen nennen.

Lauf der Zeit wurde ›Celebes‹ daraus.« Ich weiß auch noch, daß ich dem Lehrer daraufhin den Spitznamen ›Berüchtigter Mann‹ gegeben habe, *Hombre Celebre*. Weil er einer von diesen Rohrstocklehrern gewesen ist, die es in Windeseile schafften, dich übers Knie zu legen, und mit Spaß an der Sache ihren Rohrstock sausen ließen. *Hombre Celebre*. Ich habe den Mann ebenso gefürchtet wie jene Portugiesen diese Bugis. Gott sei seiner Seele bitte niemals gnädig.

Vor dem Brückenfenster war jetzt nicht mehr Nacht. Der Erste korrigierte den Kurs einen Strich nach Nord, und der Rudergänger wiederholte die Zahl. An Steuerbord zog ein helles Blau in den Himmel. Die Sterne des Lawrence Blair nahmen eine blasse Farbe an. Querab lag das Nordkap der Insel Salayar. Uli Demel kam an den Kartentisch und steckte die Position ab. Er sah auf die Uhr und schrieb die Zeit neben die Kursänderung. Die Küste von Sulawesi lag in einem frühen Dunst. Ich suchte mit dem Glas die Buchten an der Küste ab und konnte keinen Hafen sehen. »Da vorne gibt es keinen Hafen«, sagte ich. »Jedenfalls keinen, der groß genug für die *Discoverer* ist.«

»Nein«, murmelte der Erste Offizier. »Ich bringe Sie und Lawrence Blair mit dem Schlauchboot an das Ufer.«

Gedenkkreuz für einen Schweizer, der von einem Komodo-Drachen gefressen wurde. Die Inschrift lautet: Er liebte die Natur. Sein ganzes Leben lang.

ER SETZTE UNS an einer Bucht ab, die einen weißen Strand hatte. Der Sand verlief sich in einem Palmenhain. Die Luft war still. Und heiß. Trotz der frühen Stunde. Es gab ein paar Hühner zwischen braunem Tang. Sonst gab es nichts, das sich bewegte. Auch in dem Palmenhain gab es kein Leben. Im Schatten der hohen Wedel standen Schiffskörper aufgereiht, Rohbauten, ziemlich hoch, aus Holz. Auch die Stellinge waren aus Holz, rohbehauene Baumstämme, die dickbäuchige Neubauten zu stützen hatten.

»Es ist noch ganz genauso, wie es vor zwanzig Jahren war«, sagte Lawrence. Er hatte sich einen langen Schal um die Stirn geschlungen und sah wie ein Insulaner aus. »Sehen Sie sich das an: Die Bugis bauen ihre Schiffe wie vor Hunderten von Jahren. In ihren Rümpfen werden Sie keinen Nagel finden, keinen einzigen, und auch keine Schraube. Und auch eine Bauzeichnung gibt es nicht. Die Leute bauen ihre *prahus* nach Anweisung der Älteren. Die einzige Konzession an unser

Jahrhundert ist der Dieselmotor in den dicken Bäuchen, anstelle der Segel, unter denen sie zu meiner Zeit noch fuhren.«

Es war Freitag. Früh am Morgen. Von weither kam ein Singsang. Leise. Der Singsang war das Gebet des Muezzin vom Turm.

»Sie sind in der Moschee versammelt«, sagte Lawrence. »Ob wohl der eine oder andere mich noch kennt?»

Wir gingen einen schmalen Pfad dem Lied des Muezzin entgegen. Das Gestrüpp den Pfad entlang war karg. Unansehnlich. Vor einem Haus mit Wellblechdach lief eine geteerte Straße auf eine Kurve zu. Lawrence sagte, diese geteerte Straße sei ihm neu. Hinter der Kurve standen ein paar tiefgeduckte Häuser und die Moschee. Die Sure kam aus einem Lautsprecher, der am Minarett befestigt war. Sie hörte sich nach Tonband an.

Ich sah, daß wir auf eine Herberge zugingen, und Lawrence meinte, ich solle um Gottes willen nichts Besonderes erwarten, es sei die einzige Übernachtungsmöglichkeit am Ort, und besonders sauber sei es nie gewesen. Doch am Mittag gab uns die Frau in der Herberge ein gutes Essen, Bohnen, Reis und Lamm, und ich gab ihm zu verstehen, daß an dem Hotel nichts auszusetzen sei, höchstens die Cola schmecke etwas warm. Lawrence sagte, ich könne ruhig das Wasser aus der Karaffe trinken, denn es sei abgekocht, aber ich winkte ab. Immerhin lebe er ja schon seit zwanzig Jahren wie ein Insulaner, und keine Bakterie bringe ihn mehr um, doch mir wäre was Steriles aus der Dose lieber. Die Frau und Lawrence sprachen ständig indonesisch miteinander. Es war ein langes Gespräch, und es hätte sicher noch beträchtlich länger angedauert, wenn das Wort *rental car* nicht gefallen wäre. Es war nicht nur das einzige Wort, das ich verstand, es führte bei Lawrence auch zu einem Ruf der Überraschung. »Denken Sie nur! Man hat Mietautos im Ort! Nur zwei, doch immerhin. Und man kann sogar mit Kreditkarte dafür

Cpt. Zander. Uli Demel. Hardy. Lawrence. Die Discoverer.

bezahlen!« Die Art, wie er das sagte, hat enttäuscht geklungen. »Zu meiner Zeit fuhren hier zwar eine ganze Zahl von Lastkraftwagen, doch es gab nur *ein* Personenfahrzeug. Nur ein einziges. Einen Jeep. Er gehörte der Armee. Der Jeep hat dem General gehört. Ich war so Mitte zwanzig, und mein Bruder drei Jahre jünger, und von Geld konnte keine Rede sein, weshalb der Jeep wie ein Geschenk des Himmels war.«

»Ein Geschenk des Himmels?« fragte ich. »Oder ein Geschenk des Generals?«

Lawrence lachte. Sein Turban ließ mich an Peter O'Toole denken. In dem Film *Lawrence of Arabia.*

»Eine Leihgabe des Generals«, sagte er.

Ich sah mir das Gesicht unter dem Turban an. Und gab ihm einen neuen Namen. Insgeheim. Ich nannte ihn *Lawrence of Indonesia.*

Oben und unten: Tankstellen auf Sulawesi.

Am Nachmittag kühlte es ein wenig ab. Wir holten uns das eine der beiden Mietautos und machten uns auf die Suche nach den Kumpanen. Auf der Teerstraße, die am Meer entlang nach Süden führte, lief er mit langen Schritten vor dem Auto her. Die Häuser der Bugis waren von schönen Gärten eingerahmt. Ich hatte mir die Behausung von Piraten wilder vorgestellt. Wenn Lawrence die Gatter aufstieß und an buntbemalte Türen klopfte, hielt ich an. Er blieb nie für lange Zeit in einem Haus. Wenn er wieder auf die Straße kam, schüttelte er

Seite 214: Sulawesi. Nähe Bira. Schiffswerft der Bugis.

den Kopf. Jedesmal. Von Haus zu Haus. Immer wieder. Nach dem achten oder neunten Haus beugte er sich in das Wagenfenster. »Es gibt niemanden mehr«, sagte er. »Der eine ist ertrunken. Letztes Jahr soll das gewesen sein. Andere sind verschollen. Oder ausgezogen. Niemand weiß wohin.«

»In den Knast«, sagte ich. »Könnte sein, oder? Ein paar von Ihren Bugis sind in den Knast gezogen.«

Er lächelte. Aber ich konnte sehen, daß ihm meine Deutung nicht gefiel. »Sie sind in die Politik gegangen«, sagte er. »Zwei von ihnen. Nach Djakarta. Jedenfalls hat mir die Mutter des einen Mannes das erzählt.«

AM ABEND saßen wir noch eine Stunde auf der Veranda. Es war ein langer Gang, der sich der Teerstraße zuwendete. Über den Ausblick gibt es nicht viel zu sagen. Er ging auf andere Häuser hin. Links standen ein paar Palmen. Rechts gab es Gestrüpp. Die Luft wurde um diese Stunde kühl. Und der Himmel nahm eine dunkle Färbung an. Ich holte eine Flasche Rotwein aus dem Seesack. Lawrence bat die Besitzerin um einen Tee. Die Frau ging in die Küche und kam mit einem Glas für meinen Wein zurück. Es machte der Frau nichts aus, daß ich Alkohol vor mir hatte. Es war mir nicht in den Sinn gekommen, sie nach einem Getränk zu fragen, das einer Muselmanin nicht gestattet ist. Das war das einzige, was zählte. Was ein gelbhaariger Fremder zu trinken vor sich stehen hatte, zählte nicht.

Ortschaft Bira. Lawrence sucht in den Häusern der Piraten vergeblich nach seinen früheren Kumpanen. Unter Gefahr für Leib und Leben hat er als junger Mann auf den Inseln Dokumentarfilme gedreht, gemeinsam mit seinem Bruder Lorne.

»Es erstaunt mich«, sagte Lawrence, »Sie haben mich bisher nicht nach dem General gefragt. Oder nach seinem Jeep. Oder warum ich die Bugis wiedersehen wollte, die ich nicht mehr finden kann.«

Ich wußte darauf nichts zu sagen. Was ich hier erlebte, war die Rückkehr des Lawrence Blair in eine Vergangenheit, die einen großen Zauber für ihn haben muß. Ich sagte mir, dich hat er nur mitgenommen, weil er seine Rückkehr mit deinen Augen sehen will.

Wir blieben eine Weile still. Dann klappte ich den Korkenzieher aus dem Messer und machte meinen Rotwein auf.

»Ich habe einen Bruder.« Lawrence Blair sah mir bei der Arbeit mit dem Korkenzieher zu. »Lorne ist sein Name. Alles, was er macht, macht er mit Verzögerung. Unsere Mutter sagt, er hat es sich verbeten, auf die Welt gebracht zu werden. Sie behauptet, mit Lorne die längste Schwangerschaft aller Frauen durchgemacht zu haben, und als er schließlich unter uns normalen Erdenkindern im kalten Norden Englands weilte, zog er sich in seine kleine Seele wie in ein Schneckenhaus zurück. Im Alter von vier Jahren stand in seinem Zeugnis aus dem Kindergarten, *seine Unabhängigkeit von allem und von jedem ist nur mit Angrenzung an Wahnsinn zu beschreiben.* Der Kindergarten war in Südfrankreich, unsere Mutter war mit uns dorthin gezogen, und das Englisch unserer Vorfahren war schnell vergessen. Doch dann verfrachtete das unstete Leben unserer Mutter uns zurück nach England, und in der Heimat trieben uns die Lehrer die Sprache der Franzosen wieder aus, was dazu führte, daß Lorne kein Sterbenswort mehr in irgendeiner Sprache von sich gab, die ein anderer Mensch verstand. Es handelte sich um unartikulierte Laute, die ihn im Lauf der Jahre nur mit mir verbanden, und es kam immer wieder vor, daß ich seine Äußerungen dem Schulleiter habe übersetzen müssen. Das ging bis zu dem Jahr, als Lydia Blair sich einen Stiefvater für ihre halbwüchsigen Söhne wählte und der Liebe wegen mit uns nach Mexiko umzog. Zu der Zeit hatte sie sich bereits mit dem Schicksal abgefunden; ihr Jüngster würde wohl nie des Sprechens mächtig sein. Die Stunde, in der Lorne seine Mutter das Gegenteil erfahren ließ und uns alle glücklich machte, ereignete sich im sechsten Monat unseres Lebens in der vorübergehenden Heimat Mexiko. Die Stunde glich dem Ausbruch eines Vulkans. So, wie der Krakatoa sich schüttelte und grollte, so schüttelte sich auch Lorne Blair. Und so, wie der todbringende Vulkan in der Sunda-Straße Feuer und Asche in den Himmel spie, so spie Lorne Blair nun Worte aus. Nicht nur Worte. Wohlgeformte Sätze. Grammatikalisch fehlerfrei. Und in seinen drei erlebten Sprachen: Spanisch, Englisch und Französisch. Es ist in Mexiko gewesen, daß Lorne aus seinem Schneckenhaus gekrochen kam. Doch *seine Unabhängigkeit, die nur mit ›Angrenzung an Wahnsinn‹ zu beschreiben ist*, hat mein Bruder sein ganzes Leben beibehalten.«

Die Erlebnisse als junger Mann im Archipel hat Lawrence Blair in einem Buch zusammengefaßt.

Er sah zu mir auf und lachte. Dann warf er braunen Kandis in sein Glas, gedankenverloren, und rührte um. Die malayische Besitzerin hatte ihm das Glas und eine Kanne Tee gebracht, aber seine Erinnerung war bei seinem Bruder Lorne gewesen und er hatte nicht wahrgenommen, daß die Frau die Kanne neben meinen Wein gestellt hatte. Auch als sie wieder gegangen war, hat er es nicht bemerkt.

»Es ist eine von diesen Lorneschen Ideen gewesen, die uns die Begegnung mit den Bugis hatte suchen lassen. Zehn lange Jahre sind wir mit diesen Kerlen zwischen den Inseln hier gesegelt. Als wir noch jung und närrisch waren.« Er rührte in dem Glas. »Möchten Sie mehr erfahren?« fragte er dann. »Sie haben keine Andeutung gemacht, aber ich kann es spüren, wie Sie mehr erfahren wollen über diese beiden Narren.«

»Nicht nur über die beiden Narren«, sagte ich. »Auch über die Mutter. Sie scheint die Erfinderin Ihrer Odyssee zu sein.«

Lorne Blair. Unerschrockener Exzentriker.

Er nickte. »Lydia. Das ist ihr Name. Lydia, die Erfinderin der Odyssee. Sie erfand die Odyssee, als unser Stiefvater gestorben war und sie auf der Suche nach dem Übergeordneten von einem javanesischen Guru das *subud* erlernte, was eine eigenständige Methode der Meditation darstellt. Unsere Mutter zog zu ihrem Guru nach Djakarta und forderte ihre inzwischen erwachsenen Söhne auf, ihr nachzufolgen. Wir folgten ihr, wenn auch nur für kurze Zeit, in die schützenden Mauern ihres *ashram*, und dies justament in den Monaten der indonesischen Revolte, als Präsident Sukarno gestürzt wurde, das Gebäude der britischen Botschaft in Flammen aufging und ein jeder, der aus dem Westen kam, seines Lebens nicht mehr sicher war. Bei derartigem Tumult unterwiesen uns die Lehrmeister des Subud in der Kunst, lediglich die Welt des Inneren zu betrachten und die äußere Welt mit ihren vielfältigen Gefahren zu mißachten.

Es verging, wie ich mich erinnere, recht viel Zeit: Dann, und durch nichts begründet, traf Lorne die ganz persönliche Entscheidung, daß die Anfeindung alles Okzidentalen in dem Archipel vorüber sei, und entführte seine Mutter Lydia aus dem Ashram. Er brachte sie zu der orchideenfingrigen Insel Celebes. Der Tag, an dem die beiden die schwarzen Segel der Bugis bewunderten, muß als der Beginn unserer

Odyssee angesehen werden, und als sie im Inneren der Insel ihre Begegnung mit dem toten König der Toraja hatten, begann das Abenteuer vieler Jahre. Ich allerdings, der dritte ihres Bundes, habe von dem, was kommen würde, im entfernten kalten England nichts geahnt. Ich war dabei, auf der Universität von Lancaster mein Doktorat zu machen. Unsere Erlebnisse mit den sanften Energien der Brüder im Subud und meine Erfahrungen mit den verborgenen Weisheiten einer *Inneren Welt* hatten mich zum Studium der Vergleichenden Religionswissenschaft angeregt. Meine Doktorarbeit beschäftigte sich mit den Wegen der Bewußtseinsveränderung. Die Universitäten unserer Tage bezeichnen dieses Arbeitsgebiet als Psycho-Anthropologie.

Lorne, der trotz der Begegnung mit dem Begriff *job* seine Unabhängigkeit von allem und jedem auf fast kämpferische Weise zu bewahren wußte, hatte im Lauf der Jahre, die vor unserer Zeit im Ashram lagen, das Filmhandwerk erlernt. Er war als Kameraassistent mit dem Ethnographen Bob Cundy von Völkerschaft zu Völkerschaft gezogen, und in einem Produktionsbüro der BBC hatten sie dem Angestellten Blair beigebracht, welche Kunstfertigkeit zu jenem entscheidenden Tag führt, an dem ein Film des Produzenten Blair bei der BBC über die Antennen geht. In dem Winter meiner Doktorarbeit träumte er den Traum von *Le Gros Coup*. Diesen großen Schlag, so entschied der Prinz der Unabhängigen, würden wir gemeinsam mit den Bugis machen, mit denen wir zu den Aru-Inseln segeln würden, denn der fast ausgestorbene große Paradiesvogel sei in den grünen Blätterdächern des Dschungels auf einigen abgelegenen Inseln noch immer anzutreffen. Die Arus liegen in der Banda-See kurz vor Papua-Neuguinea, und für die Menschen dort war der Paradiesvogel zu allen Zeiten das Symbol für Seele und für Ewigkeit, angebetet von den Sultanen der Inseln und den Kannibalen ebenso wie von den Perlentauchern. Lorne schwärmte Tag und Nacht von dem blaugelben Gefieder, von dem so gut wie nie ein Farbfoto gelungen sei. Zögerlich, wie ich von Haus aus bin, ging ich in der Universitätsbibliothek von Lancaster auf die Suche nach einem triftigen Grund für das Wagnis einer Fahrt mit wilden Männern tief in einen Archipel hinein, der noch immer als abweisend und unerklärbar galt. Zu meiner Überraschung fand ich bei meinen Studien mehr als nur den Grund für eine solche Reise. Ich entwickelte eine Art Begeisterung, als ich auf die Werke eines Engländers stieß, der hundert Jahre vor uns das Abenteuer von

Studien unter den Vulkanen auf sich genommen hatte und heute zu den bedeutendsten Zoologen der Welt gerechnet wird. Sein Name ist Alfred Russell Wallace, und daß er der erste Mann des Westens war, der je den *Greater Bird of Paradise* mit eigenen Augen gesehen hat, erregte vornehmlich meinen Bruder Lorne. Von mir ergriff die Aussicht auf eine solche Reise dann Besitz, als ich in dem Buch des gleichen Forschers, *The Malay Archipelago*, und später auch in seinen anderen Werken, von den Erkenntnissen las, die er seinen Zeitgenossen übergeben hat. So ist Wallace beispielsweise auf eine zoologische Trennungslinie gestoßen, die zwischen Celebes, Borneo und den Philippinen verläuft und das Gewässer bei den Inseln Bali und Lombok durchquert. Östlich dieser Linie leben keine Elefanten, Nashörner, Tiger oder Menschenaffen. Und westlich jenes unsichtbaren Bandes, das in den Seekarten und Atlanten moderner Zeiten als *Wallace-Linie* eingetragen ist, sind nirgendwo die Tierarten der *Terra Australis* anzutreffen, die wir als Laufvögel oder Beuteltiere kennen. Die Entdekkung dieser Tiergeographie löste bereits Faszination bei mir aus, doch ein wahres Fieber ergriff von mir Besitz, als ich ein Arbeitspapier studierte, dem Wallace den Titel *On the Tendency of Varieties to Depart Indefinitely from the Original Type* gegeben hatte. Es war das Ergebnis von vier Studienjahren am Amazonas und acht einsamen, malariagebeutelten Jahren auf den Inseln Indonesiens. Als erster Wissenschaftler unserer Welt hat Wallace schriftlich seine Überzeugung festgehalten, daß jede Art von Lebewesen aus einer anderen hervorgeht, welche bereits vor ihr existierte. Wohlgemerkt: *jede* Art eines *jeden* Lebewesens, also auch der Mensch. Zu der gleichen Vermutung war als Ergebnis seiner Expedition auf der *Beagle* auch Darwin schon gekommen, doch schriftlich festgehalten hatte er es zu diesem Zeitpunkt nicht. Darwin lebte wohlhabend unter den Gelehrten Londons und hatte die Vernichtung seiner Existenz durch eine viktorianische Gesellschaft an dem Tag zu erwarten, an dem er die blasphemische These formulierte, es sei nicht Gott gewesen, der den Menschen schuf. Während Darwin noch zauderte, verfaßte Wallace, vom Fieber geschüttelt, unter dem Vulkan der weit entfernten Insel

Erste Darstellungen des Paradiesvogels. Die »jungen Narren« Lorne und Lawrence Blair hatten nach dieser Seltenheit gesucht. Die Bugis halfen mit.

Ternate seinen Aufsatz über die Evolution als natürliche Zuchtwahl durch Auslese im Kampf ums Dasein. Er schickte seine Arbeit dem berühmten Charles Robert Darwin mit der Bitte um Beachtung oder Kommentar. Darwin sah sich nun im Zugzwang auf dem Schachbrett seines Lebens: Vom Vulkangürtel einer entfernten Welt machte sich ein junger, abgerissener Forscher auf den Weg, dem untadeligen Londoner Gelehrten die Krone eines lebenlangen Schaffens zu entreißen. Auf der Suche nach einem Ausweg faßte Darwin seine Evolutionstheorie in einer kurzen Mitteilung zusammen. Am 1. Juli 1858 wurde das Manuskript, gemeinsam mit dem Ternate-Papier des unbekannten Wallace, in der *Londoner Linnéischen Gesellschaft* verlesen. Dieser 1. Juli 1858 ist die Stunde der Geburt des Darwinismus geworden, der sich bis heute mit dem Schlagwort vom »Überleben des Angepaßtesten«, dem *survival of the fittest*, verbindet. Der Vordenker wird allerdings kaum mehr im gleichen Atemzug erwähnt. Doch das Fieber dieses Alfred Russell Wallace hat hundert Jahre später einen jungen Doktoranden in der Universitätsbibliothek von Lancaster erfaßt. Und das Ergebnis war, daß ich mich mit dem filmemachenden Exzentriker Lorne Blair auf das Wagnis Indonesien einließ. Dieses Wagnis hielt gut zehn Jahre an. Wir lebten als Zweimann-Filmteam zwischen Erdbeben und Vulkanausbrüchen, fuhren unter den schwarzen Segeln diebischer Bugis und schlossen Freundschaft mit Fischern ebenso wie mit Räubervolk. Wir waren

Die »angepaßten« Brüder bei der Arbeit (Stamm der Asmat, Neuguinea).

Gast des Sultans beim Tanz von goldgeschmückten Frauen oder lagen, auf den Tod erkrankt, in einer Hütte an der Banda-See. Taifune tobten über Inseln hin, die wir auf keiner Karte fanden, und im dampfenden Dschungel von Borneo waren Hungerkrämpfe für uns keine Seltenheit. Wenn die Krieger eines Stammes ihr Adamskostüm anhatten, stand auch Lorne nackt hinter seiner Kamera, und falls die Stunde es verlangte, legte auch ich das bißchen Hemd und Hose ab. Oftmals standen wir angsterstarrt vor Pythonschlangen. Oder gingen vorsichtig rückwärts an das Tageslicht, wenn wir im Dämmern einer Höhle auf Riesenspinnen trafen, die in Totenschädeln ihr Zuhause hatten. Nach langer Suche haben wir auch das eigentliche Objekt der Fahrt gefilmt: den *Greater Bird of Paradise.* Als wir Jahre später den Film der BBC in London gaben, sagten die Leute, jener Alfred Russell Wallace habe als erster Mann des Westens von dem Bird of Paradise erzählt, und die Brüder Blair hätten als erste Menschen unserer Welt diesen Mythenvogel in bewegten Bildern mit nach Haus gebracht.

Lorne und Lawrence brachten den Paradiesvogel in bewegten Bildern mit nach Haus. Vor ihnen war das niemandem gelungen.

Und dann war da noch eine Rarität, die wir waghalsige Narren in unseren Filmbüchsen mit nach Hause brachten. Es war die Heimreise des Königs der Sternenkinder von Torajaland zu den Plejaden. Diese ungewöhnliche Geschichte geht auf das Jahr zurück, als Lorne unsere Mutter Lydia aus ihrem Ashram entführte. Sie erinnern sich vielleicht, daß ich davon erzählte, denn das reinste Kidnapping ist es gewesen, als er unsere Mutter nach Sulawesi brachte. Die Reise dieser beiden wurde zum magischen Wendepunkt im Leben von uns Blairs. Zum einen hatte Lorne das Vertrauen der Bugis erringen können, und zum anderen hatte er im Hochland von Sulawesi die Begegnung mit einem eigenwilligen Volk herbeigeführt. Die Leute nennen sich *Toraja*, was heißen soll: *Menschen im Inneren.* Abgeschieden von der Welt leben die Toraja einen Traum zu Ende, der vor Tausenden von Jahren im All begonnen haben soll. Ihre Urahnen, so sagen sie, sind von den Sternen her auf die Erde gekommen, und zwar vom Siebengestirn, also von den Plejaden, ganz genau gesagt. In feurigen Gefährten, Raumschiffen gleich, sind sie hergeflogen, und nach ihrem Vorbild bauen die Toraja noch immer ihre Häuser. Die Giebel sind geschwungen und die Wände werden zum Fundament hin breiter. In ihrer Form, die einzigartig ist, gleichen sie noch immer den Karossen ihrer Ahnen. Denn eines Tages, so glauben die Toraja fest, werden sie mit diesen Gefährten feuersprühend abheben von der Erde und zurückfliegen zu jenen Sternen, von denen ihr Leben einst gekommen ist.

Zu der Zeit, als Lorne mit unserer Mutter in das Hochland der Toraja eingedrungen ist, hatten die Sternenkinder ihren letzten großen König an den Tod verloren. Sie gebrauchten diese Worte: ›an den Tod verloren‹. Der König lag aufgebahrt. Genau gesagt, lag er im Haus der Witwe Königin und war in ein rotes Ikatbündel eingenäht. Er lag schon recht lange in dem Ikatbündel, denn sein Volk hatte den Herrscher schon vor Jahren an den Tod verloren. Wie lange der König da auch weiterhin noch liegen würde, wußte kein Lebender vorauszusehen. Der Tag seiner Beerdigung wurde von den Plejaden her bestimmt. Die Priester der Toraja hielten Wache zu den Sternen hin, vom höchsten Berg aus, jede Nacht, und warteten geduldig auf das Zeichen aus dem All. Hinzu kam, daß die Tradition ein Fest verlangte, eine Zeremonie zur Verabschiedung von ihrem Herrn. Das Volk sparte für das Fest seit Jahren und würde noch lange weiter sparen, denn der Aufwand für so ein Totenfest war groß.

Ein Jahr nach Lornes Ankunft in Lancaster begann die Odyssee, die eine abenteuernde englische Mutter ihren Söhnen an der Wiege gesungen hatte. Die Odyssee begann auf Sulawesi. An diesem Ort hier. Bei den Bugis. Als diese Räuberbande uns erzählte, der tote König der Toraja warte im Haus der Witwe noch immer auf sein Fest, machten wir uns auf den Weg die Hügel hoch, zum Inneren der Insel hin. Wir haben diesen Weg in unerwarteter Bequemlichkeit zurückgelegt, im Jeep des Generals, wie ich schon erzählte. Der Herrscher über diese Insel war ein kleiner Mann. Wenn er sich vom Stuhl erhob, wurde er kaum merklich größer. Doch er war eine Persönlichkeit, gebildet und vieler Sprachen mächtig. Als er hörte, daß wir die Geschichte seiner Toraja im Fernsehen erzählen wollten, war er regelrecht begeistert und hat uns seinen Jeep gegeben, noch dazu mit einem Sergeanten als Chauffeur. Was wir für Großzügigkeit hielten, sollte sich als Weitsichtigkeit erweisen.«

AM GLEICHEN ABEND entschied sich Lawrence für seine unverzügliche Rückkehr ins Torajaland. Er fand, daß ihn in dem Dorf der

Bugis, wo er niemanden mehr kannte, nichts länger halten könne, und bestimmte die Abfahrt für den nächsten Tag. Wir fuhren recht früh los. Während der ersten Stunden hörte ich von ihm nicht viel. Die geteerte Straße enttäuschte ihn. Sie hatte einen Lehmweg ersetzt, der sich in seiner Erinnerung als hellbraunes Band viel schöner durch die grünen Hügel gewunden hatte.

Es war ein warmer Vormittag. Wir hatten unsere Fenster offen. Der Fahrtwind roch nach Gewürz. Am Straßenrand lagen kleine rote Schoten zum Trocknen in der warmen Luft. Lawrence of Indonesia erklärte in kurzen Sätzen, was da an der Straße lag: »Nelken. Zum Kochen. Die frühen Seefahrer sind wegen dieser Gewürze hergekommen.« Männer stiegen zu den Kronen schlanker Bäume hoch. »Nelken wachsen auf hohen Bäumen«, sagte Lawrence. »Es gibt nicht viele Leute, die das wissen.«

Am späten Vormittag tauchten in der Windschutzscheibe vier Männer auf. Sie hatten Bambusstangen auf den Schultern. An den Stangen hing ein Schwein. Es war schwarz, mit dicken Tauen an den Bambusstangen festgebunden und schaukelte im Voranschreiten der Männer rhythmisch hin und her. Ein wenig später, hinter einer Kurve, sah ich wieder ein paar Männer und ein Schwein. Die Männer ruhten im Schatten eines Baumes. Das Schwein lag neben ihnen und war, wie das andere vorher schon, an Bambusstangen festgebunden. Ich fuhr langsam durch den Schatten. Das Schwein sah zu mir her und stieß ein Grunzen aus.

»Opfergaben«, sagte Lawrence. »Irgendwo in der Nachbarschaft gibt es ein Fest.« Die Straße senkte sich einem weiten Tal entgegen. In der Senke war ein schmaler Fluß. Über einen Pfad, den Fluß entlang, liefen in einer langen Reihe Menschen. Die Frauen trugen Körbe mit Gemüse oder Obst. Ihre Kinder waren sonntäglich bunt gekleidet. Die Männer hatten Bambusstangen auf den Schultern, an denen fette Schweine hingen. Vor uns wollte eine Gruppe Männer die Straße überqueren. Sie

Insel Sulawesi. Ein Bauer bei der Ernte seiner Gewürznelken.

hatten sich mit einem besonders schwergewichtigen Borstenvieh abzuquälen. Ich hielt an und sah den Leuten nach, wie sie auf eine Holzbrücke zuhielten. Die Brücke machte die Verbindung zwischen Landstraße und Wiesenpfad und war voller Kinder, die einen Wasserbüffel an das andere Ufer trieben.

»Die Leute sind auf dem Weg zu einem Leichenschmaus«, sagte Lawrence. »Das Borstenvieh wird von den Verwandten des Verstorbenen oftmals tagelang zu ihm hingetragen. Das Geschenk muß lebend abgeliefert werden und ist oft von großem Wert. Ein Büffel beispielsweise bringt auf dem Markt so viel, wie ein gebrauchtes Auto kostet, was auch der Grund dafür ist, daß die Geschenke über Lautsprecher angekündigt werden, sobald die Prozession den Hof des Verstorbenen erreicht. Alles wird bekanntgemacht, das Gewicht, der Wert des Tieres, der Ort der Herkunft und schließlich auch der Name seines Spenders. Jene Verwandte, die schon vorher den Hof erreichten, zollen mit Zurufen und Applaus lautstark Anerkennung. Die Leute sitzen in den Schatten weitgespannter Blätterdächer und begrüßen jeden erschöpften Neugekommenen aus vollen Lungen und mit aufrichtiger Begeisterung.«

Insel Sulawesi. Lebendes Borstenvieh auf dem Weg zu einem Leichenschmaus.

Nächste Seite: Anverwandte des Verstorbenen auf dem Weg zum Ritual.

Ich fuhr das Auto in den Schatten hoher Bäume und sagte: »Ganz egal, was jetzt auch kommt, sei es nun Springflut, Hölle oder Schnee, den Leichenschmaus in dem Bauernhof da oben muß ich sehen.«

Lawrence lachte. Er war einverstanden. Mit Begeisterung sogar. Wir gingen zu dem letzten Haus im Dorf und sagten zu einer alten Frau, daß wir eine Schale Eier kaufen wollten, oder ein paar Laibe Brot, und trugen unsere Opfergaben hinter den anderen Leuten her, hügelan, zum Hof.

Der Ort der Festlichkeit war laut. Und bunt. Vor langgestreckten Bambushäusern wehten Tücher leicht im Wind. Die Tücher waren rot und gold. Im Schatten eines breit gespannten Daches lagen Menschen, die einen weiten Weg gekommen waren. Sie schliefen auf geflochtenen Matten. Oder ließen Wasserflaschen kreisen. Ihre Schalen waren bis zum Rand gefüllt mit Reis und Fleisch. Vor den Kindern standen Bleche voller bunter Kuchen. Das Bambushaus des Bauern und seine Scheunen waren um einen lehmgestampften Platz herum gebaut. Inmitten des Platzes wuchs ein Baum. Aus einem Halblicht, unter

adidas

bunten Sonnensegeln, sahen Hunderte von Gesichtern neugierig zu uns beiden Fremden her. Rauchwolken, die aus Kohlefeuern stiegen, zogen dünne Streifen durch die Luft. In der roten Glut der Feuer lagen dicke Klumpen Fleisch. Ein Mann kam vom Schatten seines Hauses her in das grelle Mittagslicht. Er hielt einen Kris in seinen Händen. Auf dem Platz standen Büffel. Ihre Haut war von einem hellen Grau. Lawrence sagte, Büffel von solch heller Farbe hätten einen besonders hohen Wert. Der Mann stellte sich vor ein auffallend großes Tier. Mit einer weitausholenden, kreisenden Bewegung, die den Kris in der Sonne blitzen ließ, schnitt er dem Büffel die Kehle durch. Aus der Wunde schoß ein heller Strom von Blut. Das Tier sackte zu einem Kniefall auf die Vorderläufe. Ohne einen Laut der Klage. Dann fiel es auf die Seite und schlug zwei- oder dreimal mit den Hufen. Der Tod kam nur langsam zu dem Tier. Frauen, die Kuchenbleche trugen, gingen mit vorsichtigen Schritten an seinem Blut vorüber. Aus dem Lautsprecher krächzte ein Schlager aus Amerika. *Oh Glendorah*. Dann war der Ansager wieder zu hören.

Aufmerksame Beobachter im Schatten: die Enkel des Toten.

Der Mann mit dem Kris schlug dem nächsten Büffel die Kehle durch. Nach dem Tod des dritten Tieres war der Platz so rot wie die Tücher an den Häusern. Es dauerte nicht lange, und die Bauern fingen mit dem Töten der Schweine an. Lawrence sagte, daß sie den Kehlenschnitt nach einem Ritual ausführen. Ich fragte ihn, ob das Opfern in so großer Zahl nicht Verschwendung sei. »Keineswegs«, sagte Lawrence. Vorwurf klang aus seiner Stimme. »Wie kann ein Götteropfer denn Verschwendung sein?« Später dann, am Abend, nach dem Festmahl zwischen Fahnen und Musik und Blut, habe ich zu ihm gesagt: »Götteropfer hin oder Götteropfer her, so ein Festschmaus hat die verschiedensten Gesichter. Beim Rundgang eben, durch den Hof, habe ich das andere Gesicht gesehen. Es war den Göttern abgewendet.« Lawrence hat nicht nach dem abgewendeten Gesicht gefragt. Er kannte es. Seit Jahren. Und ich hatte es jetzt auch gesehen: Sobald die Götter satt sind, packt der Mensch die Opfergaben wieder ein. Schlägt das Fleisch in große Tücher. Für den Weg zurück, am nächsten Tag. Der Mensch hat Lebendes zum Opferschmaus gebracht. Das tote Fleisch, von den Göttern nicht angerührt, trägt er in sein Haus zurück.

Als es Zeit war für den langen Weg den Pfad entlang zurück, sagte Lawrence: »Lassen Sie uns zum großen Haus hinübergehen. Es wäre unhöflich, dem Toten nicht unsere Aufwartung zu machen.«

Er stieg vor mir eine Bambustreppe hinauf bis unters Dach. Der Raum unter den Palmenblättern war lang und nach allen Seiten offen. Schwaden von verbranntem Fleisch kamen von den Kohlefeuern her. Auf einem Tisch mit reichhaltiger Verzierung von Perlmutt lag ein kleines Bündel aus Ikat. Der Stoff war rot und mit Gold durchwebt. Lawrence verneigte sich und legte zwei Finger auf die Lippen. Ich machte es ihm nach. Der Reisbauer in dem Ikatbündel muß recht klein gewesen sein. Oder recht alt. Oder der Sterbende war im grellen Licht des Äquators mit seinem letzten Atemzug zu Unscheinbarkeit geschrumpft. Ich sagte mir, wie abwegig manche Gedanken in so einer Stunde sind, und nahm Abschied von dem kleinen Ikatbündel und fragte mich beim Weitergehen, wie oft mir in Anwesenheit des Todes ein solcher Gedanke am Äquator schon gekommen war.

Auf dem Hof des verstorbenen Bauern treffen kleine Gaben ein.

Auf dem Weg zur Treppe sah ich ein zweites Ikatbündel. Es war ebenfalls aus golddurchwirktem roten Tuch. »Das ist die Witwe«, sagte Lawrence. »Zwei Jahre hat sie neben dem Verstorbenen in diesem Raum verbracht. Dann ist sie ihrem Mann in den Tod gefolgt.«

LAWRENCE FIEBERTE seiner Rückkehr ins Torajaland entgegen. Wir erreichten es noch am selben Tag. Die Straße war ständig bergauf gegangen; meist hatte sie durch dichten Regenwald geführt. Dann, und ohne Übergang, lief durch den Rahmen unserer Windschutzscheibe ein gänzlich anderes Bild. Ich sah sanfte Hügel. Langgestreckte Felsen. Dunklen Wald. Einen Bach, der silbrig war. Und Reisfelder, die das Blau des Himmels in ihren Wassern hatten.

»Wir fahren jetzt in die Pforte ein, die zu den Toraja führt«, sagte Lawrence Blair. Er deutete nach vorn. Aus Gestrüpp und Gras reckte sich ein gewaltiger Monolith zum Himmel auf. Meiner Schätzung nach war er mehr als zweihundert Meter hoch. Urfluten hatten ihn an

Seiten 228 bis 231: Unschuldige Spiele vor dem Tod am Nachmittag. Büffel werden den Göttern zum Opfer dargebracht. Und von den Menschen beim Leichenschmaus gegessen.

14

16

seiner Kuppe abgerundet. Der Stein stand vor einer Felsspalte, die eng und dunkel in dem Land klaffte. Sie wurde von einem Wald umwachsen, der lückenhaft und spärlich war. »Die klaffende Wunde dort im Wald ist Ihnen sicher nicht entgangen«, sagte Lawrence und legte den Kopf zurück. »Sie wird von den Toraja angebetet. Ihr Name ist *Göttliche Vagina.*« Dann sah er zu dem Monolithen hin. »Und der *Göttliche Phallus* steht ihr versteinert gegenüber.« Eine Zeitlang schien er dem Fahrtwind zuzuhören. Dann sagte er: »Die Toraja haben sich eine gesunde Sexualität bewahrt. Jedenfalls ist das in jenen Tagen so gewesen, als Lorne und ich zur Königsbestattung hergekommen waren. Damals hatten sie eine ungezwungene Art, mit der Liebe und dem Geliebtsein umzugehen, und es ist kaum anzunehmen, daß in den zwanzig Jahren, die seitdem vergangen sind, sich daran etwas geändert hat.«

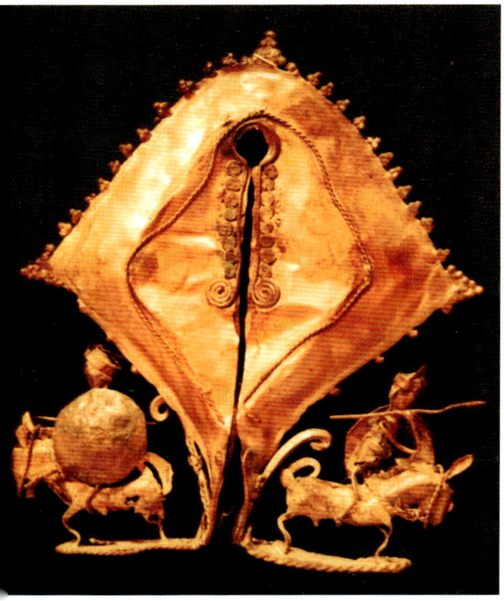

Symbol der Fruchtbarkeit.

Er steckte den Kopf aus dem Fenster und sah zu, wie diese beiden geologischen Eigentümlichkeiten kleiner wurden. Dann sagte er: »Die Regierung in Djakarta hat sich an dieser vermeintlichen Unmoral gerieben. Wie Sie wissen, sind die Generale streng muslimisch, und jede Art von Animismus ist den Männern in Djakarta zutiefst verhaßt. Denn wer seine Ahnen liebt und sie verehrt und seine Großväter zu Göttern macht, hat in seinem Herzen keinen Platz für die Unerbittlichkeit, die Strenge, mit der Allah sich die Menschen unterwirft. In der Absicht, dem verwirrenden Ahnenkult auf den Inseln Einhalt zu gebieten, verbot die Regierung alle Glaubensbekenntnisse außerhalb der vier Weltreligionen Islam, Buddhismus, Hinduismus und Christentum. Bali war zu der Zeit bereits eine Zauberinsel für Touristen, die harte Dollars brachten, und weil der Ahnenkult der Balinesen nicht zu brechen war, fügte die Regierung den vier großen Religionen auf der Liste ihrer Zugeständnisse noch eine weitere hinzu: den Hindu-Balinismus. Daraufhin erklärten die Toraja spontan, eben die sei auch ihre Religion. Der Witz, und die Geistesgegenwart der Toraja, war an dem Augenzwinkern abzulesen, mit dem sie das neue Wort Hindu-Balinismus listig aufgegriffen haben. So wird die Liebe zu den Ahnen die Generale überleben, und die *Göttliche Vagina* steht weiter Wache an der Grenze zum Torajaland, gleichberechtigt neben dem Phallus, den die Leute auch zur Gottheit machten.

Wie gesagt, die Toraja hatten eine ungezwungene Art, mit der Liebe und dem Geliebtsein umzugehen, und die Frau war in vielem gleichberechtigt mit dem Mann. Der Bewahrung von Jungfräulichkeit, die den Christen und Muslimen soviel bedeutet, mißt ein Toraja keinerlei Bedeutung bei. Im Gegenteil: Junge Leute werden schon sehr früh zur körperlichen Liebe ermuntert, und das gegenseitige Ausprobieren vor der Ehe ist eine Selbstverständlichkeit. Junge Leute werden mit dem gleichen Respekt behandelt wie die Eltern, und jeder Mann im Volk wird von einem Kind mit ›Vater‹ angeredet, und jede Frau mit ›Mutter‹, seien sie nun die natürlichen Eltern oder nicht. Auf diese Weise haben alle Kinder viele Eltern, ihre Kindheit ist voller Harmonie, und im Fall der Scheidung eines Paares ist dies für die Kinder kein Bruch, sondern ein gleitender Übergang.

Die Straße lief jetzt auf Häuser zu, die mich tatsächlich an feuersprühende Karossen denken ließen. Sie standen hinter Reisterrassen zwischen satten Wiesen. Ein besonders hoher Giebel hob sich von einem Waldrand ab. Neben ihm standen kleine Häuser. Sie waren alle in dem gleichen Stil gebaut. Beim Näherkommen nahmen sich die Malereien an den Wänden der kleinen Häuser neben dem recht bunten großen Raumschiff ein wenig ärmlich aus.

Seiten 234 bis 237: Raumschiffe der Sternenkinder: Die Wohnstätten der Toraja sollen zu feurigen Karossen werden, sobald von den Plejaden das ersehnte Zeichen für den Rückflug kommt.

Der Bauernsohn glaubt fest daran, daß sein Volk im All zu Hause ist. Für seinen Freund, den Wasserbüffel, ist ebenfalls im Raumschiff Platz.

Seite 239: Fassade am Haus eines Adligen. Die Malereien und Symbole sind für einen Fremden nicht zu deuten.

»Ein reicher Mann und viele kleine Leute«, sagte Lawrence. Er hatte meinen Blick bemerkt. »Der Kastengeist der Toraja scheint wohl noch immer ungebrochen. Ihre Sozialstruktur trennt auf krasse Weise die Besitzenden von den Besitzlosen. Es gibt drei Klassen. An der Spitze steht der *Adel*. Er stellt den König. Die Generale haben zwar verfügt, daß er den Titel nicht mehr tragen darf, doch das Volk kümmert sich um die Verordnung nicht. Dem Adel gehört fast aller Grund und Boden, und nur wer dem Adel angehört, kann in den Dorfgemeinschaften eine führende Position einnehmen. In der Mitte der Rangordnung lebt das *Freie Volk*. Diese Gruppe macht ungefähr ein Viertel der Toraja aus. Sie stellt die Beamten und die Kaufleute, und den Bauern unter ihnen wird Landbesitz zugestanden. Den Unterbau der Pyramide bilden die *Besitzlosen*. Sie sind die Arbeiter im Land, die Tagelöhner, die Bauarbeiter, und aus ihrer Mitte wurden die Sklaven ausgewählt. Bis auf den heutigen Tag sind diese Leute, Männer ebenso wie Frauen, die Leibeigenen der Adelsschicht, die in Erbfolge von der einen Generation auf die nächste übergeht. Doch diese Leutchen führen alles andere als ein Sklavendasein. Im Gegenteil. Oftmals ist der Sklave durch seiner Hände Arbeit wohlhabender als sein Herr, denn er kann seine Ersparnisse für sich behalten, während der Adel seinen Besitz innerhalb der Kaste von Zeit zu Zeit neu verteilen muß.«

Die Megalithen der Toraja weisen den Weg zu den Sternen, von denen ihr Volk einst kam.

Wir hatten jetzt eine Ortschaft erreicht, jedenfalls nahm ich das an, denn die hohen Giebel reihten sich als Ring um einen grünen Platz. Neben der Straße stand eine Ansammlung von Megalithen. Ich stieg aus und zählte vierzig dieser gewaltigen Steine, die an Stonehenge denken ließen. Die Art ihrer Aufstellung schien in klarer Absicht auf ein entferntes Ziel zu deuten. Ich fand den Scheitelpunkt heraus und sagte mir, daß dies eine Navigationshilfe für den Rückflug der feurigen Karossen sei, und im Scheitelpunkt der Anordnung dieser Megalithen werden die Plejaden sein.

»Sie stehen mitten in der *Rante*«, sagte Lawrence. »Eine Rante ist ein sakraler Ort. Jeder Megalith steht im Gedenken an die Seele eines Königs hier. Oder im Gedenken an die Seele einer Königin.« Er ging zu einem Stein, der umgestürzt am Boden lag. »Dieser Megalith war dem Gedenken des

Die Raumschiffe der Toraja sind ein ungelöstes Rätsel für uns normale Erdenbürger.

letzten Königs zugedacht. Als Lorne und ich mit dem Jeep des Generals im Ort eintrafen, mühte sich ein hoher gelber Kran vergeblich damit ab. Der Megalith ist viel zu schwer für den Kran gewesen, und wie ich sehe, hat der Kranfahrer den Kampf wohl aufgegeben.« Er ging in einem weiten Kreis um den umgestürzten Stein herum. »Der Sohn des toten Königs hat uns damals gastfreundlich aufgenommen. Sein Name war Ranteallo, und da kein zweiter Monolith unaufgerichtet hier am Boden liegt, ist anzunehmen, daß Kronprinz Ranteallo noch am Leben ist.« Er stieß ein kleines Lachen aus. »Der Mann ist wegen dieses Megalithen recht verzweifelt gewesen. Er erzählte, daß einer seiner Onkel im Jahre 1912 zu den Sternen geflogen ist, und damals hat das Volk noch gewußt, wie ein zwei Tonnen schwerer Stein mit primitiven Mitteln aufzustellen ist, doch in der jetzigen Generation wußte das schon keiner mehr, weshalb der Stein zu Ehren seines Vaters wohl ewig auf dem Bauch liegen werde.«

Tonnenschwere Megalithen auf dem Dorfplatz. Mit welchen Mitteln wurden sie errichtet? Auf die Frage gibt es keine Antwort.

Lawrence ging zwischen den aufgerichteten Steinen hindurch und wanderte langsam auf den grünen Platz hinaus. Ich ging ihm nach und hörte ihn sagen: »Dort, in der Mitte des Platzes, hatten sie das Totenhaus errichtet. Der Sarkophag aus Ikat mit dem Leichnam von König Lasso Rinding Puanga Sangalla war darin aufgestellt und, dem Gesetz folgend, hatte die Königswitwe die letzten vier Jahre neben dem Sarkophag kauern müssen. Die Ärmste war selbst schon siebenundachtzig Jahre alt, und das lange Kauern hatte bei ihr Muskelschwund bewirkt, weshalb sie sich allenfalls auf Händen und Knien fortbewegen konnte. Zwei Sklavinnen mußten mit ihr Totenwache halten, weil auch sie zu den Witwen zählten. Das Volk nennt die Gespielinnen des Königs *Untergeordnete Witwen* und verlangt von ihnen ebenfalls die Totenwache bei dem Ikatbündel, ganz gleich, wie lange die auch dauern mag. Ich erinnere mich, daß sie noch sieben

Wochen dauerte, nachdem Lorne und ich damals bei diesem *Rante* angekommen sind. Doch schließlich hatten die Priester auf ihrem Berg das ersehnte Zeichen vom Siebengestirn bekommen und ein langer Schrei war über alle Häuser hinweggegangen. Tausende von Menschen kamen herbei. Gott, war das ein Fest! Ein Totenfest der Freude ist daraus geworden. Frauen stellten sich in einen großen Kreis und tanzten sich in Trance. Ihre Männer warfen das Ikatbündel mit dem toten König in die Luft, immer wieder, und stießen dabei helle Schreie aus. Sie wollten seiner Seele helfen, sich freizuschütteln, bevor sie die unsichtbaren Wasser des Kosmos überquert. Büffel wurden geopfert, Hunderte, und rote Ströme flossen durch grünes Gras, als die Seelen dieser Büffel sich auf den Weg ins Jenseits, auf den Weg zur Tausendzahl der Himmlischen Büffelherde ihres Königs machten. Dann legten die Toraja den Sarg in eine Sänfte, die ihren Raumschiffen nachempfunden war. Eine zweite Sänfte hatte sein *Tau Tau* zu tragen. So ein Tau Tau ist eine buntbemalte Statue aus Holz, die den König darstellt und auch seine Kleider trägt. Sagallas Königin und die Untergeordneten Witwen fanden in der dritten Sänfte Platz, die mit schwarzen Tüchern ausgeschlagen war. Dann begann eine Art von wildem Lauf der Sänften durch die Reisterrassen, die verängstigten Witwen wurden kräftig durchgeschüttelt, und zur gleichen Zeit ging das Totenhaus in Flammen auf.«

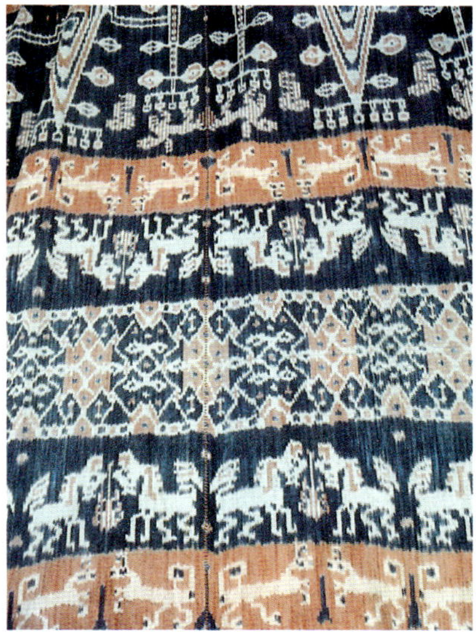

Ikat. Handgewebter Stoff der Insulaner. Die Frauen der Toraja schmükken sich damit. Ihre toten Könige werden darin aufgebahrt.

Lawrence lief weiter in den Platz hinein und suchte in seiner Erinnerung nach der Stelle, an der das Totenhaus gestanden hatte. Dann sah er zu den Häusern am Rand der Wiese hin.

»Sie sehen uns aus den Schatten ihrer Häuser zu«, sagte er. »Sie sehen uns aus vielen Augen an. Doch keiner kommt zu uns heraus.«

Als es dunkel wurde, fuhren wir die Dorfstraße hinunter, die von dem Platz des Totenfestes aus zu grünen Hügeln führte. Am Ende einer weiten Kurve stand ein buntes Schild in indonesischer Sprache. Ich fragte Lawrence, ob er die Schrift mit den runden Zeichen lesen könne, und er nickte. »Nach fünfhundert Metern kommt ein Hotel.« Er klang enttäuscht. »Damals hat es hier kein Hotel gegeben.«

»Wo sind Sie untergekommen«, fragte ich, »haben die Leute Ihnen Quartier gemacht?«

»Ja«, sagte er. »Kronprinz Ranteallo muß uns beobachtet haben, als wir die Megalithen bewunderten. Möglicherweise hat der Jeepfahrer des Generals dem Kronprinzen von unserer Anwesenheit Bericht erstattet: Jedenfalls holte uns die Familie in ihr Haus.«

Lawrence wickelte seinen langen Schal fester um die Stirn. »Warum Ranteallo uns heute wohl nicht bemerken wollte, als wir bei den Megalithen waren?« fragte er sich leise. »Es ist kaum anzunehmen, daß er uns nicht gesehen hat.«

DAS HOTEL hatte außer uns beiden keine Gäste. Vor dem Haus gab es ein Schwimmbecken, das zur Asphaltstraße hin gelegen war. Auf der Straße gab es kaum Verkehr. Ab und an lärmte ein Lastwagen dem Dorf entgegen. Sobald er hinter der weiten Kurve verschwunden war, konnte ich die Vögel wieder zwitschern hören. Sie nisteten in frischgepflanzten Bäumen, die aufgereiht wie Zinnsoldaten neben dem Pumpenhaus am Becken standen. Ich schwamm ein paar Bahnen und döste dann in einer Sonne, die an frühe Julimorgen in den Bergen

Toraja bei der Reisernte.

meiner Heimat denken ließ. Später kam Lawrence aus dem Haus. Er hatte einen Becher Kaffee in der Hand und sagte, das sei alles, was er am Morgen brauche. Frühstück mag er nicht. Nur Kaffee. Schwarz. Mit viel Zucker. Keine Milch.

Als wir unsere Taschen in das Auto warfen, waberte die Luft über der Asphaltstraße und die Bäume hatten kaum mehr Schatten. Auf einem Hügel stand eine Christenkirche. Die Straße führte schnurgerade zu ihr hin. Ein Stück weiter lagen gelbe Felder unter einem blassen Himmel. Frauen schnitten Reis. Sie hatten ihre Röcke an den Seiten hochgebunden und standen mit ihren Sicheln tief nach vorn gebeugt. Wenn sie die Halme geschnitten hatten, banden sie daraus Bündel, die so schön wie Blumensträuße waren, und stellten die Sträuße an den Rand der Straße. Hinter den Frauen kam eine Felswand in die Windschutzscheibe, und Lawrence meinte, wo immer es mir möglich sei, solle ich das Auto parken. Dann liefen wir über einen staubigen Pfad dem Fels entgegen und Lawrence Blair sagte: »Erinnern Sie sich, daß ich Ihnen von dem Tau Tau des verstorbenen letzten Königs der Toraja erzählte? Von diesem hölzernen Ebenbild, das den Turban und die Kleider des Dahingeschiedenen trug? Nun, es hat damit die folgende Bewandtnis: Während seiner Wanderung zum *Puya*, wie die Toraja ihr Jenseits nennen, zieht die Seele des Toten in das Tau Tau ein und bleibt darin wohnen. Die kleine Statue gesellt sich bei der Begräbnisstätte zu den Tau Taus der früheren Könige und erwartet dort den langersehnten Tag, an dem die feurigen Karossen sich auf den Weg zu den Plejaden machen.«

Der Fels beim Reisfeld birgt eine Eigentümlichkeit, von der es auf der Welt nicht viele gibt.

Wir waren jetzt bei der Felswand angekommen. Lawrence deutete nach oben. Die graue Wand stieg senkrecht zum Himmel an. Dreißig Meter über uns waren Nischen in den Stein geschlagen. Hinter Balustraden standen ganze Reihen hölzerner Figuren. Die Farben ihrer Kleider waren von der Äquatorsonne ausgeblichen. Es gab den einen oder anderen König, der mit hölzernem Blick zu uns nach unten starrte. Neben den Tau Taus waren kleinere Nischen in den steilen Fels gehauen. Alle hatten die gleiche Form, quadratisch, und wurden von bemalten Türen verschlossen.

Seite 248: In Felsnischen, von Menschenhand geschaffen, erwarten die sterblichen Überreste der Könige ihre Rückkehr zu den Sternen.

»Hinter den Türen, die fest verriegelt sind, ruhen die sterblichen Überreste der Könige in ihren Sarkophagen«, sagte Lawrence. Seine Stimme war leise. Als spräche er zu mir in einer Kirche. »Auch ihre Königinnen ruhen dort. Schmuck und Gegenstände von großem Wert sind den Toten beigegeben, was der Grund dafür ist, daß die Nischen so unerreichbar hoch oben in den Fels gehauen worden sind. Als Schutz vor Grabschändern, verstehen Sie? Als Schutz vor den Bugis, die früher immer wieder von ihrer Küste aus raubend durch das Hochland gezogen sind.« Er deutete auf eine Holzfigur, deren Kleider noch etwas von ihrer ursprünglichen Buntheit ahnen ließen. »Jener dort ist König Sangalla«, sagte er dann. »Der mit dem Turban. Sie hätten miterleben sollen, wie es hier zugegangen ist, als wir ihn begraben haben! Jetzt ist es kirchenstill an diesem Ort. Doch wenn ich noch an den Trubel von damals denke! Die Leute haben die drei Sänften unter schrillen Schreien zu dieser Felsenwand gebracht. Mit Gesängen und rituellen Tänzen. Immer wieder haben sie die Sänften um sich selber kreisen lassen. Wie ein Tanz ist das gewesen. Es war ein Tanz, der die bösen Geister verwirren sollte. Außerdem ist für den Toraja ein solcher Tag kein Grund zur Trauer. Im Gegenteil: Für den Toraja ist der Tod der Höhepunkt des Lebens.

Als die Prozession den Fels erreichte, wurde eine hohe Bambusleiter an die Wand gelehnt, und eine große Zahl von Männern stieg die Sprossen hoch. Es waren viel zu viele Männer für diese Leiter, sie hat wie wild geschwankt, besonders als sie den Sarkophag nach oben schleppten. Lorne hat alles gefilmt, und ich mußte auch auf die Leiter, mit unserem Tongerät. Gott! Ich habe mir gesagt, den Tag hier überlebst du nicht! Lorne, der Narr, ist sogar in die Nische hineingekrochen und hat mich gezwungen, mit hineinzukriechen, weil er filmen wollte, wie das Ikatbündel hineingeschoben wird! Selbst beim Zuschlagen der Tür lagen wir noch filmend mit dem Toten in dem Fels, und bis heute halte ich es für ein Wunder, daß die wildgewordenen Männer uns wieder rausgelassen haben!« Er lächelte. »Wenn ich denke, welch ungestüme Narren Lorne und ich einmal gewesen sind ...«

Wir blieben lange bei dem Fels. Es war ein Ort, wie es nicht viele gibt. Schließlich sagte Lawrence: »Sie müssen nicht denken, daß die Tau Taus als Wächter da oben neben den Felsengräbern stehen. Es ist eher so, daß sie von ihren Balkons auf das Volk hinuntersehen, weil sie nicht vergessen werden wollen. Außerdem fordern sie mit ihren

Seiten 250 bis 253: Tau Taus. Hölzerne Figuren in den Nischen der Felsengräber sind Abbilder der Regenten. Sie bewahren Seelen auf und halten das Andenken an die Toten wach.

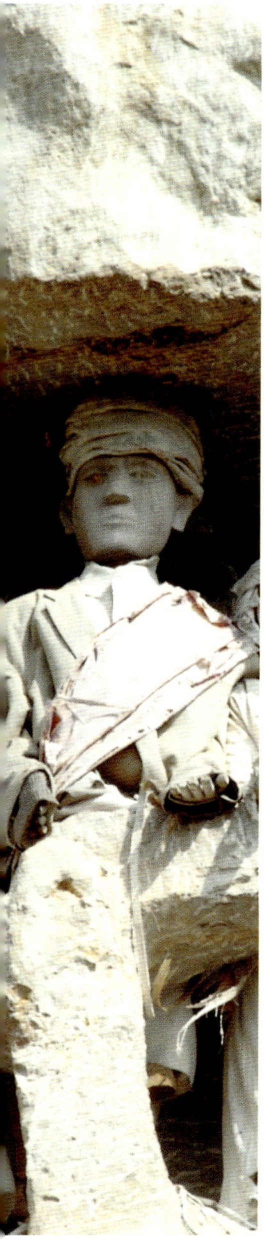

ausgebreiteten Armen und den offenen Händen angemessene Opfergaben von allen, die noch im Diesseits sind. Denn ohne das Zubrot seines Volkes kann es selbst für einen König im Jenseits kein angemessenes Leben geben.«

Als wir uns auf den Rückweg machen wollten, kam uns über den schmalen Pfad von der Straße her eine Bauersfrau entgegen. Ihr Gesicht war von der Arbeit in der Sonne runzelig geworden. Sie trug einen langen schwarzen Rock über nackten Füßen und hielt eine Sichel in der Hand. Lawrence wartete, bis die Frau herangekommen war. Dann machte er eine leichte Verbeugung und sagte etwas zu ihr in einer Sprache, die ich nicht verstand. Die Frau schüttelte den Kopf und hob wie abwehrend die Hand. Lawrence sprach weiter auf sie ein. Die Frau schien verlegen und hastete davon. Grußlos. Ohne aufzusehen. Lawrence sah ihr nach. »Ich habe sie nach Ranteallo gefragt«, sagte er, »nach dem Sohn des Königs, den wir hier begraben haben. Ich habe sie auch gefragt, ob sie sich nicht erinnern kann, daß Lorne und ich bei der Beerdigung dabei gewesen sind.« Er schien betrübt. »Möglich, daß sie meine Worte nicht verstanden hat«, sagte er dann. »Mein Bahasa Indonesia ist nicht besonders gut. Möglich auch, daß sie nur ihr eigenes Toraja spricht.« Er schüttelte den Kopf. »Eines kann ich nicht verstehen. Die Frau schien mir alt genug, die Beerdigung von König Sangalla miterlebt zu haben. Aus welchem Grund hat sie sich nicht an mich erinnern wollen? Schließlich sind Lorne und ich die einzigen Weißgesichter bei der Prozession gewesen.« Er stieg einen Pfad hinunter, der am Fuß der Felswand zu einer Höhle führte. Nach ein paar Schritten blieb er stehen. »Vielleicht geht es der Bauersfrau genauso, wie es uns ergeht, wenn wir die Gesichter der Toraja sehen: Für die Bäuerin sieht ein europäisches Gesicht ganz genau so wie das andere aus.« Der Gedanke schien ihn zu amüsieren. Ich konnte sein Lachen als Echo aus der Höhle hören.

Er stieg durch eine weite Auswaschung im Fels nach unten und stand ohne jede Verwunderung vor einem Berg von Totenschädeln und vor menschlichen Gebeinen und vor zwei Halbwüchsigen, die Stück um Stück diese weißen Knochen in die Hände nahmen und den Staub von ihnen wischten.

Lawrence sagte: »An diesem Bild hier sehen Sie, daß die Kinder der Toraja keineswegs nur im Gedanken an die Zukunft leben. Sie sind ebenso fest verwurzelt in der Vergangenheit. Ihre Liebe zu den Ahnen läßt sie eine Tätigkeit verrichten, die einem Kind in Europa Alpträume bereiten würde. Es sind junge Leute, die der zweiten Kaste angehören. Vom Adel, der im Felsen über uns begraben ist, habe ich bereits erzählt. Für das Begräbnis ihrer Untertanen gibt es seit Urzeiten drei verschiedene Arten. Die rangmäßig höchste Kaste nach dem Adel, das *Freie Volk,* findet in einer Höhle wie dieser hier ihre letzte Ruhestätte, und zwar in den Sarkophagen, die Schiffen ähneln und an den Höhlenwänden festgepflockt sind. Aus dieser Verankerung werden sie sich lösen, wenn der Flug ins All beginnt. Vom Kastendenken ausgenommen sind Kleinkinder, die das erste Lebensjahr nicht erreichen, und die, ganz gleich wer ihre Eltern sind, in ausgehöhlten Baumstämmen bestattet werden. Die unterste Kaste nun, die *Besitzlosen,* erfährt im Leben wie im Tod ein hartes Los: Ihre Toten werden ohne Sarg verscharrt oder in die nächste Schlucht geworfen.«

Als die Kinder eine fremde Stimme hörten, unterbrachen sie ihre makabre Arbeit. Sie grüßten freundlich zu uns hoch. Lawrence stieg zu ihnen in die Höhle und sprach sie auf Indonesisch an. Zu seinem Erstaunen bekam er wieder keine Antwort. Sein Satz hatte wie eine Frage geklungen. Und der Name des Kronprinzen war darin vorgekommen, *Puang Ranteallo.* Er sprach die Worte zweimal aus. *Puang Ranteallo, Puang Ranteallo.* Dabei sah er sich suchend um. Er machte das wie in einer Pantomime. Daraufhin kam Leben in das Gesicht des Mädchens, unten, in der Höhle. Sie deutete auf den Totenschädel in ihren Händen.

»Wie, glauben Sie, ist das zu verstehen?« sagte Lawrence zu mir. »Will die Kleine damit sagen, daß Ranteallo verstorben ist?« Er machte ein paar Schritte nach draußen und sah zu der Galerie der Holzfiguren hoch. »Es gibt kein Tau Tau da oben, das ihm auch nur andeutungsweise ähneln könnte.«

Das Mädchen schüttelte den Kopf und kam zu uns nach oben in den Höhleneingang. Sie stellte sich neben Lawrence und deutete über die Reisfelder hinweg zu der weit entfernten weißen Kirche hin.

»Ja, richtig«, sagte Lawrence, »ich erinnere mich wieder. Ranteallo hatte sich taufen lassen. Als wir seinen Vater in die Gruft da oben legten, war sein Sohn schon viele Jahre lang ein Christ.«

Ich konnte sehen, wie er mit sich rang. Sollte er mir vorschlagen, zum Friedhof hinzugehen? Zu den Gräbern bei der weißen Kirche? Die Grabsteine nach dem Namen Ranteallo abzusuchen? Die Bilder der letzten Tage liefen bunt und fremd durch meinen Kopf. Ich sah zu

Seiten 254 bis 257:
Die Gebeine der höchsten Kaste nach dem Adel werden in Höhlen aufbewahrt. Auch ihnen werden Tau Taus beigegeben. Hölzerne Raumschiffe stehen für den Start bereit.

den Menschenknochen in der Höhle und zu den Kindern, die Staub von den Schädeln ihrer Ahnen wischten, und sagte mir, aus dieser Fahrt durch das Torajaland ist ein Totentanz geworden.

ZU MEINER ÜBERRASCHUNG hat Lawrence Blair die Suche nach dem Grab des Kronprinzen der Toraja aufgegeben. Er ließ die Schultern hängen. Wortlos ging er von den Tau Taus fort zur Asphaltstraße. Bei der Fahrt durchs Dorf hat er nicht noch einmal halten wollen. Wenn Bauersfrauen den geschnittenen Reis zur Straße trugen, hat er nicht hingesehen, und als die Megalithen im Heckfenster des Wagens kleiner wurden, warf er keinen Blick zurück.

WIR NAHMEN DIE STRASSE, die nach Bira führt. Am vereinbarten Tag setzten wir uns an den Strand. Hinter uns war ein Palmenhain. Das Schlauchboot hatte uns bei diesen Palmen abgesetzt. Unter den Palmen bauten die Leute ihre Prahus. Es war der richtige Strand. Ich sah auf die Kalenderzahl an meiner Armbanduhr. Es war der richtige Tag.

Gegen Mittag schob sich ein kleiner Punkt über die Kimm. Unter der steilen Sonne hatte das Meer eine Farbe wie helles Blei angenommen. Ich nahm das Fernglas in beide Hände und stützte meine Ellbogen auf die Knie. Es war ein starkes Glas, und der kleine Punkt sprang wie wild durch das runde Bild. Ich hielt den Atem an, um dem Feldstecher mehr Halt zu geben. Der Punkt über der Kimm war schwarz. Ich sagte mir, es liegt an der Sonne im Zenith, wenn das weiße Schiff jetzt schwarz aussieht, ganz bestimmt ist es die *Discoverer,* und in einer Stunde rufst du sie über Funk.

Ich ging zu dem Palmenhain hinüber, wo wir unsere Taschen im Schatten abgestellt hatten, und holte das Walkie-Talkie heraus. Eine Stunde später nahm ich Verbindung auf. Die *Discoverer* meldete sich nach dem zweiten Ruf. Es war der Kapitän, der Brückenwache hatte.

Ralph Zander ist sein Name. Er stammt aus Köln. Ich sagte ihm, daß wir vor Ort sind und auf Uli Demel warten. »That is roger«, sagte die Stimme in meiner Hand. Die Stimme war noch ein wenig dünn. »Uli Demel is roger, aber es wird noch eine Weile dauern, also bleibt im Schatten und habt noch 'was Geduld.« Ich konnte meine Kajüte vor mir sehen, und den Niedergang zur Bar nach unten, wo sie Bier ausschenkten. Herrlich kalt. Vom Faß.

Lawrence hatte den ganzen Morgen auf dem heißen Sand gelegen. Sein Gesicht war von dem langen Schal verdeckt. Er stand auf und kam zu mir in den Schatten.

»Ich hätte es mir denken können«, sagte er. »Zwanzig Jahre sind eine lange Zeit. Und solche Zeit kann sogar doppelt zählen.« Er dachte nach. Dann schloß er den Gedanken ab. »Es scheint, daß ich mein Leben doppelt lange lebe. In versinkenden Kulturen. Auf zeitvergessenen Inseln. Sulawesi. Flores. Ambor. Bali. Auf den ins Meer geworfenen Vulkanen hier.« Er schüttelte den Kopf und lachte. Dann lief er ein paar Schritte durch die Sonne und fand die Stelle, an der er den ganzen Morgen gelegen hatte, und legte sich wieder in den heißen Sand.

Ich sah aufs Meer hinaus. Die *Discoverer* war jetzt mit bloßem Auge auszumachen. Ich sagte mir, noch eine Stunde und sie lassen da drüben das Schlauchboot über Bord.

Seite 258: Oben: Kinder wischen regelmäßig Staub von den Gebeinen ihrer Ahnen. Unten: Die niederen Kasten halten das Andenken an die Toten in ihren Häusern aufrecht.

Ende einer ereignisreichen Reise. Die Discoverer *holt uns in Sulawesi ab.*

BRIEF AUS DEN ROCKY MOUNTAINS

> Ein Jugendtraum geht nicht verloren. Er wird manchmal nur vergessen.

Liebe Leser, der Himmel über den Felsen ist in diesem Winter von einem besonders dunklen Blau und seit Wochen schon so gut wie wolkenlos, was dazu führt, daß Vierzig unter Null in den frühen Morgenstunden alles andere als selten ist. Wir hatten den Zeitraum gut abgepaßt, bevor wir in dieses Holzhaus eingezogen sind, das einsam zwischen Fichten steht. Damit meine ich, daß wir vor dem schweren Schneesturm eingezogen sind, der von Alaska aus südostwärts drängte, denn wenn der erst mal oben in den Felsen hängt und sich in die Täler fallen läßt, ist der Zeitpunkt verpaßt, und keiner kommt mehr ran an dieses Haus. Jedenfalls nicht, solange der alte Bill von der Num Ti Jah Lodge nicht einen Weg mit seinem Caterpillar freigepflügt hat. Bill lebt diesen Winter ganz auf sich allein gestellt am Südende vom See, denn seine Frau hat es am Herzen, wie er sagt, und liegt in Calgary im Hospital. Im Winter nimmt Old Bill keine Gäste auf, höchstens Tom und Gordon, und von denen wird in diesem Brief noch viel die Rede sein, aber sonst sind Wintergäste zuviel Arbeit für den alten Mann, und was er an Geld braucht für sein Leben, sagt er, das nimmt er mit seinem Waldgasthof den Sommer über ein.

Unser Haus ist aus Baumstämmen gemacht. Holzfäller, die es bauten, haben ein paar Buchstaben und die Zahl 1809 in den Balken am Kamin geritzt. Das kleine Fenster über meinem Tisch, an dem ich Ihnen diese Zeilen schreibe, wird zum Rahmen für einen See, der Bow Lake heißt und zugefroren ist. Über das meterdicke Eis habe ich eine Loipe für unsere Skiwanderungen gelegt. Von weiter oben in dem Tal kommt ein Fluß, der den gleichen Namen trägt, Bow River, und ich nehme an, der Name stammt von Indianern ab, denn als die Cree und die Algonquin noch allein unter diesen Gletschern lebten, nannten sie die Wasser und die Wälder gern nach den Waffen ihrer Jagd: Pfeilspitze und Bogen, also *arrowhead* oder *bow*, kommen auf den Landkarten der kanadischen Rockies immer wieder vor.

Es ist ein gut gebautes Blockhaus, das wir hier gefunden haben, die hundertfünfundachtzig Jahre merkt man ihm kaum an. Als erstes haben wir die Hütte hergerichtet, Luv und ich, denn es hatte lange keiner mehr darin gewohnt, und deshalb standen auch kaum Möbel drin. Im Wohnzimmer war, glaube ich, ein Stuhl, ziemlich wackelig, in der Küche gab es einen Tisch, und im Duschraum stand ein Schemel auf drei Beinen. Bill hat mir seinen Fünftonner gegeben, einen alten Chevy, und wir sind nach Lake Louise runter gefahren, Luv und ich, und haben David Bayne um ein paar Möbel angepumpt. David ist der General Manager von einem Hotel, das Chateau Lake Louise heißt. Das Wort *château* ist gut gewählt, weil es diese Art von *grandeur* und *splendeur* hat, wie sie sonst nur in richtigen Schlössern anzutreffen ist. Eisenbahnbarone aus der Pionierzeit Kanadas haben eine Reihe von Hotel-Schlössern den Schienenstrang der Canadian Pacific Railroad Company entlang gebaut, der den Kontinent von einem Ozean zum anderen durchquert, und weil alles an diesem Kanada gewaltig ist, sind auch die Hotels der Canadian Pacific gewaltig groß geraten. In diesem Brief, liebe Leser, werde ich Ihnen über den Schienenstrang und seine Barone noch das eine oder andere erzählen, doch zunächst bringe ich wohl besser die Geschichte unserer ersten Tage in der Blockhütte zu Ende. Also: Luv hat eine große Vorliebe für Davids Château, weil es an einem See liegt, wie es ihn romantischer nicht geben kann, und weil die Hotelhalle ein großes Fenster hat, das der Zeit des Art déco entstammt und diesen kleinen See einrahmt, der unter einer steilen Felswand liegt und an Sommerabenden das Eis eines farbenfrohen Gletschers widerspiegelt. Jedesmal, wenn Luv vor diesem Fenster steht, möchte sie es, samt Felslandschaft dahinter, mit nach Hause nehmen.

Die Blockhütte im langen Winter unserer Zufriedenheit.

In den vergangenen Jahren sind wir oft im Lake Louise zu Gast gewesen und haben auch einen *Weltenbummler*-Film an dem See

gedreht, und das war auch der Grund, weshalb Luv erst ein paar Worte über die notwendige Einsamkeit des Erzählers beim Schreiben seines Buches hat verlieren müssen, bevor Dave die paar Möbel, die wir brauchten, unter Kopfschütteln auf den Chevy laden ließ.

Wie gesagt, der Zeitpunkt war gut gewählt, denn kaum hatten wir Daves Möbel durch die schmale Tür ins Haus gehievt, legten sich dunkle Wolken auf den Fels. Es folgten Wochen voller Licht und Schatten in einem herrlich andren Land. Schnee drehte sich viele Tage und auch viele Nächte in dicken Flocken um das Haus. Wenn der Wind sich niederlegte, standen alle Bäume starr, klirrten fast, als wären sie aus Glas. Der Frost hatte den Biß des Polarkreises zu uns gebracht. Als ich die ersten Holzscheite von der Veranda zum Küchenherd und zum Kamin hin brachte, gab es wegen der Kälte auch den Geruch von Harz nicht mehr, und es war nur noch der Rauch aus unserem Kamin, der dem alten Bill am anderen Ende des Sees anzeigte, daß bei uns im Blockhaus Leben war. Doch Stimmen? Töne? Weit enfernt, vielleicht, Geräusch? Nein. Töne gab es jetzt nicht mehr. Wer in solchem Winter abseits des Trans Canada Highway in den Rockies lebt, muß denken, daß selbst Töne eingefroren sind. Schnee ist dann wie langes Schweigen. Selbst der Wind ist dann nur noch ein Flüstern. Ein Flüstern aus einem ganz entfernten Nirgendwo.

An manchen Morgen lag eine Visitenkarte vor dem Haus.

Mit solchen Bildern hatte die Zeit im Schnee für uns begonnen. Es waren gute Tage in dem Schweigen. Es war unser langer Winter der Zufriedenheit.

SOLLTEN SIE, liebenswerte Leser, sich an dieser Stelle meines Briefes fragen, wo die Hütte zu finden ist, aus der ich Ihnen schreibe, so drehen Sie auf Ihrem Globus ganz einfach die Stelle ein, an der 51 Grad Nord die Breite 116 West durchschneidet. Wenn Ihr Finger dann zurück nach Deutschland wandert, kann das eine Überraschung für Sie sein. Denn diese Rockies sind gar nicht so weit nördlich, wie die meisten von uns glauben. Falls Sie diesen Brief in München lesen,

Seite 264: Blick von der Hütte: der Bow Lake.

gehen Sie nur drei Grad den Globus rauf nach Nord, und sie stoßen auf den Breitengrad, an dem wir sind. Sollte aber Ihre Heimat Flensburg sein, muß Ihr Finger sogar drei Grad nach Süden runtergehen. Dennoch, an diesem 51 Nord wird es sehr früh dunkel. Berge werfen lange Schatten. Und morgens kommt die Sonne erst recht spät hinter diesen Gletschern hoch. Bei jedem ersten Licht des Tages ist das Feuer im Kamin nur noch eine rosa Glut. Und der Kanonenofen ist schon seit vielen Stunden kalt. Doch mir gefällt so eine frühe Stunde, wenn mein Atem wie eine kleine Wolke in die Kälte steigt. Es gefällt mir auch, wenn ich meine kleine blasse Wolke so lange in den Kamin reinpuste, bis aus einer Handvoll Reisig allmählich eine kleine Flamme lodert. Wenn die Flamme dann steil aufsteigt und nach Scheiten greift, deren Harz gefroren ist, muß ich an Prometheus denken: »Bedecke deinen Himmel, Zeus, mit Wolkendunst ...« Einmal habe ich ein Stück der Ode laut zitiert, und als Luv wissen wollte, was das sei, habe ich gesagt, Prometheus, von Goethe, und es geht um den alten Griechen, der das Herdfeuer zu den Menschen trug. An dem Morgen habe ich meiner Frau gestanden, daß ich so gut wie jeden Morgen beim Feuermachen an Prometheus denke, und sie hat gelacht, über den »Rösselsprung meiner Gedanken«, den sie immer wieder seltsam findet.

Wie gesagt, mir gefallen diese kalten, frühen Morgen, wenn Luv ihre klammen Hände an dem Wasserkessel wärmt und eine frühe Sonne die Gletscher vor dem Fenster glühen läßt und das Rot der Gletscher sich viel Zeit nimmt, bevor es ganz gemächlich über die Frau in meiner Küche und über die Wände unserer Hütte streicht.

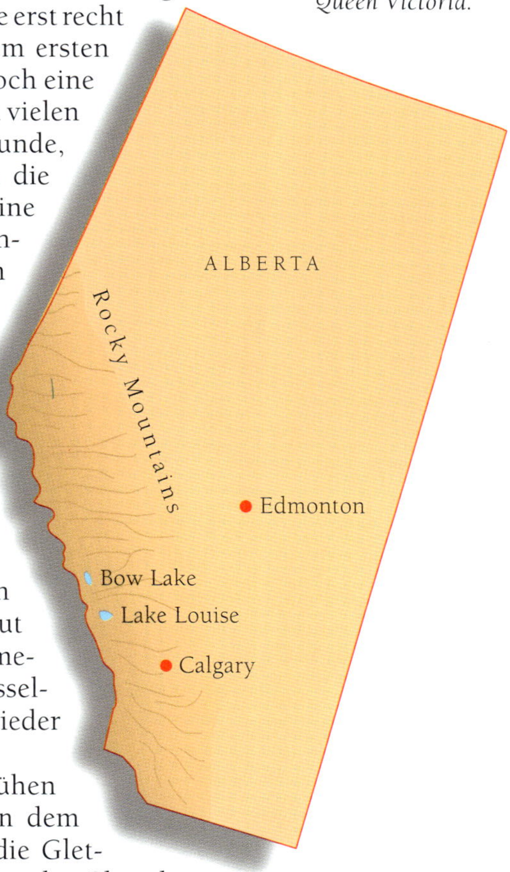

Die Provinz Alberta, benannt nach der vierten Tochter von Queen Victoria.

ICH STELLE MIR JETZT VOR, liebenswerte Leserin und lieber Leser, wie Sie an dieser Stelle meine Gedanken, die ich hier notiere, aus der Hand legen und sich (ebenso wie mich) fragen, warum ich so etwas Persönliches, wie ein Brief es nun mal ist, an das Ende eines

Seite 266: Farbenspiel der Gletscher. Zu jeder Stunde neu (Victoria-Gletscher und Lake Louise).

Buches setze. Nun, ich weiß nicht, ob Sie sich noch erinnern, aber vor vier Jahren habe ich Ihnen schon einmal geschrieben, aus einem monsungeschüttelten Hongkong, und mein Verleger hat den Brief im ersten *Weltenbummler*-Buch gedruckt. Der nächste Brief ist von der Arabischen Halbinsel zu Ihnen gekommen, er stand am Schluß im zweiten Band, und wenn die Götter dieser Welt mir gut gesonnen sind, dann stehen beide Bücher schon in Ihrem Schrank. Wenn aber nicht, dann wäre dies mein erster Brief an Sie, und der Grund dafür ist am besten mit den beiden früheren erklärt. In dem ersten, jenem aus Hongkong, habe ich eingestanden, daß ich beim Erzählen meiner Geschichten oft auf Fragen stoße, für die ich keine Antwort weiß, und bei der Niederschrift des Briefes habe ich mir vorgestellt, wie Leser und Schreiber am gleichen Tisch beisammen sind, und habe gehofft, daß wenigstens der eine oder andere Leser eine Antwort weiß.

In den Tannen sang der Wind. Wer Geschichten schreiben will, kann sich kaum Besseres wünschen.

Seite 269: Glanz in unserer Hütte: die kanadischen Schauspieler Tom Jackson und Gordon Tootootsis.

Auch in dem Brief aus der Wüste von Dubai steht eine Überlegung, die an die Tischrunde gerichtet war. Es ging mir um die drei großen Religionen, deren Wurzeln in dem gleichen kargen Boden heimisch sind, und die alle drei der Welt verkünden, jede einzelne von ihnen habe den einzig wahren Gott, und die, auch alle drei, das gleiche Land für sich in Anspruch nehmen, bis hin zu dem göttlichen Recht, blutige Kriege um das Land zu führen. Damals, von Dubai aus, habe ich Ihnen geschrieben, daß ein Teil der Antwort auf die Frage nach dem Besitzanspruch von Land von einem Mann im All gekommen war. Von einem Astronauten, der in Saudi-Arabien zu Hause ist. »Am ersten Tag deutete jeder auf sein Land«, schrieb der Mann. Sein Name ist Sultan Ben Al Saud, und seine Gedanken gebe ich hier noch einmal wieder: »Am ersten Tag deutete jeder auf sein Land. Am dritten oder vierten Tag zeigte jeder auf seinen Kontinent. Ab dem fünften Tag achteten wir auch nicht mehr auf die Kontinente. Wir sahen nur noch die Erde als den einen, ganzen Planeten.«

In diesem dritten Brief nun, verehrte Leser, hätte ich gern mit Ihnen die Überlegung durchgesprochen, ob sich nicht alle Menschen unserer Welt in ihren Wesenszügen gleichen. Das gleiche wollen. Und die gleichen Fehler machen. Und zwar alle Menschen, woher jeder einzelne auch stammen mag – aus Afrika, aus Asien, von der Südsee, aus Europa oder den beiden Amerikas. Und dabei scheint es gleich zu sein, in welcher Tradition sie aufgewachsen sind. Auf den Seiten meiner Tagebücher denke ich oft darüber nach, und in der Stille dieses Winters habe ich davon gesprochen. Ich habe zu meiner Frau davon gesprochen, und als ein paar Tage später zwei Männer auf ihrem Hundeschlitten zu uns kamen, fragte ich auch sie zum gleichen Thema aus. Die beiden blieben ein paar Wochen, drüben bei Old Bill in seiner Num Ti Jah. Die beiden sind seit vielen Jahren unsere Freunde. Gordon Tootootsis heißt der eine. Und der andere Tom Jackson. Sie sind in Saskatchewan daheim, beim Stamm der Cree. Wenn sie einer »Indianer« nennt, lächelt Gordon still. Und Tom gibt zu bedenken: »Indien liegt weit im Osten auf ganz anderen Längengraden. Wäre dieser Columbus nicht in die falsche Richtung losgesegelt, niemand auf der Welt würde uns heute Indianer nennen.«

Tom und Gordon kamen jeden Morgen zum Frühstück in die Hütte, mit dem Hundeschlitten, über den vereisten See. Ihre Huskies waren schon von weitem gut zu hören, aufgeregt und laut.

Ich brachte schon am ersten Tag die beiden Freunde auf mein Thema dieser Ähnlichkeit, und danach waren sie es, die viele Einzelheiten von mir wissen wollten. Von den Menschen auf den anderen Kontinenten und von der Welt, die sich die anderen geschaffen haben. Es ging um die Geduld der Fremden, um ihr Wissen, ihre Götter, ihre Kunst. Die beiden hatten über andere Völker viel

gelesen und wollten nun von zwei Augenzeugen hören, ob das Bild, das sie sich angelesen hatten, richtig sei. Luv und ich erzählten, was wir wußten. Zwischendurch nahm ich mir Zeit für ein paar Notizen, und aus den Notizen wird nun dieser Brief. An seinem Anfang möchte ich Ihnen von Kanada erzählen, von diesem Land, das so groß ist wie anderswo ein Kontinent. Von einer Region, die bei der Entstehung unserer Welt unbewohnt gewesen ist. Deren Einwanderer zu Untertanen der Naturgewalten wurden und ebenso wie alle Bewohner anderer Kontinente mit dem gleichen Bangen diesen Naturgewalten gegenüberstehen. Die sich dem Unbegreifbaren ergeben, den Taifunen, dem Blitzschlag, einer jahrelangen Trockenheit, dem Massensterben wilder Tiere ebenso wie einer großen Flut.

Tom und Gordon waren mit ihrem Hundeschlitten gekommen. Das Foto auf den Seiten 260/261 zeigt sie auf dem Weg zu uns.

Wer sich dem Undeutbaren unterwirft, der hat auch Hoffnungen und Wünsche. Der sucht nach einem Weg zu jener undeutbaren Macht: sucht Gott. Selbst Wissenschaftler suchen ihn. In dieser Suche sind sich die meisten Menschen gleich. Doch auch in ihren Fehlern ähneln sie einander: Was ihnen ihr Gott gegeben hat, das nehmen sie oft als selbstverständlich hin, sei es nun der Fluß, das Land, das Meer oder gar die Luft zum Atmen, und sie gehen sorglos damit um.

Tom hatte die Angewohnheit, als erstes ein paar Akkorde auf seiner Gitarre zu greifen, wenn er in die Hütte kam. An jedem Morgen war das so. Und Gordon mußte sich meist die Zöpfe binden. Es waren lange Zöpfe. Der Fahrtwind auf dem Hundeschlitten brachte sie immer wieder durcheinander. Luv stellte die Becher mit Kaffee auf die Steine beim Kamin, und Gordon sagte: »Es wird tatsächlich ein schlimmes Ende nehmen, wenn die Menschen nicht endlich beginnen, die Erde mit anderen Augen zu betrachten. Ich hoffe, du hast Menschen getroffen, die das verstanden haben.«

»Die was verstanden haben?«

»Die verstanden haben, daß nichts so voller Wunder ist wie Land.«

»O ja«, sagte ich. »Viele.«

Gordon sagte: »Land, Wasser, Sonne, Regenwolken, Luft.«

Seite 270: Der »Alaska Express« brachte neuen Schnee.

»Und Bäume«, sagte Tom. »Vergiß die Bäume nicht.«

»Ich weiß noch, wie du damals vom Yukon zurückgekommen bist«, sagte Gordon zu mir, »mit meinem alten Camper. Du hast nicht aufgehört zu erzählen von diesem Land unterhalb des Sechzigsten.« Er sah zu Tom hinüber. »Weißt du das noch, wie er mit dem Camper zurückgekommen ist?«

»Und ob«, sagte Tom.

Gordon sagte: »Ich seh ihn da noch stehn, bei meinen Pferden, und wie er erzählt. Ich kann euch die Szene vorspielen, wie er da im Stall bei meinen Pferden steht und an zu sprudeln fängt: ›Wenn es einer recht bedenkt, ist es spät gewesen, als ich losgefahren bin. Ich meine, nicht spät am Tag. Ich meine spät im Leben. Ich bin losgefahren zu einem Land, das ich schon ewig kannte. Obgleich ich niemals dagewesen war. Schon als Junge hatte ich alles verschlungen, was ich an Büchern über Trapper, Goldsucher, lose Frauenzimmer oder Abenteurer hatte finden können. Mit Zehn kniete ich hinter Skookum Jim und Tagish Charlie, als sie die erste Handvoll Gold aus den Wassern des Klondike wuschen und damit eine *stampede* auslösten, die als Goldrausch in die Geschichte eingegangen ist. Mit Dreizehn war ich im Blockhaus bei dem Dichter Robert Service, als er seine buntschillernden Balladen schrieb. Und selbst mit Siebzehn noch bin ich mit Proviant beladen hinter Jack London den Chilkoot hinaufgestapft, was dazu führte, daß ich und Jack als erste

Wenn der Tag zu Ende ging, fing das Fabulieren an. Die Geschichten der drei Freunde rankten sich um Jimmy Stewart, den Yukon, Goldgräber und Jack London.

Die drei Männer sprachen vom Yukon wie von einer alten Liebe.

Bezwinger dieses Passes in die Geschichte eingegangen sind.«

Luv mußte über die Erzählung lachen, und Gordon wollte wissen, ob er weitermachen soll.

»Was du da vormachst, klingt nach Jimmy Stewart«, sagte ich.

»Du hast das damals so erzählt«, sagte Tom. »Genau wie Gordon es jetzt macht.«

»Ich muß das von Jimmy gelernt haben«, sagte ich, »genauso spricht er über seine jungen Jahre.«

Die beiden sahen fragend zu mir her.

»Ich habe einmal etwas sehr Wichtiges von Jimmy gelernt«, sagte ich.

»Erzähl mal, was das ist«, sagte Gordon.

»Manche Leute lassen ihre frühen Jahre sterben. Wenn sie die begraben, fängt für sie das Leben an. Ich sehe solchen Leuten mit Bedauern zu. Denn Träume gehen nicht verloren. Träume werden manchmal nur vergessen.«

»Das hat Jimmy Stewart gesagt?« fragte Tom.

»Ja.« Es war mir wichtig, daß ich den beiden das erzählte. »An den Satz habe ich in meinem Leben oft gedacht.«

»Und danach gelebt.«

»Ja«, sagte ich, »und danach gelebt.«

»Verstehe«, sagte Gordon. »Soll ich jetzt weitermachen?«

»Mach weiter«, sagte ich. Er hatte alles gut imitiert. Meine Art zu sprechen. Auch die Gesten.

Gordon ging im Zimmer auf und ab. »Du hast zwischen den Pferden gestanden und von deinem Yukon-Traum erzählt.« Er legte die Hände auf den Rücken, so wie ich die Hände auf den Rücken lege. »Ungefähr so: ›... irgendwann fiel mir der Traum vom Yukon wieder ein. Vom Leben am Polarkreis, von dunklen Wassern und verschwiegenen Hügeln, und ich hab mich, endlich, vorbei am Eis des Nordens treiben lassen, und als ich an einem anderen Fluß, und sein Name, der war Porcupine, ein Rudel Rentiere ans andere Ufer schwimmen sah, war ich so froh, wie der kleine Junge, der vor vielen Jahren einmal angefangen hatte, diesen Traum zu träumen.‹«

Seiten 274 bis 277:
Vom Goldrausch sprachen die drei Träumer in der Hütte mit Bedauern. Sie wären nämlich gern hinter Jack London den Chilkoot hinaufgestapft.
Ihre mit Briefpost bestellten Bräute hätten sie dann vom Raddampfer geholt und über die Schwellen von Behausungen getragen, die sie für romantisch hielten.
In Dawson City hätten sie sich nicht lumpen lassen, wenn es darum gegangen wäre, ihre Bräute im Austausch gegen harte Nuggets mit Pariser Seide zu umhüllen.
Die verlassenen Maulwurfshügel des ausgeschürften Klondike hätten sie nur ungern hinter sich gelassen, doch das Goldschürfen von heute wäre ihre Sache nie gewesen.

XPRESSIONS
KLONDIKE
KATE'S
URVEYORS OF CLEAN ROOMS
FINE FOODS &
OTABLE SPIRITS
OPEN
RESTAURANT
OPEN

Gordon nahm das Kinn auf die gleiche Weise nach unten, wie ich das Kinn nach unten nehme. Es war wirklich sehr komisch. Ich sagte zu ihm: »Gordon Toototsis, mach weiter. Was hab ich sonst noch so erzählt?«

»Von unseren Vorfahren«, gab Gordon zur Antwort. Sein Gesicht war nachdenklich geworden. »Du hast von denen viel gesprochen und hast gesagt, als du am Yukon warst, hast du dir unsere Leute immer wieder vorgestellt, diese ersten Menschen in Kanada, lange vor der Zeit, als die Weißen kamen.«

»Eure Leute sind schon fünfundzwanzigtausend Jahre vorher dagewesen«, sagte ich. »Auch das habe ich gelernt, als ich in Alaska und am Yukon war.«

»Wir lernen so was schon als Kinder in der Schule«, sagte Tom. »Aber wie Kinder nun mal sind, vergessen wir auch schnell.«

»Es heißt, der Norden von Amerika war in grauer Vorzeit menschenleer«, meinte Gordon.

»In der Stille vor den Gletschern, die ins Meer abstürzen, hab ich mir die ersten Menschen wie in einem großen Bilderrahmen

In der Abgelegenheit unserer Hütte fragten wir uns: Wann kamen die ersten Menschen in das unbewohnte Kanada? Antwort: Vor fünfundzwanzigtausend Jahren.

vorgestellt«, sagte ich. »Es war nicht schwer, sich auszumalen, wie die Leute damals über die Eisbrücke aus Sibirien hergekommen sind. In diese Unerbittlichkeit der Gletscher. Ich habe mir vorgestellt, wie der Mensch gegen die Natur ankämpft. Nicht mit ihr lebt, in Harmonie, sondern wie der Mensch die Natur bezwingen muß.«

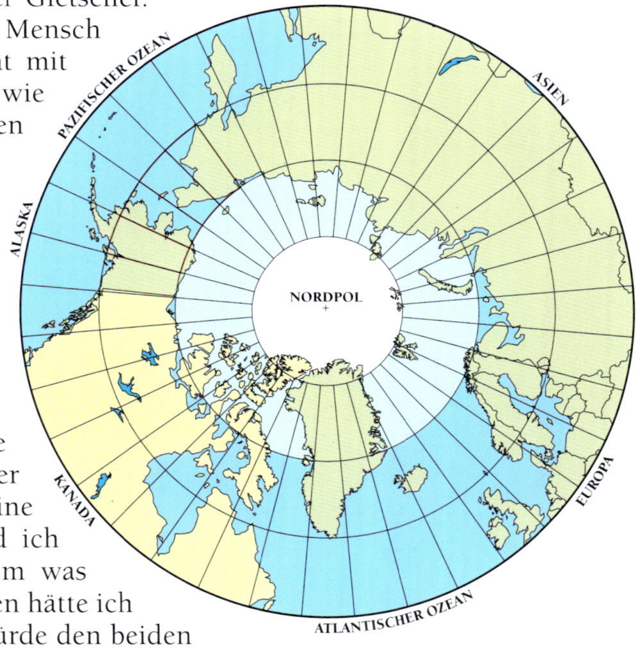

»Erzähl mal«, sagte Gordon. »Erzähl mal von deinen Bildern in dem Rahmen.«

Ich dachte mir, daß es besser sei, wenn das ein jeder für sich selber macht, und zog ein paar Blätter mit Notizen hervor, die zwischen den vielen anderen Seiten steckten, die ich am Ende dieses Winters meinem Verleger geben würde. Tom suchte seine Taschen nach der Brille ab, und ich sagte ihm, daß seine Brille kaum was nützen würde, denn meine Notizen hätte ich auf Deutsch gemacht, aber ich würde den beiden alles übersetzen.

Ich legte die Blätter vor uns auf den Tisch und sagte noch, es ginge auf diesen Blättern nur um die Besiedlung Kanadas. Die Kriege, die es um das Land gegeben habe, gehörten auf ein anderes Blatt. Während meiner langen Abende an den Wassern des Yukon, in Gordons Camper, habe ich über die Kämpfe zwischen »Indianern« und Fallenstellern viel gelesen, und auch die blutigen Fehden der Stämme untereinander waren mir bekannt. Ich hatte mir eine Meinung gebildet über alle Kolonialkriege, die Franzosen und Engländer und Amerikaner um dieses Land geführt hatten, bevor Kanada eine Nation geworden ist, doch meine Notizen, habe ich zu Gordon und zu Tom gesagt, würden sich nun mal um eine ganz eigene Sache drehen.

Bei der Entstehung der Kontinente muß es eine Landbrücke gegeben haben, die von Sibirien nach Alaska führte.

»Also dann«, sagte Gordon und deutete zu den Notizen hin, »fang an.« Ich las den beiden vor. Auf Englisch. Den Zettel mit meinen deutschen Notizen lege ich zwischen die Seiten dieses Briefes.

Die Indianer Kanadas sollen von sibirischen Nomaden abstammen, die über die vermutete Landbrücke nach Alaska kamen.

KANADISCHE DATEN.
VON DER BESIEDLUNG EINES KONTINENTS.

25 000 v. Chr.

Sibirische Nomaden sollen über Gletscher, die eine Eisbrücke zwischen Asien und dem heutigen Alaska bildeten, in den Norden des unbewohnten Kontinents eingedrungen sein. Ausgrabungen deuten darauf hin, daß die ersten Menschen Jäger waren, die sich von Mammut, Bison, Faultieren und einer haarigen Art von Rhinozeros ernährten und Wildpferde zu zähmen suchten. In Verfolgung der Herden durchzogen sie den Kontinent und drangen über den Isthmus von Panama weiter in den Süden vor, sogar bis nach Feuerland hinein. Sie wurden seßhaft und entwickelten, von Landschaft und klimatischen Verhältnissen beeinflußt, eigenständige Kulturen und unterschiedliche Sprachen. Die Nachfahren dieser Völker hat Columbus mit dem irreführenden Namen »Indianer« belegt.

5 000 v. Chr.

Eine zweite Gruppe der Bewohner Asiens löste sich aus dem mongolischen Raum. Das Ende der Eiszeit hatte aus der Gletscherbrücke ein Meer gemacht (die heutige Bering-Straße). Der mongolide Stamm durchquerte das meist stürmische Wasser in primitiven Booten aus Tierfellen. Während der Wintermonate gefror das Meer zu einer weiten Eismasse, über die eine andere Gruppe des gleichen Volkes in Fußmärschen an die nördlichen Küsten des amerikanischen Kontinents gelangte. Im Lauf der nächsten 1000 Jahre verdrängten sie die Ureinwohner (»Indianer«) aus dem Norden des Kontinents und siedelten sich auch im heutigen Grönland an. Dieses mongolide Volk nannte sich Inuit, in Übersetzung: Mensch. Die Ureinwohner (»Indianer«) gaben ihnen den Namen Eskimo, in Übersetzung: Rohfleischfresser.

1000 n. Chr.

Die ersten Weißen, die an die Küsten Kanadas gekommen sind, waren Wikinger. Vermutlich sind sie im heutigen Labrador an Land gegangen. Doch es war ihnen nicht vergönnt, zu bleiben: Die Vorfahren von Tom und Gordon haben sie aufs Meer zurückgejagt. (Anmerkung: Vielleicht sind es auch die Eskimos gewesen.)

Als die Weißen kamen, nannten sie die Ureinwohner »Wilde«.

1497 n. Chr.

Nachdem Christoph Columbus fünf Jahre zuvor in der Karibik auf Inseln stieß, die er für Indien vorgelagert hielt, weshalb sie später »West Indies« genannt wurden, entdeckte der Italiener Giovanni Caboto (unter dem Namen John Cabot in Englands Diensten segelnd) die Küsten von Neufundland und des heutigen Kap Breton. Sein Bericht über riesige Schwärme Kabeljau brachte in den nächsten Jahren an die 400 Fischerboote aus Spanien, England und Frankreich nach Neufundland. In den folgenden Jahrhunderten entflammten zwischen England und Frankreich immer wieder Kriege um den Kabeljau. (Anmerkung: Die Vorfahren von Tom und Gordon waren an den Fängen nicht interessiert. Sie fischten nur auf Seen und in Flüssen.) Der Kabeljauraubzug der Europäer reicht bis in unsere Zeit hinein. 1994 kam es zu handgreiflichen Auseinandersetzungen zwischen Spaniern und Kanadiern auf hoher See.

1535 n. Chr.

Der Franzose Jacques Cartier berichtete von schwimmenden Inseln (Eisberge) und gewaltigen Meeresungeheuern (Wale), die er im Nordatlantik angetroffen hatte. Sie sollen ganze Schiffsbesatzungen in die Tiefe gerissen haben. Im Auftrag seines Königs suchte Cartier den kurzen Weg nach China und nach Indien.

IN DER HÜTTE, an dem Wintermorgen, schlug Tom mit der flachen Hand auf mein Papier. »Also ist der auch in die falsche Richtung losgesegelt!« brüllte er, und Gordon lachte.

»Der Globus war zu der Zeit noch so gut wie unentdeckt«, sagte ich, »und als Cartier südlich von Neufundland eine breite Öffnung in der Küste sah, in die das Meer mit hohen Wellen drängte, mußte er annehmen, den vielvermuteten Seeweg nach Asien entdeckt zu haben. Und da es der Tag des heiligen Lorenz war, gab er dem Gewässer den Namen *Saint Laurent*.«

Die Ureinwohner wußten, wie ein Mensch dem harten Klima trotzt. Ohne die Hilfe dieser Eingeborenen hätten die weißen Eindringlinge wohl nicht überlebt.

»Nur, daß der Saint Lawrence den Franzosen nicht nach China brachte«, sagte Gordon mit einem breiten Lächeln, und Tom schlug noch einmal auf den Tisch. »Nur, daß die Welt für ihn immer enger wurde«, brüllte er vor Lachen, »und bei den Stromschnellen dann zu Ende ging.«

Gordon nickte. »Bei den Kaskaden von Les Chines.«

»Vor ein paar Jahren hab ich mal ein Boot für uns gechartert«, sagte ich, »nicht sehr groß, nur zweiunddreißig Fuß, aber mit einer geräumigen Kajüte, und die beiden Maschinen liefen gut. Wir hatten die Fahrt im Hafen von Sept Isles begonnen, Luv und ich, und wenn du die Einfahrt zum Sankt- Lorenz-Strom vom Golf aus siehst, kannst du dem Cartier keinen Vorwurf machen.«

»Kannst du wirklich nicht«, sagte Luv. »An der Mündung sieht das aus wie eine Meerenge zwischen zwei Kontinenten. Daß es ein Fluß ist, merkst du erst kurz vor Quebec City.«

»Der arme Cartier«, lachte Tom. »Für ihn war die Herrlichkeit schon bei den Stromschnellen zu Ende, aber wenn du heute flußaufwärts fährst, kannst du bis Chicago kommen.«

Gordon strich die Seiten mit meinen Notizen unter seinen Händen glatt. »Habt ihr euch tatsächlich mit dem Boot bis Chicago durchgeschlagen?« Der Mann hat die Hände eines Bauern. Eines Mannes, der mit Pferden lebt.

»Wir haben es gewollt«, sagte Luv, »aber dann war da Quebec City, mit seinen verführerischen Restaurants.«

»Verstehe«, sagte Tom, »und in Montreal seid ihr in den Theatern hängengeblieben und in der Oper.«

Luv nickte. »Wir haben es uns gut gehen lassen, jedenfalls bis wir in Montebello festgemacht hatten. Dann aber lief eine Cessna auf

Schwimmern in den Hafen ein, und mein romantischer Pilot hier war nicht mehr zu halten.«

»Wir sind in den Indian Summer hineingeflogen«, sagte ich. »Zu den Tausenden von Seen. Solche Farben siehst du woanders nicht sehr oft.«

»Du brauchst dich nicht zu entschuldigen«, sagte Tom.

Gordon war in Gedanken noch bei Cartier. »Als der flußaufwärts segelte, hat er Kanada den Namen Kanada gegeben. Der Franzose ist nämlich auf die Ureinwohner getroffen, die überall in den Wäldern lebten, oder in weit verstreuten Siedlungen den Fluß entlang, und ...«

Tom unterbrach: »Anmerkung!« Er hob den Zeigefinger hoch. »Die Vorfahren von Tom und Gordon sind den Franzosen freundlich entgegengetreten.«

Wir mußten alle lachen, und dann erzählte Gordon weiter. »Unsere Leute sagten *Kanatta*, so heißt das Land, wenn das auch kein Name ist, sondern nur bedeuten soll, Ansammlung von Dörfern.

Auf der Suche nach dem kürzesten Weg zum Chinameer fuhr der französische Entdecker Jacques Cartier 1535 in ein breites Gewässer ein, das er St. Laurent taufte.

EXCURSIONS
32E 37551
MAXUM

Danach haben die Franzosen unser *Kanatta* auf ihre Weise ausgesprochen: *Canada.*«

Tom versuchte, sich zu erinnern, ob sie in der Schule gelernt hatten, wie lange dieser Cartier sich damals auf dem Fluß aufgehalten hat, worauf Gordon meinte, die Eroberer im Osten hätten ihn eigentlich nie so recht beschäftigt, doch über die Landnahme der Russen in Alaska wisse er recht gut Bescheid.

»Ich glaube, die Franzosen mußten bei euren Ahnen überwintern«, sagte ich, »und der Traum von den Reichtümern in China war erst mal ausgeträumt. Als Anita und ich den Strom aufwärts fuhren und bei den Leuten in den Wäldern waren, haben wir erzählt bekommen, wie die ersten Begegnungen zwischen Seefahrern und Einheimischen gewesen sind. Es war nämlich so, wie es auf allen Kontinenten zugegangen ist: Bevor der weiße Mann seine Kultur und seine Religion zu den vermeintlich ›Wilden‹ bringen konnte, hat er erst mal von diesen Wilden lernen müssen, wie er in ihrem harschen Klima überlebt. Und der weiße Mann hat schnell gelernt. Beispielsweise, wie man aus der Rinde ganz bestimmter Bäume Boote baut, leichtgewichtig, damit ein einzelner Mann sein Kanu wildwasseraufwärts tragen kann. Er hat auch gelernt, daß dieser Strom die Mutter allen Lebens ist, die zwar kein Gold an seine Ufer wäscht, doch Fische hat, und zwar im Überfluß. Er sah, daß der Strom endlos weite Wälder wachsen ließ. Mit Früchten, Wurzeln, Beeren. Mit Kräutern, die den Eindringling von Skorbut befreiten. Die Franzosen drangen immer tiefer in das verfilzte Dickicht ein, denn wenn es schon kein Gold zu finden gab und keine Geheimnisse versunkener Kulturen, so gab es in diesen Wäldern doch etwas, das Gewinn versprach: Biber. Die Waldbewohner jagten nur so viele von diesen schlauen Tieren, wie sie für ihre Kleidung brauchten. Der weiße Mann aber wollte mehr als warme Kleidung für sich selbst, denn so ein Biberfell war im fernen Frankreich nichts anderes als ein neues Wort für Gold. Also ging er mit den ›Wilden‹ gemeinsam auf die Jagd. Was er im französischen Mutterland als Treibjagden auf Hasen kannte, führte er jetzt am Saint Laurent ein. Biber wurden massenhaft erlegt. Der stets geldhungrige Herrscher auf dem Thron von Versailles schickte Schiffe aus, die

Seite 284 oben: Quebec City vier Jahrhunderte nach Cartier. Vor längerer Zeit sind wir einmal seiner Segelstrecke stromaufwärts gefolgt.

Seite 284 unten und Seiten 285 bis 289: Wenn es Herbst wird in dem Land am Sankt-Lorenz-Strom, leuchten die Wälder auf wie Flammen. Wer in dieser Wildnis wohnt, wünscht sich für sein Leben Flügel.

In die Wildnis Kanadas drangen die Weißen von zwei Seiten ein. Im Osten gingen Engländer und Franzosen mit den Indianern auf Pelztierjagd, und auf der Suche nach den gleichen Reichtümern kamen sibirische Kosaken mit ihren Segelschiffen in das Eis der Küste von Alaska.

Händler, Kaufleute, Bärenjäger, Soldaten, Administratoren und schließlich auch noch Bauern an das neuentdeckte Ufer brachten. Sie hißten ihre Trikolore und gaben der Kolonie den Namen *La Nouvelle France*. Doch sie erfuhren auch recht bald, daß *Neufrankreich* nur ein Wort war, hingemalt auf ein Stück Papier. Denn um zu überleben, mußten sie sich dem Gesetz der Wälder unterwerfen, mußten wie die Urbewohner leben. Untertanen eines weit entfernten Königs waren sie schon bald nur noch auf diesem Stück Papier. In Wahrheit fanden sie sich den Naturgewalten, dem Strom, dem Klima untertan. Also ist es die Natur gewesen, die wieder etwas Neues schuf: die Gemeinsamkeit von Menschen, die im Ursprung keine Gemeinsamkeiten kannten.«

Gordon wollte Hardys Notizen über die Besiedlung Kanadas lesen. Doch die waren auf Deutsch geschrieben.

Als ich das erzählt hatte, sagte ich mir, Tom hat eigentlich nur wissen wollen, ob Cartier damals auf dem Sankt Lorenz überwintern mußte, und anstelle einer Antwort hast du einen Monolog gehalten. Doch dann sah ich, wie sie alle schwiegen. Sie hatten zugehört.

»Diese Gemeinsamkeit zwischen unseren Vorfahren und ihren Kolonisatoren hat es in Alaska und am Yukon auch gegeben«, sagte Gordon. »Die ersten Weißen sind damals von zwei Seiten kommend zu den ›Wilden‹ am Yukon vorgedrungen.«

»War es nicht so, daß die Engländer von der Hudson Bay gekommen sind?« wollte Tom wissen.

Gordon nickte. »Fallensteller sind das gewesen, und Pelzhändler. Als sie an der Hudson Bay alles ausgerottet hatten, was Felle trug, sind die auf der Suche nach neuen Jagdgründen in den Westen vorgestoßen, quer durch den ganzen Kontinent, bis zum Yukon hin.«

»Und die Russen?« fragte Tom. »War es nicht so, daß die Russen mit ihren Segelschiffen von Sibirien her gekommen sind?«

»Kosaken.« Gordon nickte. »Gefährliche Kerle waren das.« Gordon schob meine Blätter hin und her.

»Ich habe die Zeittafel mit ›Ost‹ und ›West‹ markiert«, sagte ich. »Wegen der Eroberer, die von beiden Seiten kamen.«

»Gut«, sagte Gordon. »Laß mal hören, was du darüber schreibst.«

Ich begann zu lesen, wieder auf Englisch, und sah noch einmal auf Gordons windgegerbte Hände. Seine breiten Finger strichen über die erste Jahreszahl.

1610 n. Chr. (Ost)
Der englische Seefahrer Henry Hudson entdeckte an der Nordostküste des amerikanischen Kontinents ein großes inländisches Meer. Das harsche Klima zwang ihn zur Überwinterung. Im Sommer darauf wurde er von seiner meuternden Besatzung ausgesetzt und blieb verschollen. Das von ihm entdeckte Gewässer erhielt den Namen Hudson Bay.

1648 n. Chr. (West)
Der Kosake Deschnjow umsegelte als erster Mensch die Ostspitze Asiens (heute Kap Deschnjow genannt). Die Forscher des Zaren stellten erste Vermutungen über eine Küste auf der gegenüberliegenden Seite des Meeres an. Der Nordpazifik galt als ungemein gefährlich. Die vermutete Küste blieb deshalb weitere sieben Jahrzehnte unentdeckt.

1670 n. Chr. (Ost)
Die »Hudson Bay Company« erhielt vom englischen König Charles II. die gesamte Region um die Hudson Bay als Eigentum zugesprochen. Dem englischen Handelshaus wurde außerdem das alleinige Recht zur Auswertung der Bodenschätze und das Monopol über den Pelzhandel zugesprochen. Im Lauf der nächsten siebzig Jahre nahmen die Eroberer der Hudson Bay Company alle Ländereien in Besitz, die heute als Kanadas Provinzen Manitoba, British Columbia, Alberta und Saskatchewan in die Karten eingetragen sind. (Anmerkung: Die Vorfahren von Tom Jackson und Gordon Tootootsis wurden nicht um Erlaubnis gefragt. Für die Eskimo-Stämme in der gesamten Nordost-Region gilt das gleiche.)

1728 n. Chr. (West)
Der dänische Asienforscher Vitus Jonassen Bering, in den Dienst der russischen Marine getreten, stieß im Auftrag des

Zaren (Peter d. Gr.) in das offene Meer (heutige Bering-Straße) jenseits des Kap Deschnjow vor, ohne die nur 85 km entfernte Küste des amerikanischen Kontinents zu sichten. Die Gefahren der Meerenge (Nebelfelder, Meereis, unvorhersehbare Stürme aus dem Nordpolarmeer) galten weiterhin als unüberwindbar. Auf Drängen von Admiral Bering bewilligte der Zarenhof dennoch die Mittel zum Bau einer Expeditionsflotte. (Anmerkung: Bering konnte nicht ahnen, daß er sein Todesurteil erbeten hatte.)

1741 n. Chr. (West)

Die russische Flotte fand zunächst eine Reihe von Inseln (Aleuten, Kodiak) und dann die bedrohliche, unüberwindbar scheinende Gletscherküste des Festlandes (Alaska). Eines der Schiffe zerschellte bei einer bewohnten Insel (Bering-Insel). Die Insulaner sahen wild und bedrohlich aus, waren aber freundlich. (Anmerkung: »Indianer«, also Toms und Gordons Ahnen, nicht Eskimos). Die Expedition überwinterte im Eis. Admiral Bering erkrankte und starb. Seine Männer standen einen unmenschlich harten Winter durch. Ohne die Fellkleidung und Pelzdecken der »Wilden« hätten die Kosaken eine solche Kälte nicht überlebt. Im Tausch gegen Felle gaben sie den Ureinwohnern ihre Waffen. Das Jahr darauf segelten die Russen zurück. Die kostbaren Felle aus Alaska lösten einen Ansturm russischer Abenteurer aus. Es waren vor allem Kosaken, die sich auf den Weg nach Alaska machten. (Anmerkung für Tom und Gordon: Die Ereignisse des Winters von 1535 am Sankt Lorenz wiederholten sich. Eure Vorfahren sind mit den Russen so lange auf Jagd gegangen, bis es kaum mehr etwas zu jagen gab.)

GORDON ORDNETE die Blätter und sah auf Worte, die er nicht lesen konnte. Ich sagte: »Hinter diesen Worten versteckt sich eine ganze Menge Elend. Die Kosaken waren auf eine Wildnis aus Fels und Eis gestoßen. Auf eine dreitausend Meter hohe Wildnis. Den Weg, den sie zu den Pässen hochgestiegen waren, habe ich mir angesehen, damals, als ich mit dem Camper und dem Kanu am Yukon und in Alaska war. Im Herbst ist das gewesen, und die Wälder waren herrlich bunt, aber ich habe mir die Farben weggedacht und konnte die Russen sehen, wie sie ihre Boote durch den Schnee zu den Pässen hochschieben mußten. Es waren die Rettungsboote ihrer Segelschiffe, vollbeladen mit Proviant und Waffen. Nach dem ersten Winter konnte keiner mehr die Kosaken von den Ureinwohnern unterscheiden. Alle trugen die gleichen Anzüge aus Fell, und ihre Haare waren gleichermaßen wild, verfilzt und lang. Ich bin durch die Wildwasser gefahren und habe mich gefragt, wie viele von den Männern in diesem Alaska umgekommen sind. Und im Vorüberfahren, mit dem Camper, an verfallenen Blockhütten vorbei, fiel mir ein, daß es Männer ohne Frauen waren. Ich habe mir die Einsamkeit der finsteren Winter vorgestellt. Am Polarkreis, am 60. Breitengrad, haben sie den ganzen Winter über nur in Finsternis gelebt. Die

Hardy mußte Tom und Gordon übersetzen, wie es war, als rauhbeinige Kosaken auf Indianer stießen, die wußten, wie man Fische räuchert. Oder wie es war, als die Fremden in das Innere des Landes wollten und vor einer abschreckenden Barriere standen, deren Überwindung nicht sehr viele überlebten.

Auf den nächsten Seiten seiner Notizen hatte Hardy festgehalten, wie es war, als wir ein paar hundert Jahre später in die gleiche Wildnis vordrangen ... Als wir die Can Can Girls von Dawson City zu ihren spitzen Schreien animierten ... Als die Felsen in den Tälern bunt bemoost waren ... Als wir, mit Camper und Kanu in dem weiten Land alleine, an den dunklen Wassern des Yukon auf Zeugen vergangener Zeiten trafen ...

Einsamkeit des Winters muß die Männer in tiefe Depression getrieben haben.«

Tom hielt mir seinen Zeigefinger entgegen. »Anmerkung!« sagte er. »In den Dörfern unserer Ahnen gab es Frauen. Oft sogar im Überfluß. Unsere Vorfahrinnen haben die Russen davor bewahrt, in dieser finsteren Einsamkeit verrückt zu werden.«

»Nicht nur die Russen«, warf Gordon ein. »Vergeßt nicht, daß auch die Pelztierjäger der Hudson Bay Company ohne Frauen waren. Und auch die haben sich *Squaws* in ihre Hütten geholt.«

»Und vergeßt mir die Missionare nicht!« rief Tom. »Die sind gleich nach den Engländern an den Yukon gekommen, und auch diese frommen Männer haben sich unsere Ururgroßmütter in ihre Einsamkeit geholt.«

Gordon schmunzelte. »Oftmals haben sie auch eine Eskimo zur Frau genommen. Ich habe ein Foto gesehen, das zu Goldrauschzeiten aufgenommen war, und auf dem alles abgebildet wurde: ein Missionar, seine *Squaw*, Jesus am Kreuz und sechzehn Kinder.«

Ich lachte und Tom sagte: »Auch die Goldsucher vom Klondike sind ohne Frauen hergekommen. Wann war das? 1896?«

Gordon nickte: »1896«, und Tom fuhr fort: »Als die durch hohen Schnee wie Ameisen den Chilkoot hinaufstapften, unmenschlich schwer beladen mit ihren Zelten, Schaufeln, Pfannen und Proviant, war nicht eine einzige Frau dabei.«

»Frauen sind erst gekommen, als die Männer mit dem Gold vom Klondike eine Stadt aus Brettern hingestellt hatten«, sagte Gordon. »Dawson City, mit Spielhöllen und billigen Mädchen und Jack London und mit Advokaten.«

Tom sagte, daß Jack London als Goldwäscher kaum irgendwelche Spuren hinterlassen hat, von den Geschichten über den Klondike abgesehen, die er in einem langen Winter dort geschrieben hat.

»In diesem Dawson muß damals so allerhand geschehen sein«, sinnierte Gordon. »Das ›Paris des Westens‹ haben sie es genannt, aber Ehefrauen hat es nur gegeben, wenn sich einer von diesen

BURIAN'S STORE
CLOSED

Goldwäschern eine Braut per Briefpost aus Boston oder Montreal bestellt hat, und der Missionar mit den sechzehn Kindern hat sie gleich bei Ankunft in Dawson getraut. Kaum hat der Goldwäscher die Braut gesehen, auf dem Raddampfer, also noch an Bord, da hat der Missionar die Briefpostbraut und den Glücksritter bereits getraut.«

»Schade, daß man nicht alles wissen kann«, sagte Tom.

Gordon sah auf. »Was willst du denn wissen?«

»Was die Braut gesagt hat.«

»Ich nehme an, sie hat ›ja‹ gesagt«, meinte Luv. »›Ja, ich will.‹«

Tom grinste. »Ich red' nicht von der Eheschließung«, sagte er, »sondern von dem Tag, als das Gold zu Ende war. Was die Braut da wohl gesagt hat? Denn das hat ja nur ein paar Jahre gedauert, und dann war nichts mehr los mit dem Glitzern in dem Fluß, und dann sind sie alle den Chilkoot wieder runtergestapft.«

Gordon dachte nach. Dann sagte er: »So 'n Mist.«

»Was meinst du?« fragte Tom.

»Die Briefpostbraut«, erklärte Gordon. »So 'n Mist, hat die gesagt. Immer wieder. So 'n Mist. Den ganzen Weg den Chilkoot runter.«

AN MANCHEN TAGEN HABEN WIR UNS MIT TOM UND GORDON FRÜHMORGENS AUF DEM ZUGEFRORENEN SEE GETROFFEN. Um die Stunde ist es noch dunkel, wenn wir die Bindungen der Ski festmachen, Luv und ich, und wir müssen die Strickmützen tief in die Stirn reinziehen, weil die Morgenkälte unsere Stirnen schmerzen macht. In solcher Dunkelheit stehen die Sterne ganz nah über den Felsen, und ich muß an die vielen Nächte in großen Städten denken, wo es schon lange keine Sterne mehr zu sehen gibt. Unter den Felsen ist der Schnee meterdick gefroren, und wenn wir über seine Oberfläche gleiten, ist das Knirschen unter unseren Füßen das einzige, was in der Dunkelheit zu hören ist. Dann, beim Überschreiten eines unsichtbaren Ufers, schallt das aufgeregte Bellen der Huskies von Old Bills Num Ti Jah herüber. Es dauert seine Zeit, bis die Hunde in den Geschirren sind. Wir warten, und das erste Licht kommt in den Tag. Die Sterne werden blaß. Und die Gletscher leuchten auf. Rot. Luv sagt, es ist ›Crimson-Rot‹.

Vor Wochen, gleich als sie angekommen sind, haben Tom und Gordon ein Loch in das Eis gesägt. Am Westufer. Bei einem Wildwasser, das zugefroren war, aber die Kälte hatte nur ein paar Zentimeter zugefroren. Gordon sagt, unter dem Eis strömt noch immer Wasser in den See. Neues Eis schließt das Loch immer wieder zu, aber Tom und Gordon haben Old Bills schwere Hacken auf dem Schlitten, und wenn wir fischen wollen, schlagen wir das neue Eis mit den Hacken wieder auf. Es gibt Leute, die sagen, unter dem Eis wird der Fisch träge, und deshalb beißt der Fisch im Winter gut. Was die Leute sagen, scheint zu stimmen. Denn sobald das Rot der Gletscher blaß wird, später gelb, haben wir ausreichend Fische in unseren Eimern, und Old Bill kriegt auch jedesmal fünf Stück, oder sechs, von unserer Beute ab.

Wir durchlebten diesen Winter mit einem oftmals ungewöhnlich blauen Himmel, mit Huskies, Fischen, Glühwein und mit sehr viel Spaß.

Einmal, auf dem Weg zurück zur Hütte, hat Gordon seine Hunde langsam neben unsere Skispur laufen lassen. »Wenn du es recht bedenkst«, hat er gesagt, »dann ändert sich hier nicht das geringste. Zwei ›Indianer‹ fischen wie vor Tausenden von Jahren. Eine weiße Frau, deren Vorfahren aus Schottland eingewandert sind, grillt den Fang auf dem Herd der Hütte, so wie sie es von ihrer Urgroßmutter kennt. Und der Deutsche nimmt allmählich die Lebensweise der Kanadier an.«

ES GIBT EINEN WIND, den sie Chinook nennen. Er ist warm und trocken und fällt über den Ostrand der Rockies in die Täler ein. Das Quecksilber steigt innerhalb von Stunden hoch, und dicke Tropfen aus dem Schnee vom Dach lassen an einen frühen Frühling denken. Graue Wolken fransen an den Rändern aus, der Himmel nimmt eine Farbe an wie Buttermilch und die steilen Risse in den Gletschern geben ihre Konturen auf. Mittags, in der wärmsten Stunde, kommt es vor, daß ein großes Stück vom Gletscher bricht und unter Donnergrollen in die Schlucht hinunterstürzt.

An einem solchen Tag mit Wind, nach dem Mittagessen, sah ich mir die ausgefransten Wolken vor dem Fenster an und machte den Versuch, mich auf meine Notizen über den Bau der Canadian Pacific Railroad zu konzentrieren, weil auch die als Blatt in diesen Brief gehören, aber es wurde nicht sehr viel daraus, weil Tom

seine Gitarre stimmte. Luv und Gordon wuschen in der Küche ab. Ich hörte Gordon sagen: »Der Chinook hat die Wasserleitung noch nicht aufgetaut. Die Leitung kommt vom See her in die Hütte, wird hochgepumpt, und unterhalb der Pumpe hat sie der Wind noch nicht aufgetaut.«

Er ging vor die Tür und schaufelte mit seinen Händen den hohen Kochtopf, den wir meistens für Spaghetti nehmen, voll bis an den Rand mit Schnee. Dann stellte er den Schneepott auf den Kanonenofen und wollte wissen: »Wie lange seid ihr durch die Welt gereist?«, und ich hörte Luv sagen: »Zehn Jahre. So lang wie ein ganzes Leben sind die gewesen.«

Ich ging zu unserem Bett mit den bunten Wolldecken, wie sie die Blackfoot knüpfen, und holte aus dem Stapel von Büchern einen Band mit Bildern aus der Zeit hervor, als die Kanadier Schwellen und Schienen durch endlose Prärien und verfilzte Wälder legten. Es waren Zeugnisse aus einer Zeit, als sich die Fotografen noch *Photographen* nannten und klobige Holzkästen über schweren Stati-

An manchen Abenden, vor dem Kamin, sprachen die Männer von der Schwierigkeit, einen Schienenstrang quer durch den gesamten Kontinent zu legen.

ven zwischen die Schienen stellten und wildäugige Bauarbeiter zu Salzsäulen erstarren ließen.

Tom wollte wissen, was ich heute schreibe, und als ich sagte: »Den Bau der kanadischen Eisenbahn von der Atlantikküste zum Pazifik«, da meinte er: »Meine Vorfahren haben sich den Bauarbeitern in den Weg gestellt. Es hat blutige Schlachten gegeben. Erst sind die Metis über die Schienenleger hergefallen und dann die Cree.«

Ich wußte von Gordon, daß er und Tom zum Stamm der Cree gehören, mußte aber fragen, wer die Metis sind.

»Ein gemischtes Volk«, sagte Tom. »Abkömmlinge von weißen Trappern und Indianerfrauen. In anderen Gegenden würdest du sie Mestizen nennen. Die Mischlinge sind beieinander geblieben, und daraus ist ein eigener Stamm geworden. Ein ruppiger Stamm von gut fünftausend Menschen.« Er legte die Stirn in Falten. »Als die Schienen der Eisenbahn sich in ihr Land hineinfressen wollten, waren sie ein Volk von gut fünftausend Menschen. Meine Cree haben mit ihnen gegen die Schienenleger gekämpft.« Er griff einen

Unweit der Gleise steht das Chateau Lake Louise, eines von vielen Hotels der Eisenbahnbarone. Es hat ein Fenster, das die Fotografin dieses Buches samt der Felslandschaft dahinter am liebsten mit nach Hause nehmen möchte.

Akkord und sagte: »Nicht nur mit ihnen gekämpft. Auch mit ihnen verloren.«

»Was gut gewesen ist«, sagte ich.

»Was gut gewesen ist«, sagte Tom. »Ohne die Canadian Pacific Railroad hätte es Kanada vermutlich nicht gegeben.«

Er hatte recht. Das ist einmalig in der Geschichte unserer Welt gewesen: Eine Eisenbahn hat eine Nation erstehen lassen. Ich blätterte in dem Band über die Canadian Pacific zum Jahr 1881 zurück und suchte nach dem Portrait des berühmt-berüchtigten William Cornelius Van Horne. Tom sah mir über die Schulter und legte seine Hand auf eine vergilbte Doppelseite. Das Bild zeigte eine armselige Gruppe Männer, die Schwellen legten.

»Nun sieh dir bloß diese unglückseligen Kerle an«, sagte Tom. »Halbverhungert und malariaverseucht. Und als Bezahlung elendigen Mindestlohn.« Er griff ein paar Akkorde und stellte sich neben mein Fenster und sang ein Lied, das voller Wehmut war: ... *but they have never seen the northern light ... and they have never seen a hawk on wings ... and they've never spent spring on the great devide ... and, boy, they've never heard Susan Haglecart sing ...*«

Ich hörte ihm zu und sah die Bilder, die er sang. Ich sah den Mann in seiner Einsamkeit. Sah den Brief an eine weit entfernte Frau. Sah die Briefmarke und den Umschlag, den er von Black Jim gestohlen hat. Und als Tom und seine Gitarre bei der Klage angekommen waren: »*Why do they ride for the money? Why do they rope for short pay?*«, sah ich mir die Bilder der Männer am Ende eines Schienenstranges an und hörte einer Frage zu, in Toms Lied, auf die es keine Antwort geben kann, weil es um Hungerlohn gegangen ist und um ein Leben ohne Hoffnung und um den Satz: *Einer nach dem anderen da draußen ... Einer nach dem anderen verfällt dem Irresein.* Die Bilder von dem Schienenstrang wurden eins mit den Bildern aus Toms Cowboylied, und ich machte mich daran, die kargen Daten vom Bau einer Eisenbahn für diesen Brief auf mein Papier zu bringen.

Ein Mann, der alles liebte: Frauen, Whiskey, Zigarren, einen reich gedeckten Tisch und harte Arbeit. William Cornelius Van Horne hat den Bau der Canadian Pacific Railroad durch den Kontinent betrieben.

BAU EINER EISENBAHN

1867 bis 1873.

Basierend auf dem »British North America Act« haben sich im Lauf der Jahre die Regionen Ontario, Quebec, Nova Scotia, New Brunswick, Manitoba, Alberta, Saskatchewan und British Columbia zu einem Bund mit Namen »Dominion of Canada« zusammengeschlossen. Die ausgedehnten Steppen im Inneren des Kontinents und die schier unüberwindbare Barriere der Rocky Mountains verhindern so gut wie jede Kommunikation zwischen den Menschen in Ost und West. Ein handlungsfähiger Staatenbund wird deshalb nicht erreicht.

Überall den Schienenstrang entlang stehen die Hotels der Eisenbahnbarone (Chateau Laurier, Ottawa, Ontario).

1878/1879.

Die Provinzen im Osten des Kontinents halten ihre Isolation für einen wirtschaftlichen Vorteil. Sie widersetzen sich deshalb dem Plan zum Bau einer Bahnstrecke in das Innere des Landes. Dennoch erreicht 1879 der erste Schienenstrang die Stadt Winnipeg in der Provinz Manitoba.

1881

John Macdonald, der erste Premierminister des »Dominion of Canada«, will die Völker Kanadas mit »einem Gürtel aus Stahl« zusammenführen und zusammenhalten. Bereits bestehende Kurzstrecken werden in den Plan mit einbezogen. Macdonald begeistert die führenden Kaufleute des Ostens für seine Vision und regt die Gründung eines privaten Syndikats mit Namen »Canadian Pacific Railway Company« an. Für die Durchführung des gewaltigen Projektes wird ein ebenso gewaltiger Manager gesucht. Und gefunden. Sein Name: William Cornelius Van Horne. Ein Mann, der von sich selber sagt: »Ich esse, soviel ich will. Ich trinke, soviel ich will. Und es gibt nichts, was mich erschrecken kann.« Er arbeitet Tag und Nacht. Seine Schienenleger arbeiten Tag und Nacht,

14 Stunden an einem Stück, ohne Feiertag, Heiligabend inbegriffen. Sie stehen Hitze durch und Kälte, Dauerregen und Lawinen, und ihre Schlafstätten sind die Waggons der Eisenbahn. Ihre Nahrung besteht aus Bohnen, Schweinefleisch, Kartoffeln und Sirup über Haferflocken. Der Lohn der Männer: 10 Dollar in der Woche. Die Hälfte wird nach Haus geschickt. Die andere Hälfte geht für Whiskey drauf, der verboten ist, aber eingeschmuggelt wird, oft in ausgehöhlten Bibeln. In dem endlosen Flachland geht der Bau von Ost nach West anfangs schnell voran. Gleichzeitig wird von der Pazifikküste her der Schienenbau in entgegengesetzter Richtung auf dem Boden der Provinz British Columbia vorangetrieben.

In einem gewaltig großen Land sind auch die Eisenbahn-Hotels gewaltig groß (Banff Springs Hotel, Bow River, Alberta).

Der Bautrupp aus dem Osten stößt in der Prärie auf unsägliche Hitze. Ständige Überfälle der »Indianer« sorgen für weitere Verzögerung. Und schließlich stehen die Männer vor einer gewaltigen Barriere. Vor den Rocky Mountains. Sie schleppen Tanks mit Nitroglyzerin auf ihren Rücken, abrupte Bewegungen vermeidend, zu den Felsen hoch. Sie graben Tunnel durch die Berge. Und schlagen Holz für hohe Brücken, wenn sie auf einen Abgrund stoßen. Die Jahre schleppen sich dahin.

1884.

Van Horne wirft die Frage auf, nach welchem Zeitplan seine Züge in der Zukunft fahren sollen. Denn überall im Land, im Osten, Westen und in der Mitte, stellen die Leute ihre Uhren nach dem Stand der Sonne ein. Sandford Fleming, leitender Ingenieur der Canadian Pacific Railway, schlägt vor, die Welt in vierundzwanzig gleiche Zonen einzuteilen, von Nord nach Süd verlaufend, mit der Sonne über dem englischen Greenwich im Zenith um 12 Uhr mittags. In diesem Netz, den Meridianen folgend, erhält jede der vierundzwanzig Zonen ihre eigene Lokalzeit. Am Neujahrstag des darauffolgenden Jahres übernehmen 25 Staaten das kanadische Konzept.

Winter 1884/1885.

Die Arbeiten bleiben am Roger-Paß in British Columbia stecken. Wochenlanger Schneefall deckt Maschinen, Land und Menschen zu. Lawinen reißen Brücken mit sich. Nichts geht mehr voran. Und auch nichts mehr zurück. Einer der Ingenieure entwirft Pläne für eine Schneefräse. Schon drei Jahre später wird die Schleuder eingesetzt. Sie ist so stark, daß sie sogar Felsbrocken und Bäume von den Schienen räumen kann.

7. November 1885.

Nach nur vier Jahren Bauzeit (der Premierminister hatte mit zehn gerechnet) stoßen die Bautrupps aus Ost und West in British Columbia bei dem Ort Craigellachie aufeinander. Der Gouverneur schlägt den letzten der gewaltigen Nägel in die Schwelle. Unter dem Jubel der Zuschauer schlägt der Mann wiederholt daneben. Es heißt sogar, daß er den Nagel stark verbogen habe. Heute steckt zum Gedenken an den Tag, der einen losen Staatenbund vereinte, ein goldener Bolzen in dem Holz. Das Foto vom »letzten Bolzen einer zigtausend Meilen langen Schienenstrecke« ging um die Welt. Ich lege das Bild zwischen die Seiten dieses Briefes.

Sommer 1886.

Die Canadian Pacific Railway nimmt den Betrieb auf. Menschen aus Ost und West kommen endlich zusammen. Im Inneren des Kontinents erschließt die Bahn eine Kornkammer, die Kanada zu Wohlstand führt. Hunderttausende von Siedlern ziehen in den Westen ein. Mineralien werden gefunden und geschürft. Van Horne und seine Eisenbahnbarone bauen überdimensionale Hotels am Schienenstrang entlang. Es sind jene Chateaus, die ich eingangs schon erwähnte. Städte wie Montreal, Toronto und Vancouver blühen auf. Einwanderer aus Europa kommen scharenweise in das Land. »Der Gürtel aus Stahl« bindet die Provinzen aneinander. Das Dominion of Canada macht sich auf den Weg, eine Nation zu werden.

TOM SANG SEIN LIED zu Ende. Gordon blätterte durch die Bilder von der Eisenbahn und wollte wissen, ob wir schon mal da drauf gewesen sind. Luv kam aus der Küche und sagte, ausführlich seien wir da drauf gewesen, sie hätte geglaubt, wir kämen da niemals wieder runter, und als die dunklen Augen meiner Freunde mich darauf betrachteten, aber keine Fragen stellten, habe ich ihnen erklärt, wie es zu dieser Bahnfahrt kam.

Die Geschichte beginnt damit, daß meine beiden Großväter Eisenbahner waren. Der eine hieß Eberhard Meier und fuhr Personenzüge durch Westfalen, der andere, August Krüger, stand sein Leben lang auf einer Lok in Schlesien, und die Geschichte wird dadurch abgerundet, daß mein Vater Max Krüger bei Henschel & Sohn in Kassel Lokomotiven konstruierte. An einem Abend in Montreal habe ich das dem Präsidenten der Canadian Pacific gegenüber mal erwähnt. Der Mann heißt Rob Ritchie, und an den Wänden seines Hauses hängen unvergleichlich viel mehr schön gerahmte Stahlrosse, als in der Wohnung meiner Eltern hingen. Rob hörte sich das begeistert an, was dazu führte, daß wir uns auf seiner Bahn bei einer Fahrt quer durch Kanada wiederfanden. Luv hatte sich einen dieser Silberzüge ausgemalt, doppelstöckig, mit Aussichtswagen, Restaurant und Bar, doch das reale Leben malte ihr ein anderes Bild: Vier schwere Diesel-Loks zogen einen unendlich langen Güterzug, gut eine Meile lang, weshalb die Fahrt gemütlich war. Wir bummelten gemächlich durch ein Land, das kein Ende kennen wollte. Unser Platz

Menschliche Schwäche machte den gewaltigen Schlag auf den letzten Nagel liebenswert: Der Gouverneur schlug wiederholt daneben. Beim letzten Schlag soll er das gute Stück sogar verbogen haben.

*Seiten 313 bis 315:
Der Bau der Eisenbahn vom Pazifik zum Atlantik wird als Ereignis von historischer Bedeutung angesehen: Ein Schienenstrang hat aus einem losen Staatenbund eine Nation erstehen lassen.*

BEAUFORT-SEE
ALASKA
Yukon
Dawson City
Klondike
YUKON TERRITORY
NORTHERN TERRITORIES
BRITISH COLUMBIA
PAZIFISCHER OZEAN
Prince Rupert
ALBERTA
MANI TOBA
Edmonton
SASKAT-CHEWAN
Bow Lake
Regina
Vancouver
Calgary
Winni-peg
N
400 km
USA

GRÖNLAND
BAFFIN BAY
ATLANTISCHER OZEAN
NEUFUNDLAND
HUDSON BAY
QUEBEC
St.-Lorenz-Strom
ONTARIO
Quebec City
NEW BRUNSWICK
Halifax
Montreal
NOVA SCOTIA
Ottawa
Toronto

Entlang der Canadian Pacific leben wenig Menschen. Aber viele Tiere.

war vorne auf dem Zug, auf einer Plattform vor dem ersten Antriebswagen. Wir saßen vor dem Cockpit des Fahrers dieses Zuges, und Luv sagte: »Wenn an diesem Eisengitter hier Geranien hängen würden, wäre dies ein rollender Balkon.«

Es war spät im Frühling. Der Fahrtwind war recht lau. Die Prärien schienen endlos, und sie waren noch vom letzten Winter grün. Als wir an die Berge kamen, waren alle Gipfel voller Eis. An manchen Flüssen gab es Grizzlies, ab und an auch einen Elch, doch Menschen haben wir ganz selten mal gesehen. Ich sagte zu Tom und Gordon, wenn sich zweiunddreißig Millionen Einwohner über einen ganzen riesiggroßen Kontinent verteilen, kann die Natur noch nicht verschandelt sein. Und auch nicht die Luft. Das Schönste an der Fahrt mit dem Güterzug, hat Luv gesagt, sei für uns die Luft gewesen. Wie frischgewaschen war die Luft. Manchmal gab es einen langen Aufenthalt, und wir haben uns einen See gesucht und sind geschwommen, in einem Wasser, dessen Eiseskälte uns den Atem nahm, aber das Wasser war auch klar, bis auf den Grund haben wir sehen können, und das gleiche läßt sich über alle Flüsse sagen, an denen wir vorbeigekommen sind.

Tom und Gordon hatten schweigend zugehört. Tom stellte seine Gitarre in den Schrank unter meinen Anorak. »Daß Menschen so was tun ...«, sagte er, »... Müll in ihre Flüsse kippen.«

»Nicht nur den Müll«, sagte Luv. »In Sibirien sind die Flüsse grün von Kupfer oder gelb von irgendwelchen Chemikalien, und am schlimmsten von allen Gegenden sieht es in China aus.«

Gordon schüttelte den Kopf. »Das ist wie in den Brunnen pinkeln, aus dem du deine Kinder trinken läßt.«

»Die Menschen tun das überall«, sagte ich.

»Ja«, sagte Luv. »Selbst in der Antarktis tun sie das.«

Tom zog den Vorhang zu, der an unserem Schrank die Tür ersetzt. Er sah zu Luv hinüber: »In der Zeitung steht, daß sie den Südpol erhalten wollen.«

Gordon sagte: »Dann seid ihr also auch in die Antarktis hineingefahren«, und als ich zur Antwort gab: »Allerdings, aber das ist jetzt gut sechs Jahre her«, da meinte er: »Wir haben noch nie einen getroffen, der sich da umgetan hat. Erzähl mal was darüber.«

Er meinte damit, daß die beiden eine Geschichte hören wollten. Es ist nämlich so, liebe Leserin und lieber Leser, daß es im Charakter dieser beiden liegt, und zwar schon von ihren Ahnen her, daß sie eher zuhören wollen als reden. Sie haben viel Geschick, wenn es darum geht, den anderen zum Reden zu bringen. Beim Anhören von Geschichten, die ihren eigenen Gedanken nahe sind, schließen sie die Augen. Oder lächeln vor sich hin. Weicht aber der Erzähler von allem, was vertraut ist, ab, dann sehen sie ihn aus dunklen Augen an. Und warten trotzdem weiter, wortlos, ab.

»Wir wissen, daß die Antarktis der einzige Kontinent auf unserer Erde ist, der keine Bäume hat«, sagte Gordon. »Wir wissen, daß es eine Landmasse am Südpol gibt, und um dieses Land herum legt sich das Eis.«

»Welche Farbe hat das Eis?« wollte Tom wissen. »Kannst du sie mit den Gletschern hier vergleichen?«

»Nicht ganz«, sagte ich. »Die Farben haben etwas Einsames an sich. Einsamer als eure Gletscher. Die Farben sind Weiß, Blau und Türkis.«

»Ich habe gelesen, daß es ganz still ist auf dem Kontinent da unten«, sagte Gordon. »Du sollst es sogar hören können, wenn eine Schneeflocke zu Boden fällt.«

»Ich frage mich, ob du das bestätigen kannst«, forderte Tom mich heraus.

»Weiß nicht«, sagte ich. »Als wir da waren, hat es nicht geschneit.«

»Nun laß dir nicht jedes Wort aus der Nase ziehen«, sagte Gordon. »Es wird Zeit, und du fängst an.«

Luv schenkte noch mal Kaffee in unsere Becher. »Gordon hat recht. Fang endlich an.«

»Also gut«, sagte ich. »Am besten fang ich mit den Walen an. Sie leben dort in großer Zahl. Robben jagen Fisch im Überfluß. Und wenn du dein Schlauchboot zu den Pinguinen treiben läßt, dann sehen sie schnatternd vom Rand der Eisscholle zu dir herunter und gestikulieren mit ihren Stummelflügeln.

In frühen Zeiten hat es Vulkane zwischen diesem Eis gegeben. Als einer von ihnen ausbrach, ist der Kraterrand an einer Stelle eingestürzt. Das Polarmeer konnte in den Krater strömen und hat das Feuer des Vulkans gelöscht. In unseren Tagen steigen nur noch an

den Rändern heiße Schwefeldämpfe auf. Wenn dein Schiff hineingleitet in diesen Krater, glaubst du dich in einem weißen Paradies. Jedenfalls so lange, bis du den Schrottplatz der Wissenschaftler siehst. Es ist ja bekannt, daß eine Anzahl von Nationen die Antarktis unter sich aufgeteilt hat, als wäre sie ein Kuchen. Sie gaben vor, nur an Forschung interessiert zu sein. Sie bauten Baracken und schickten alle möglichen Wissenschaftler in das Eis: Meteorologen, Zoologen, Meeresforscher. Doch es waren auch Männer in die Baracken eingezogen, die nach Öl und Kohlefeldern bohrten. Bevor riesige Maschinen mit der Ausbeutung beginnen konnten, haben einflußreiche Leute aus aller Welt jedoch laut ›Halt‹ geschrien.

Die am Pol versammelten Nationen wurden gezwungen, einen Antarktisvertrag zu unterschreiben, der zwar Haken hat und viele Ösen, aber dennoch die Zerstörung des sechsten Kontinentes bisher hat verhindern können. Die Ölbohrer hatten somit keine Arbeit mehr. Sie zogen wieder fort. Und ließen ihren Schrott zurück: Baracken, die zerfallen. Alte Fässer, voller Öl. Flugzeugrümpfe, Küchenherde, Drahtmatratzen. Das alles liegt auf verdreckten Eisflächen herum, die einmal strahlend weiß gewesen sind, oder wunderschön türkisgrün.

Wenn nun so ein einzelner Schrottplatz alles wäre, was dem Südpol widerfährt, dann ginge das ja noch. Der eine oder andere Schrottplatz läutet kaum das Ende ein. Aber es wird immer mehr Schrott angehäuft: Was die Wissenschaftler zum Leben brauchen, wird auf Schiffen und Transportflugzeugen in das Eis gebracht, doch für den Abfall steht kein Transportmittel bereit. Die Entsorgung findet neben den Baracken statt. Müll und Ölrückstände werden von Schnee verdeckt. Abwässer laufen in das Meer. Amerikanische Fernsehstationen haben berichtet, daß die Leute sogar radioaktive Rückstände im Eis des Südens versenkten.«

Als ich geendet hatte, sahen mich Tom und Gordon aus dunklen Augen an. Luv sagte: »Vergiß nicht das gesunkene Schiff.« Sie zog ein Buch aus den Stapeln anderer Bücher auf dem Bett hervor und blätterte darin. »Es gibt eine Tagebuchnotiz in dem ersten *Weltenbummler*-Buch, die das gesunkene Schiff beschreibt.« Sie fand die Stelle auf Seite 98 und sagte: »Hier, lies ganz einfach vor«, und Tom sagte: »Aber wenn sich's machen läßt, in einer Sprache, die ein simples Indianergemüt versteht.«

Ich las den beiden meinen deutschen Text in ihrer Sprache vor.

Seite 318: Gordon Tootootsis sagte, nichts sei so voller Wunder wie dieses Land.

Das wird eine lange Fahrt zurück. Dann blinzeln Lichter durch ein paar dünne Nebelschwaden. Die *Explorer* hat bis über die Toppen ihre Festbeleuchtung für uns angemacht.

ARTHUR HARBOUR.
POSITION: 64 Grad 47 Min. SÜD
64 Grad 04 Min. WEST
DATUM: 1. MÄRZ 1989

HEUTE HABE ICH GESEHEN, WIE EIN SCHIFF GESTORBEN IST. Es muß ein großes Schiff gewesen sein. Als wir in der Bucht vor Anker gingen, hatte sich der Havarist von den Steinen weg zur Seite hin gedreht. Auf dem Wasser lagen Nebelschwaden. Die Sonne hinter diesem Dunst machte das Bild für mich fast blind. Die Männer an der Kamera sagten, daß es für sie nicht anders sei, und wir sind mit unserer Gerätschaft zur Nock hinaufgestiegen.

Das Schiff lag jetzt kieloben. Ein Fisch, der ganz nah am Sterben war. Ein Fisch mit einem hochgeblähten roten Bauch. Vom Heck her stiegen meterbreite Blasen auf. Ihr Bersten warf Benzingestank in unsere Winterluft. Waberige Kreise zogen Regenbogenfarben über dunkles Wasser hin. Kleine Schiffe legten Schläuche in den Abgesunkenen hinein. Wie Egel, die alles abzusaugen suchten, was aus dem geschwollenen Leib zu saugen war. Ich habe mir gesagt: Mitten aus dem Garnichts kommen Absaugtanker her. Von wo? Und: Ein Schiff sinkt in einer sturmgeschützten Bucht. Warum?

Die Antworten habe ich von Käpt'n Lampe. Andere sind über Kurzwelle gekommen. Ein Drama wird in der Antarktis nicht in Zeitungen gedruckt. In der Antarktis kommt das Drama über Funk. Ich notiere in Kurzform, was ich habe in Erfahrung bringen können.

Der Havarist ist ein Argentinier. Name: *Bahía Paraíso*. Offiziell ein Forschungsschiff. Doch gleichzeitig auch Tanker. Frachter für militärisches Gerät. Zwei fabrikneue Hubschrauber liegen mit der *Bahía* jetzt auf dem Meeresboden. Das Schiff hat auch zahlende Passagiere an Bord gehabt. Glücklicherweise sind die ausnahmslos gerettet worden. Gleiches trifft auf die Besatzung zu. Der Kapitän fährt seit gut zehn Jahren hier im Eis. Im Lauf der Zeit scheint er leichtsinnig geworden zu sein. Bei der Ausfahrt aus dieser Bucht liegt eine Untiefe im Weg. Zwei Felsen steigen wie eine diabolische Aufforderung zur Durchfahrt aus dem Meer. Andere Antarktis-Schiffe schlagen einen Haken um das Höllentor herum. Nur der Argentinier nicht. Unzählige Male ist er mit voller Kraft hindurchgefahren. Unzählige Male haben andere Kapitäne ihn gewarnt. In ihren Seekarten ist die Untiefe verzeichnet. Doch in den Karten der Argentinier nicht. Seit Jahren hat der Kapitän mehr Glück als Verstand gehabt. In des Wortes einzig wahrer Deutung. Doch bei dieser letzten Fahrt hat ihn das Glück verlassen. Der Tanker lief auf Grund. Sein Leck soll erheblich sein. Das Benzin ist sofort ausgeflossen. Die Absauger waren ziemlich bald am Unfallort. Sie kommen von einer Antarktis-Basis der Amerikaner, die Palmer Station heißt. Einiges haben sie noch absaugen können. Doch der Umweltschaden kommt einer kleinen Katastrophe gleich. Die Wissenschaftler an Bord unserer *Explorer* sagen, daß alles Lebendige in dieser Bucht dem ausgelaufenen Benzin zum Opfer fallen wird. Algen ebenso wie Krill und Fische. Und danach dann Pinguine. Robben. Möglicherweise auch Delphine. Ein einzelner Mensch hat einen Teufelsgarten aus dem gemacht, was bisher klares Wasser war, auf einem Kontinent mit dem letzten sauberen Wasser unserer Welt. Das Schiff, das ich heute sterben sah, hat den Tod in diese ganze Bucht gebracht.

EINTRAGUNG VOM SELBEN ABEND. Wir haben Harry im späten Licht der Süd-Shetland-Inseln ein letztes Mal gefilmt. Wie er an der Reling stand. Allein. Und nicht mehr sprechen wollte. Ebenso wie am Anfang unserer Antarktisfahrt. Der Kurs ist Nord-Nord-West gewesen, auf die Drake Passage zu. Im Breitengrad der Sechziger, die in den Büchern meiner Jugend »die Wütenden« gewesen sind. Doch auch an diesem Abend sind sie friedlich. Mit erstaunlich wenig Wind. Und mit der gleichen langen Dünung, die wir ja schon einmal hatten. Doch diese hier kommt eher seitlich. Läßt das Schiff dümpeln. So ein Seitwärtsrollen kann der Magen besser ab. Jedenfalls sagen meine Jungs mir das, spät am Abend, an der Bar. Peter gibt eine Runde aus, und Carsten sagt: »Heute Nacht mußt du dir für deinen Orson Welles einen anderen Spruch ausdenken.«

Auf dem Weg zur Kajüte runter steht dann Harry Heywood nochmal in der Nacht. »Sie dürfen es mir nicht verübeln«, sagt er, »aber seit unserem gemeinsamen Erlebnis gestern gebe ich keinen guten Gesprächspartner mehr ab. Ich bin zu erregt, als daß ich mich klar äußern könnte. Selbst mit meiner Frau ist mir das so ergangen. Stundenlang habe ich mit dem Anruf über Satellit gewartet, bis es bei ihr die Zeit für den Tee war. Doch als ich dann hören mußte, wie sie ›Hallo‹ und ›Ja, wer ist

ICH LEGTE DAS BUCH auf unser Bett zurück und sagte zu Tom und Gordon: »Wir sind dem Tod in der Antarktis noch ein weiteres Mal begegnet. Das Erlebnis wurde durch einen Engländer herbeigeführt, der mit uns auf der *Explorer* war. Der Mann hat sich einen letzten Wunsch erfüllen wollen. Als blutjunger Mensch hat er im Dienste seiner Königin zwei lange Jahre in einer Hütte der Antarktis zugebracht. Seine einzigen Kumpane waren Schlittenhunde, und seine Aufgabe hat darin bestanden, an jedem Morgen und an jedem Abend einen Ballon mit Meßgeräten zur Erforschung des Wetters an langer Leine in den Himmel hochzulassen. Nun, im reifen Alter, wollte er die Hütte noch einmal sehen. Falls es sie noch geben sollte. Es gab sie noch. Wir haben den Mann im Schlauchboot hingebracht. Hinter seiner Hütte stieg eine Eiswand in den Himmel. Der Mann schüttelte den Kopf. ›Zu meiner Zeit war der Eisberg vierzig Meter hoch‹, sagte er. ›Doch inwischen sind gut zehn Meter weggetaut. Mein alter Freund, der Eisberg, schrumpft. Das Ozonloch bringt ihn um!‹ Er sah zum Himmel hoch. ›Das Ozonloch! Und der Temperaturanstieg auf unserer Welt! Wir haben die Luft verpestet und verpestet und verpestet. Nun kriegen wir die Rechnung vorgelegt. Das Eis des Südens schmilzt.‹«

Und das ist es nun, liebe Leserin und liebenswerter Leser. Das ist die zweite Überlegung, von der ich Ihnen habe schreiben wollen. Weil ich mitansehen mußte, was uns allen Sorge macht: Die Verpestung unserer Luft, an der wir alle schuldig geworden sind, hat die mittleren Temperaturen in diesem Jahrhundert um ein Grad Fahrenheit wärmer werden lassen. Die Folgen sind bekannt. Im mittleren Atlantik, zwischen den beiden Amerikas, habe ich auf einem Boot eine dieser Folgen selbst erlebt. Die tödliche Wucht, mit der ein Hurrikan sich heutzutage über die Inseln der Karibik stürzt, gab es in solcher Windstärke früher nicht, und die Zahl der Stürme nimmt in jedem Jahr erschreckend zu.

Dann ist da noch etwas, was ich Tom und Gordon in der Hütte zu erzählen hatte, und worüber ich heute auch mit Ihnen sprechen will. Es ist noch nicht lange her, da habe ich vom Cockpit einer Cessna aus gesehen, daß der Schnee auf dem Kilimanjaro weggeschmolzen ist. Möglich, daß er sich mit dem nächsten langen Regen als frischer Schnee wieder auf den Krater und die Flanken legt. Was aber, wenn nicht? Können Sie sich so etwas denken? Den Kilimanjaro ohne Schnee? Viele Jahre meines Lebens habe ich auf einer Farm im

Schatten dieses Berges zugebracht. Das Eis am Kraterrand spiegelte am frühen Morgen die Farben seiner Wolken wider. Oftmals rosa. Oftmals gelb. Manchmal, abends, auch fast braun. Als ich ihn jetzt durch das Fenster meines Cockpits sah, habe ich ihn nicht gleich erkannt. Ohne sein ewiges Eis sah der Kilimanjaro wie ein ganz gewöhnlich roter Felsen aus.

Nun ist es sicher nicht das Wichtigste vom Wichtigen in unserem Leben, ob ein Berg schön ist oder nicht, und Gordon hat sofort die gleiche Überlegung angestellt. Als Tom wissen wollte, wie das wohl werden soll, wenn Ozonloch oder Treibhausluft eines Tages auch die Gletscher der Rocky Mountains schmelzen lassen, hat Gordon zu den Felsen hochgesehen und gesagt: »Dann steigt der Meeresspiegel aller Ozeane an, und die Inseln im Pazifik werden überschwemmt.«

Tom und Gordon fragten Hardy auch über Indien aus, das Land, das Columbus hatte finden wollen. Das Land, dem sie eines Irrtums wegen die Bezeichnung »Indianer« verdanken.

»Nicht nur die Inseln im Pazifik«, habe ich gesagt. »Die Inseln vor der Küste meiner Heimat auch.«

Gordon stand auf und ging zum Kamin. Er hielt die Hände an das Feuer. »Was du da erzählst, läßt nicht viel Hoffnung.«

»Gordon«, sagte ich, »ohne Hoffnung ist der Mensch nichts wert.« Mir war auch mit einem Male kalt zumute.

SEIT DER TAGEBUCH-NOTIZ über das Sterben eines Schiffes haben die beiden immer wieder die *Weltenbummler*-Bücher aufgeschlagen. Luvs Fotos zweier Inderinnen hatten es ihnen besonders angetan.

»Ihr kennt also Indien?« wollte Tom wissen. »Dieses Land, das Columbus nicht gefunden hat?«

»Kennen? Nein.« Luv schüttelte den Kopf. »Das Land ist unermeßlich groß. Ein Inder hat einmal zu uns gesagt, er muß schon deshalb an seine Wiedergeburt glauben, weil *ein* Leben niemals ausreicht, wenn er sein Land kennenlernen will.«

»Das macht Sinn«, sagte Gordon, und Tom wollte wissen: »Wie ist es mit der Wiedergeburt der beiden Frauen in dem Buch? Glauben die beiden an die Seelenwanderung?«

Ich sagte mir, die beiden lassen nicht locker, jetzt ist die nächste Geschichte dran. »Hört mal, ihr seid unersättlich.«

»Genau«, meinte Gordon. »Das ist das Großartige an uns.«

»Erzähl ganz einfach die Geschichte mit den Ratten«, schlug Luv vor, »die beantwortet Toms Frage ziemlich leicht.«

»Ratten?« Tom sah Luv an, wie einer, der nicht recht verstanden hat.

Der Erzählung vom Leben der Inderinnen Divya und Protima haben Tom und Gordon mit großer Anteilnahme zugehört.

»Also gut«, sagte ich und ging zu der Weltkarte, die ich an die Wand neben den Arbeitstisch geheftet hatte. Ich deutete auf Radjastan. »Die Geschichte von den Ratten beginnt mit einer jungen Frau in einem alten Königshaus. Ihr Name ist Divya. Sie lebt im Norden, in der Wüste Thar. Divya ist eine Prinzessin aus dem Haus Mevar, das eintausendvierhundert Jahre lang sein Volk regierte, und zwar in einer Erbfolge, die niemals unterbrochen wurde. Ebenso wie ihre Familie ist Divya eine gläubige Hindu. Sie glaubt an die Heiligkeit in einem jeden Lebewesen. Wenn ich an Divya zurückdenke, sehe ich einen Januskopf. Das eine Gesicht sagt: ›Ich bin so alt wie meine Dynastie, eintausendvierhundert Jahre alt.‹ Wenn sie dann den Kopf wendet, sagt das andere Gesicht: ›Ich bin blutjung, in Kalifornien zur Journalistin ausgebildet, und in zwei Wochen fange ich als Volontärin in der Redaktion der *Times of India* an.‹«

»Verstehe«, sagte Tom, »aber wie war das mit den Ratten?«

»Es waren keine Ratten«, sagte ich. »Es waren tote Dichter.«

Die beiden beschränkten sich wieder mal darauf, mich schweigend anzusehen. Ich erzählte weiter: »In der Wüste Thar gibt es neben anderen weißen Marmortempeln einen, der besonders ist. Weil in ihm Abertausende von Ratten leben. Divya hat uns hingeführt. Sie glaubt ganz fest an die Wanderung der Seelen, und als uns die Ratten um die Füße wimmelten, hat Divya gesagt, daß es nicht wahrhaft Ratten seien, sondern Barden. Wenn ein Barde stirbt, hat Divya uns erklärt, geht seine Seele in den Körper einer Ratte ein, denn auf diese Weise kann, nach dem Tod der Ratte, seine Seele wieder in einem Barden weiterleben.«

»Das ist gut gedacht«, meinte Gordon, und ich erzählte weiter: »Ein Stück abseits in dem Tempel saß ein Mann am Boden. Er saß allein vor einer Ratte. Auch die Ratte war allein. Ich habe gesehen, wie der Mann sein Abendbrot und einen Napf voll Wasser mit der Ratte teilte. Bissen für Bissen. Schluck für Schluck. Und da habe ich gewußt, daß in dieser Ratte William Shakespeare lebte. Und habe zugesehen, wie der größte unserer Dichter zu Gast bei einem Inder war. Habe mit angesehen, wie William Shakespeare genüßlich seinen Whisky trank.«

Tom lachte laut auf, und Gordon sagte: »Ganz erstaunlich, so was, aber andererseits auch wieder ganz normal.«

Dann blätterte er in dem Buch und hielt mir eine Doppelseite hin, auf der eine Tänzerin abgebildet war. »Und diese andere Inderin«, sagte er, »was kannst du uns über sie erzählen?«

»Ihr Name ist Protima«, sagte ich, »und sie ist Tempeltänzerin. Ihre Heimat ist von Divyas Wüsten weit entfernt in den Palmenwäldern tief im Süden, und wenn es auch kaum Gegensätzlicheres geben kann als diese beiden Frauen, so haben sie doch Wesenszüge, die sich ähneln. Beispielsweise sind beide Frauen kindhaft, und auch genügsam in ihren Ansprüchen an das Leben. Divya hat ihre Räume im Palast gegen eine kleine Wohnung in New Delhi eingetauscht und arbeitet in ihrer Redaktion an der Frage mit, wie ein in Tradition verfangenes Land die Schwelle zu einem neuen Jahrtausend überschreiten soll. Und die Tänzerin, die erst spät zu ihrer Berufung fand, hat ihr Leben in Annehmlichkeit abgebrochen und sich der spartanisch harten Schule des Tempeltanzes unterworfen.

Beide Frauen beten alles an, was lebt und atmet. Kann ich für Divya ein besseres Beispiel anführen als das von Shakespeare und den Ratten? Und hat Protima mir nicht den gleichen Respekt vor allem Lebenden auf ihre Weise zeigen wollen, als sie beim Abschied zu mir sagte: ›Sie sind Gott‹? Auf mein Erschrecken hin hat sie hinzugefügt: ›Gott hält sich in jedem auf. Die Krähe ist Gott. Die Bäume sind es. Auch die Fische. Alles ist Gott. Und wir sind die Tempel, von denen aus Gott das Geschehen lenkt. Deshalb ist es wichtig, daß wir das Göttliche in jedem Wesen anerkennen und auch schützen.‹ Danach legte sie die Innenfläche ihrer Hände aneinander und sagte: ›Hardy. Alles, was ich bin, lege ich in diesen Gruß. Und verneige mich vor dem Gott, der in Ihnen wohnt.‹

Eine weitere Ähnlichkeit der beiden Frauen, die sich ansonsten alles andere als ähnlich sind, liegt in der Anbetung ihrer Hindugötter. Divya scheint ihrem Lord Schiwa wie eine liebevolle Ehefrau ergeben, und die Tänzerin hat mir einmal im Vertrauen mitgeteilt: ›Mein Gott kennt keine Eifersucht auf andere Götter.‹«

TOM UND GORDON WOLLTEN SICH mit den Geschichten über Indien nicht zufriedengeben. Also erzählte ich von den glücklichen Jahren unter schwarzen Menschen in Ostafrika. Die beiden fragten mich nach dem Ahnenkult der Maori aus und auch nach den schlafenden Drachen unter den Wolkenkratzern von Hongkong. Als ich ihnen erzählte, daß die Balinesen das Meer wie einen Feind ansehen, weil so ein Ozean nichts als Unheil auf die Insel bringt, lachte Tom hell auf. Und Gordon nickte mit Bedacht. Der eine sagte: »Ganz genau wie hier. Schlechte Winde haben Columbus und Cartier und Bering zu unseren Ahnen nach Kanatta geweht«, und der andere schloß den Gedanken ab: »Richtig. Auch zu uns ist das Unheil immer übers Meer gekommen.«

AN EINEM NACHMITTAG MIT GELBER SONNE sind wir auf unseren Ski zum Kicking-Horse-Paß hochgestiegen. Es war die Stunde, wenn sich lange Schatten auf die Gletscher legen.

Tom wollte wissen, wie die Begegnung mit der Kunst war, auf den vielen Reisen, wie es mit der Architektur bestellt gewesen sei, und ich sagte: »In Hongkong, um nur mal ein Beispiel zu nennen, lebst du in einem hoch gebauten Haus aus Glas, und um dich herum recken sich gläserne Wolkenkratzer in den Himmel, die wie ein Garten abstrakter Skulpturen sind.« Eine Weile später fügte Luv hinzu: »Wenn du nach Bali oder Thailand kommst, siehst du Tempel, in die ganz sicher die Götter nur aus einem Grunde eingezogen sind: Die Genies unter den Menschen haben die Häuser für ihre Gottheiten mit großer Liebe in das Land gestellt und mit schier unbeschreiblichen Kunstschätzen angefüllt.«

Seite 327: Am Abend nach der gelben Sonne wollte Hardy von Tom und Gordon wissen, ob sich nicht in Wahrheit alle Menschen im tiefsten Inneren ähnlich sind.

Sie stapfte weiter auf ihren Ski eine sanfte Steigung hoch. Tom und Gordon stapften hinterher. Ich machte den Schlußmann und sagte mir, daß da noch etwas war, was es zu erzählen gab, aber die Schatten hatten uns vom Gletscher her erreicht, und weil es in den Schatten besonders kalt geworden war, hielt ich die drei vor mir nicht mehr weiter auf.

Was ich hatte erzählen wollen, geht in die Zeit zurück, als ich siebzehn war. Als ich im Theater als Letzter auf dem Programmheft stand. Als ich meiner Wirtin während ihres Wartens auf die Zimmermiete die Segnungen von Geduld zu preisen hatte. Als ich noch dachte, mit dem Begriff ›Reise‹ sei eine Fahrt umschrieben, die im Autobus der Wanderbühne von Hannover nach Lamspringe ging. Das war die Zeit, als ich alles Erregende auf unserer Welt in goldgerahmten Bildern sah. Im Museum, meistens sonntags, und zwar morgens, weil die Leute sonntags morgens keinen Eintritt für das Betrachten ihrer Bilder wollten.

Ich sah die unerreichbar schönen Frauen dieser Maler. Ich sah Nebel, die sich auf Flüsse legten. Ich sah Hügel mit roten Dächern in dem Grün. Oder goldene Gestalten, die von mir wissen wollten, woher wir kommen und wohin wir gehen. Das ist für mich die Welt gewesen, in der ich hätte leben wollen. Doch es war eine, die es sicherlich nicht gab. Maler, ich war mir dessen sicher, hatten sie sich ganz einfach ausgedacht.

Vor dem Museum, beim Heimweg, stellte sich mir ein grauer Winter in den Weg. Und Trümmer lagen, wo es vor dem Krieg mal Häuser gab. Ich weiß noch, daß ich damals dachte: ›Wenn Gott die Welt ein zweites Mal erschafft, sollte er sich Anregung dafür bei Caspar David Friedrich holen, bei Cézanne, oder bei Gauguin.‹

Das war mit Siebzehn. Heute sind die grauen Gedanken von mir abgefallen. Heute weiß ich, was Sie, verehrte Leser, vermutlich schon seit langem wissen: daß es die Schönheit unserer Welt von allem Anfang an gegeben hat. Und oft, vermutlich ebenso wie Sie auf Ihren Reisen, laufe ich durch diese Bilder, die uns Menschen von einer Gottheit wie wertvolle Geschenke übergeben worden sind. Und dieser Gott, stell ich mir vor, hat einem Caspar David Friedrich, einem Chinnery oder einem Miró nur ins Ohr zu flüstern brauchen: *Mal ganz einfach diese Wiese mit den Pferden. Mal den Fluß, der am frühen Morgen Nebel hat. Oder mal den See, rot und abstrakt, mal den See, wie er da ist. Oder schreib mit Worten auf,* hat der Gott geflüstert, *was ich dir zeige, was du vor dir siehst.* Saint-Exupéry sah die Vulkane. Sah auch die Geysire, als er Postflieger in den Anden war. Und als er den *Kleinen Prinzen* schrieb. Doch am deutlichsten von allen Spuren, hinter denen ich, wenn auch ungewollt, hergewandert bin, sind die des Malers Paul Gauguin gewesen. Auf der Insel Hiva Oa. In der Südsee. Wo es noch immer Mädchen gibt, die wie die *Vahine* seiner

Bilder sind. Als ich durch sein Südseedorf gelaufen bin, habe ich an Gauguins gerahmte Bilder meiner grauen, frühen Jahre denken müssen. Und sah Gemälde, die er zurückgelassen hat. Ich meine jene, die er nicht mehr hatte malen können. Auf Hiva Oa habe ich die ungemalten Bilder des Paul Gauguin gesehen. Am Strand. Bei den Frauen. In den Hybiskusblüten. Und auch die Frage ist noch immer da. Entweder hat Gott sie seinem Maler in das Ohr geflüstert, oder sie ist nur da, weil der Mensch sich diese Frage immer wieder stellt: *Woher kommen wir? Wer sind wir? Wohin gehen wir?* Und es ist diese Frage, liebe Leser, die meine Gedanken von den Marquesas im Pazifik zurück nach Indien wandern läßt. Zu dem Mädchen Divya. Wie sie mir die Gedanken ihres Gottes einmal aus der Heiligen Ghita las: *Leben ist das Sichtbare zwischen zwei Unsichtbaren. Du hast nicht gesehen, woher du kommst, und du wirst nicht sehen, wohin du gehst.*

WIE ICH ES AUCH DREHE ODER WENDE, der Ring schließt sich für mich. In ihren Fragen, Wünschen oder in ihrem Sehnen sind sich alle Menschen gleich. Die Farbe ihrer Haut verliert bei diesem Drehen oder Wenden ihre Wichtigkeit. Der Name ihres Gottes ebenso. Als ich zu Tom und Gordon davon sprach, stimmten sie mir zu. Tom sagte, ich solle nur an Shakespeare denken und an seinen *Kaufmann von Venedig*:

If you tickle us, do we not laugh? If you prick us, do we not bleed?

»Eben«, sagte Gordon. »Der Gedanke ist nicht neu.«

»Nein«, sagte Luv. »Er wird nur leider oft vergessen.«

Gordon nickte. »Amen.«

»ES GIBT EINE SACHE, über die wir noch nicht gesprochen haben«, sagte ich. Wir waren bei der Hütte angekommen, noch vor Dunkelheit, und schnallten die Ski von unseren Schuhen.

Luv ging als erste in die Hütte. »Worüber haben wir noch nicht gesprochen?«

»Über Hoffnung«, sagte ich.

»Versteh ich nicht«, sagte Gordon.

»Über die Hoffnung haben wir noch nicht gesprochen.«

»Erzähl mal, was du meinst.«

Ich sagte: »Arbeit. Liebe. Lachen. Kunst. Und Gott. Davon leben wir.«

Seiten 330 bis 332: Die Fotografin dieses Buches sagt zu der Frage nach der Ähnlichkeit, daß sich ganz bestimmt die Wesensart der Kinder gleiche. Und wenn es um die großen Leute geht, dann sollten die sich unsere Ähnlichkeiten endlich einmal eingestehen. Ganz gleich in welchem Land. Ganz gleich bei welchem Glauben. Denn schließlich wollen wir alle doch das gleiche: Arbeit, Liebe, Lachen, Kunst und Gott und Hoffnung. Das ist es, womit wir leben.

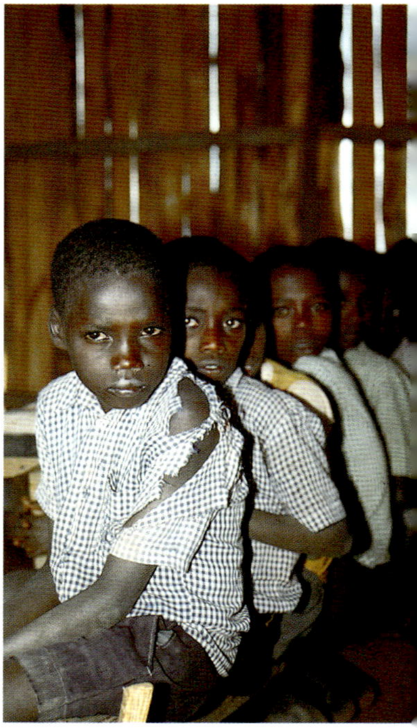

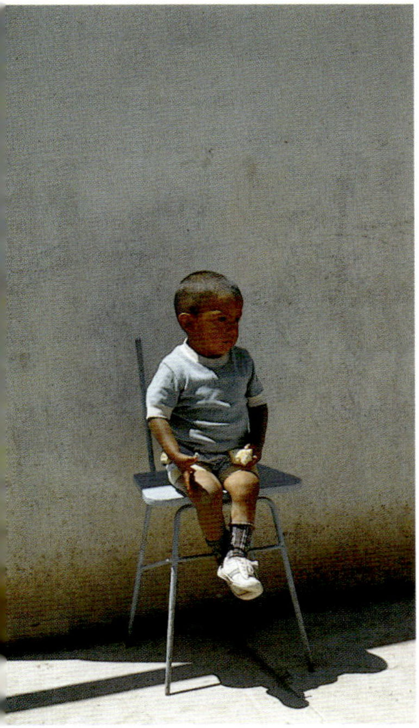
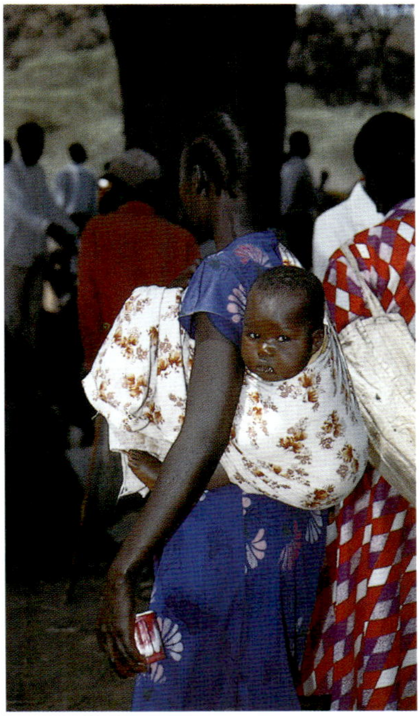

»Oder damit.«

»Oder damit.« Er hatte recht. »Ich hätte das Wort Hoffnung hinzufügen müssen«, sagte ich dann. »Mehr noch als von allem anderen lebt der Mensch von Hoffnung. Mehr noch als von Arbeit, Liebe, Gott und Kunst und Lachen.«

»Das ist wahr«, meinte Gordon. »Wenn mir was schiefgeht und die Stute stirbt, beim Fohlen, dann sage ich zu meiner Frau, sie soll sich ihre Tränen trocknen. Denn immerhin, sage ich zu ihr, das Junge lebt.«

»Ja«, sagte Tom, »Hoffnung. Da hast du recht.Wenn mir was schiefgeht, sage ich zu Alyson, dieser Film ist zwar geplatzt, aber morgen kommt ein neues Angebot, du wirst schon sehen.«

Wir gingen in die Hütte und zogen unsere Stiefel aus. Gordon sagte: »Erzähl von der Hoffnung.« Die beiden setzten sich an den Kamin und warteten.

Luv brachte Feuerholz von draußen rein. »Du könntest die Geschichte von den Fischern erzählen«, sagte sie. »Wo war das noch mal? In Mexiko?«

»Ja«, sagte ich, »in Mexiko. Gott, ist das lange her. Das war noch in der Zeit, als ich allein getrampt bin, die Atlantikküste rauf und runter. Puerto de Maleros hat das Nest geheißen. Kann auch sein, daß es anders hieß. Ich hatte mein Boot an einem rostigen Küstenfrachter festgemacht. Abends bin ich in die Bodega rübergegangen, wo die Fischer saßen, und weil ich oftmals einen ausgab, war ich schon bald kein Fremder mehr, und in meiner Gegenwart haben sie nicht mehr geschwiegen. Es war die Zeit, als sie *El Grande* aus dem Dorf gejagt hatten. El Grande, so hatten sie den Kerl genannt. Er war ihr aller Sohn gewesen. Ein Findelkind. Keiner wußte, wo er hergekommen war. Die Frauen hatten ihn gefunden. In der Kirche. Keiner hat den Findling haben wollen, sie mußten selbst genügend Mäuler stopfen, aber der Priester hat gesagt: ›Auch dieses kleine Maul ist Gottes Maul und wird gestopft!‹ Der Junge ist gewachsen und war bald größer als alle anderen im Dorf. Deshalb waren sie auf den Namen gekommen, El Grande, und weil der Bursche schlau war, schlauer als die eigenen Kinder, legten sie Geld zusammen und schickten ihn in die Stadt. Auf eine gute Schule. Weil El Grande ihre Hoffnung war. Es war ihre Hoffnung, daß er zurückkommt und sie aus ihrer Armut führt. In der Stadt wird er schon lernen, haben sie gesagt, wie man so was macht. Dann ist er zurückgekommen und hatte tatsächlich gewußt, wie Reichtum anzuhäufen ist. Er begann mit einer Fischereigenossenschaft. Die Männer mußten ihm ihre Boote vermachen, und auch das größte Haus im Dorf. Ihre Töchter sind zu ihm in das große Haus gegangen, und am Schluß gab es nichts mehr, was den Fischern selbst gehörte. Der Findling hat sich aufgeführt wie ein *patrón,* und die Leute blieben in ihrer Armut stecken. In dieser alten Armut. In dieser ewigen. In der verfluchten. Genau wie früher. Als sie das erkannten, haben sie den Sohn aus dem Dorf gejagt, und ich weiß noch, wie sie in der Bodega sagten: ›Jetzt haben wir den Kerl aus dem Dorf gejagt, und er ist unsere Hoffnung gewesen, aber es wird ein anderer kommen, ganz bestimmt wird einer kommen, sicher nicht der Messias, aber es wird einer kommen, und dann wird alles gut.‹«

Gordon legte seine dicken braunen Hände auf die Knie und sagte: »Ja. Hoffnung. Darauf läuft alles hin. Was macht ein Mensch schon ohne Hoffnung?«

Zwei oder drei Tage später haben die beiden ihr Gepäck auf den Schlitten geladen. Das Bellen ihrer Huskies schallte noch lange über den vereisten See. Manchmal denke ich, daß ich ihr Bellen noch immer höre. Doch rings um die Hütte war es wieder still. Wir hatten ihn noch einmal ganz für uns allein, Luv und ich, diesen langen Winter unserer Zufriedenheit.

DOCH DIESER WINTER, LIEBENSWERTE LESER, ist nun auch für uns zu Ende. Drüben, im frühen Licht des Morgens, malt die Sonne die Wände und die Frau, wie schon am Anfang meines Briefes, rot. Luv hat zwei Kisten vor sich auf dem Küchentisch und packt ihre Fotos für den Verleger ein. Meine Geschichten, die ich in der Stille dieses Winters schrieb, sind schon unten drin. Ich lege diesen Brief dazu. Doch bevor wir uns in Old Bills Chevy auf den Weg zum Flugplatz machen, wollte ich Sie noch fragen, ob Sie mir (und sich) vielleicht einen Gefallen tun. Erinnern Sie sich, daß ich Ihnen schrieb, wie spät es war in meinem Leben, als ich mir einen Jugendtraum erfüllte und mit Gordons altem Camper an den Yukon fuhr? Machen Sie es nicht wie ich. Warten Sie nicht allzu lange. Denn es ist wirklich so, wie ich es Ihnen schrieb: Träume gehen nicht verloren. Träume werden manchmal nur vergessen. Und deshalb habe ich an Sie die Bitte, ganz am Schluß in diesem Brief: Lassen Sie Ihre Träume, liebe Leser, bloß nicht sterben. Vergessen Sie das Kind, das Sie mal waren, nie.

Die Erde geht auf. Ein Bild, als hätten die Toraja es von den Plejaden aus gesehen.

Fernweh und Abenteuer – Mit Hardy Krüger um die Welt.

Hardy Krüger erzählt in seinen erfolgreichen »Weltenbummler-Büchern« von faszinierenden Begegnungen mit Menschen in aller Welt. In freundschaftlicher Unbefangenheit, zugleich aber voll ehrfürchtigem Respekt vor ihren Geistern und Göttern, Hoffnungen und Träumen, begegnet er ihnen: dem Pueblo-Indianer, der den Autor in die spirituellen Geheimnisse seines Stammes einweiht, einem alten Mann, der im Eis der Antarktis seine Jugend sucht, dem Scheich von Dubai, einem Mormonen in Utha, einer Prinzessin und einer Tempeltänzerin in Indien.

Aus Hardy Krügers beliebten ARD-Fernsehfilmen sind spannende Reiseerzählungen geworden, illustriert mit bestechend schönen Farbfotos seiner Frau Anita.

Hardy Krüger

WELTENBUMMLER

Reisen zu Menschen und Göttern
Fotografiert von Anita Krüger

324 Seiten, 240 Abbildungen,
7 Karten, 4 Pläne
gebunden
DM 49,80/öS 369,–/sFr 46,–
ISBN 3-7857-0649-9

Hardy Krüger

WELTENBUMMLER

Willkommen auf fünf Kontinenten
Fotografiert von Anita Krüger

336 Seiten, 294 Abbildungen,
8 Zeichnungen, 7 Karten
gebunden
DM 54,–/öS 400,–/sFr 49,–
ISBN 3-7857-0744-4